Lernen über Grenzen

Katrin Höhmann
Rainer Kopp
Heidemarie Schäfers
Marianne Demmer (Hrsg.)

Lernen über Grenzen

Auf dem Weg zu einer Lernkultur,
die vom Individuum ausgeht

Verlag Barbara Budrich
Opladen & Farmington Hills 2009

Mit freundlicher Unterstützung der Gewerkschaft Erziehung und
Wissenschaft

Bibliografische Informationen der Deutschen Nationalbibliothek
Die Deutsche Nationalbibliothek verzeichnet diese Publikation in der Deutschen
Nationalbibliografie; detaillierte bibliografische Daten sind im Internet über
http://dnb.d-nb.de abrufbar.

Gedruckt auf säurefreiem und alterungsbeständigem Papier.

© 2009 Verlag Barbara Budrich, Opladen & Farmington Hills
www.budrich-verlag.de

ISBN   978-3-86649-221-9

Umschlaggestaltung: disegno visuelle kommunikation, Wuppertal – www.disenjo.de
Foto: Ernst Herb, Kassel
Satz & Lektorat: Susanne Rosenkranz, Opladen
Druck: paper & tinta, Warschau
Printed in Europe

Inhalt

Foreword

With the ratification of the international human rights treaties Germany has committed itself to guaranteeing education as a fundamental human right. It includes the right of each individual to "Chancengleichheit", "Diskriminierungsschutz" and "Menschenwürde". Therefore Germany is accountable to the Human Rights Council of the United Nations for the results of its education system.

Despite various efforts of the KMK and the German Bundesländer to improve the quality of education for all, the main existing hindrance to quality and equality in the German school system has not yet been tackled. It is the early and premature selection of children after only four years of learning together in primary schools. It is the classification of children according to different school types that produces multiple effects of social disadvantage, discrimination and exlusion, especially for children with social deprivation, migrant background and disabilities.

To what extent and at what cost the system puts those at a disadvantage who are already underprivileged, is emphasized by the irrefutable fact that poor children and migrant children are significantly overrepresented in Hauptschulen and underrepresented in Gymnasien. It is also reflected by the segregation of poor migrant children and most learners with disabilities in special schools.

In sharp contrast to this, inclusive education has been shown to limit discrimination and marginalization. It is clear, therefore, that current and future education policy must identify and remedy all structural biases leading to potential exclusion in the education system.

The inclusive education paradigm, which has recently been underlined in its importance by the latest UN-Convention on the Rights of Persons with Disabiliies in 2006 and which has been signed, but not been implemented yet by the Federal Governmemt of Germany, should not be seen as a "one-system-fits-all" solution. Inclusive education acknowledges that every child has unique characteristics, interests, abilities and learning needs and that those learners with special education needs must have access and be accommodated in the general education system by a child-centered pedagogy.

This is undoubtedly a challenge for teachers and their teaching when the focus must move towards the individual education need of all children and take into account the best interest of the individual child. The project EU-MAIL has centered on the question of favourable and unfavourable conditions for individualized learning in different European countries. I hope that the findings in this exemplary international project will inspire the educational community: teachers, parents, students as well as scientists and – last but not least – politicians in Germany.

Vernor Muñoz
Inspektor der UN-Menschenrechtskommission für Bildung

Vorwort

„Lernen über Grenzen"! Dass sich EU-MAIL,[1] dieses vielschichtige und ehrgeizige Projekt, mit diesen drei Worten auf den Punkt bringen lässt, empfinde ich als ein kleines Sprachwunder. Denn wie viele Bedeutungen können sich mit „Lernen über Grenzen" verbinden! Etwas jenseits der deutschen Grenzen über andere Schulsysteme und damit auch etwas über das deutsche lernen. Oder: Etwas über eigene Grenzen lernen. Über Grenzen der Wahrnehmung, der Vorstellung, des Könnens und Wollens. „Lernen über Grenzen" kann auch bedeuten, dass durch Lernen die eigenen Grenzen überwunden werden, dass Kinder, Jugendliche, Erwachsene über die Grenzen von Konventionen, Religionen, Weltanschauungen, Sozialschichten und Ethnien hinweg gemeinsam lernen ...

Das vorliegende Buch, herausgegeben von Katrin Höhmann, Heidemarie Schäfers und Rainer Kopp, beschäftigt sich mit allen diesen Aspekten. Es ist für Lehrerinnen und Lehrer geschrieben und für diejenigen, die in der Lehrerbildung tätig sind.

Das Buch will Lehrerinnen und Lehrern Mut machen, Grenzen zu überschreiten und sich von der unerfüllbaren Sehnsucht nach homogenen Lerngruppen zu verabschieden. Es will Mut machen, „mixed ability", gemischte, „heterogene" Lerngruppen als Normalität zu begreifen und nicht als Problem und Unglück.

In den Beiträgen wird über Erfahrungen in europäischen Nachbarländern berichtet, in denen die Jungen und Mädchen nicht bereits mit 10 Jahren sortiert und etikettiert werden, sondern bis zum Ende der Pflichtschulzeit gemeinsam lernen. Es wird gezeigt, dass sich der kompetente Umgang mit gemischten Lerngruppen lernen lässt und dass Lehrerinnen und Lehrer, die vermeintlich „falsche Schüler" nicht durch Sitzenlassen oder Abstufen loswerden, durchaus nicht unglücklich sind. Vor allem auch deshalb nicht, weil sie schülerfreundliche und Lehrer entlastende Lehr- und Lernmethoden entwickeln müssen und weil sie auf ausreichenden Ressourcen für individuelle Förderung und Unterstützung bestehen können.

---

1   European Mixed Ability and Individualised Learning – Ein Comenius-2.1 Projekt innerhalb des Sokrates-Programmes der Europäischen Union.

Bewusst akzeptierte Vielfalt schafft offenbar Zufriedenheit bei Lehrenden und Lernenden und ermöglicht es jungen Menschen, interessierte, verantwortungsbewusste und selbstständig Lernende zu sein; dazu bedarf es interessanter Lernangebote, Lehr-/Lernmethoden, die sich an den Stärken der jungen Menschen orientieren und ihre Eigentätigkeit aktivieren und ausreichender Unterstützung. Kurz: Vielfalt braucht eine Pädagogik der Vielfalt und passende Rahmenbedingungen.

Gemeinsam mit der Max-Traeger-Stiftung (MTS) unterstützt die Gewerkschaft Erziehung und Wissenschaft (GEW) das „Lernen über Grenzen" durch ein bundesweites Lehrerfortbildungsprojekt zum Umgang mit Heterogenität: „Vielfalt in der Schule: Heterogenität nutzen – individuell fördern". Die Ausgangsmodule dieses Projekts wurden von EU-MAIL erarbeitet.

Deutschland ist mittlerweile ein Einwanderungsland mit einem großen Schatz an Sprachen, Kulturen, Religionen, Weltanschauungen. Wir meinen, es ist Zeit, dass auch unser Schulsystem dem Rechnung trägt und auf Selektion, Segregation und die Homogenitätsfiktion verzichtet.

Für die Gewerkschaft Erziehung und Wissenschaft (GEW) wünsche ich dem Buch eine große Verbreitung und den Leserinnen und Lesern Vergnügen und Erkenntnisgewinn.

Marianne Demmer
Stellvertretende Vorsitzende der GEW
August 2008

Einführung

Heterogenität ist zu einem der zentralen Themen in der deutschen Bildungslandschaft geworden. Dabei steht meistens die Frage im Mittelpunkt, wie gehe ich mit der Vielfalt einer Lerngruppe um, wenn ich den Auftrag, jede Schülerin und jeden Schüler bestmöglich zu fördern, ernst nehme. Das vorliegende Buch fasst Erfahrungen und Ergebnisse eines europäischen Comenius-Projektes zusammen, das genau dieser Frage nachgegangen ist. Dabei werden die gewonnenen Erkenntnisse insbesondere vor dem Hintergrund der schulischen Realität von Lehrerinnen und Lehrern in Deutschland betrachtet und bewertet.

Der Name des Projektes wurde von den englischen Partnern kreiert. EU-MAIL bedeutet: „European mixed ability and individualized learning" – frei übersetzt: „Heterogenität und Individualisiertes Lernen in Europa".

Im Zentrum der Projektaktivitäten standen Fallstudien in Schulen der Sekundarstufe, die im Wesentlichen in den Jahren 2004 und 2005 in den nordischen Ländern, England und Nordrhein-Westfalen durchgeführt wurden.

Seitdem gab es in allen beteiligten Ländern bildungspolitische Veränderungen und Entwicklungen, dennoch bleiben die hier dargestellten Ergebnisse und Erfahrungen relevant, bilden sie doch in wesentlichen Grundzügen unterschiedliche Wertemuster und pädagogische Haltungen ab, die die Lernsituation und das Lernklima in den Schulen prägen und entscheidende Auswirkungen auf den Umgang mit individueller Förderung in heterogenen Lerngruppen haben.

Als 2002 die Idee zu diesem Projekt entstand, war das Thema „Umgang mit Heterogenität" noch keineswegs im Blick des bildungspolitischen Mainstreams in Deutschland. In den nordischen Ländern und in England schien das Lernen in heterogenen Gruppen hingegen eine Selbstverständlichkeit zu sein.

Es zeigte sich im Verlauf der Zusammenarbeit, dass diese Haltung nicht zuletzt auf das Demokratieverständnis dieser Gesellschaften zurückzuführen ist! Ein interessantes Ergebnis des Projektes war zugleich, dass sich insbesondere in England völlig andere Wege der individuellen Förderung herausgebildet haben als in den nordischen Ländern.

Um eine vergleichbare Situation mit den integrierten Schulen der nordischen Länder und Englands zu schaffen, wurden für Deutschland Gesamtschulen aus Nordrhein-Westfalen als Projektschulen ausgewählt. Dies darf aber nicht darüber hinweg täuschen, dass auch in Nordrhein-Westfalen wie in ganz Deutschland das etablierte selektierende Schulsystem Einstellungen und Alltagshandeln der überwiegenden Mehrheit der Lehrerinnen und Lehrer prägt und bis in die Arbeit an Gesamtschulen hineinreicht. Die weithin praktizierte Homogenisierung von Lerngruppen führt in Verbindung mit der aktuellen politischen Forderung nach individueller Förderung zu viel Bewegung in der pädagogischen Landschaft, aber auch zu Verwirrung, die immer dann entsteht, wenn die immanenten Widersprüche zwischen den Prinzipien der Individualisierung und den Prinzipien eines selektierenden Systems nicht zu harmonisieren sind.

Trotz sehr unterschiedlicher Ausgangspositionen erwies sich die grenzüberschreitende Arbeit am gemeinsamen Projekt als außerordentlich bereichernd und produktiv für alle Beteiligten, denn die grundlegende Frage nach der bestmöglichen Förderung aller Schülerinnen und Schüler bleibt überall eine Herausforderung. Dies schuf eine gemeinsame Verständigungsbasis genauso wie neue lerntheoretische Ansätze und empirische Forschungsergebnisse.

Es gilt also unabhängig von den politischen Gezeitenbewegungen überall in Europa, nachhaltige pädagogische Zielvorstellungen zu entwickeln und in der Praxis zu verankern. Dazu bedarf es der aktiven Auseinandersetzung der Experten vor Ort: der Lehrerinnen und Lehrer, die mit ihrer Arbeit in vielerlei Hinsicht Weichen stellen können für lebenslanges Scheitern oder selbstbewusstes lebenslanges Lernen.

Der Vergleich über Grenzen hinweg und das Feedback von kritischen Freunden kann dabei helfen, eigene Grenzen zu erkennen, vielleicht sogar zu überwinden und neue Handlungsspielräume zu entdecken.

Das ist die Stärke eines solchen internationalen Projektes, bei dem Lehrerinnen und Lehrer einen Blick in den Schulalltag eines anderen Landes werfen können.

Das vorliegende Buch ist das Ergebnis einer intensiven Teamarbeit, die die deutsche Projektgruppe in den letzten Jahren als außerordentlich produktiv und bereichernd erlebt hat.

Erfahrungen und Ergebnisse aus der internationalen Arbeit wurden gemeinsam dokumentiert, diskutiert, gewichtet und vor dem eigenen Erfahrungshintergrund bewertet. Unsere eigene berufliche Praxis in Lehrerausund -weiterbildung und Schulentwicklung konnte unter neuen Aspekten betrachtet werden und wurde durch diese Erfahrungen deutlich beeinflusst.

Der Titel verdankt sich einer bildungspolitischen Vortragsreihe in Bremen und stammt von Wolfgang Harder, dem wir herzlich für die Überlassung danken.

Das einführende Kapitel enthält Grundlagentexte zu den zentralen Begriffen dieses Buches: Heterogenität und Individualisierung. Der Artikel zur

Vertrauenskultur in diesem einführenden Kapitel macht deutlich, wie zentral aus unserer Sicht diese Haltung für gelingende Lernprozesse ist.

Im Kapitel: „Der Blick über den Zaun" werden in den Länderartikeln zentrale Ergebnisse der Fallstudien zusammengefasst und in den jeweiligen bildungspolitischen Kontext eingeordnet. Außerdem werden Praxisbeispiele identifiziert, die für die Schulpraxis in Deutschland bedeutungsvoll sein könnten.

Im Kapitel „Praxis konkret" werden schließlich besondere Schwerpunkte einer veränderten individualisierenden Lernkultur beschrieben. Dieses Kapitel eröffnet ganz unterschiedliche Zugänge und Einstiege in eine Schulentwicklungsarbeit mit dem Ziel, sich einer Lernkultur anzunähern, in der die Lernenden und ihre jeweils individuellen Zugänge zum Lernen mehr und mehr in den Mittelpunkt schulischen Handelns rücken.

Die im Buch enthaltenen Vorschläge zur Veränderung der Lern- und Schulkultur sind praxiserprobt, was nicht bedeutet, dass sie rezeptartig auf jede pädagogische Situation passen, da unter anderem die Individualität der Schülerinnen und Schüler wie ihrer Lehrerinnen und Lehrer immer zu berücksichtigen ist.

Wir wünschen allen Leserinnen und Lesern Freude beim Lesen, Neugier auf die pädagogische Alltagspraxis in anderen Ländern und Anregungen für ihren beruflichen Alltag und die programmatischen Diskussionen in ihren Kollegien.

Für ihre kontinuierliche Unterstützung danken wir besonders Martina Schmerr und Marianne Demmer (GEW).

Katrin Höhmann, Rainer Kopp, Heidemarie Schäfers

Grundlagen klären

Von einander lernen.

Das Comenius-2.1 Projekt EU-MAIL

Rainer Kopp

Die Idee zu einem europäischen Projekt, das untersuchen sollte, wie unterschiedliche Länder mit der Heterogenität ihrer Schülerschaft und mit individualisiertem Lernen umgehen, wurde Anfang 2002 geboren. Auslöser waren u.a. die Ergebnisse von PISA 2000, in denen Länder mit einer gemeinsamen Schule für alle Kinder bis zur 9. Klasse – wie Finnland oder Schweden – wesentlich besser abschnitten als z.B. die Bundesrepublik mit ihrem System der unterschiedlichen Schulformen. Die „begabungsgerechte" Aufteilung von Kindern im Alter von 10 Jahren auf unterschiedliche Schulformen schien danach nicht den von ihr erwarteten Erfolg zu zeigen.

Dabei war die Frage, wie erreichen es die Lehrerinnen und Lehrer in finnischen und schwedischen Schulen ihre Schüler zu erheblich größerem Lernerfolg zu führen.

Für die Entwicklung von der Idee zum Projekt waren zwei Faktoren von unschätzbarem Vorteil. Zum einen fand sich relativ rasch ein Kreis von ca. 15 Personen (Bildungsexperten, Lehrer, Schulleitungsmitglieder, Lehrerausbilder) die diese Idee aufgriffen und weiterentwickelten und auch über den gesamten Zeitraum des Vorlaufs, der Projektdauer (drei Jahre) bis heute (über ein Jahr danach) aktiv an der Arbeit mitwirkten. Nur ein kleiner Teil von ihnen brachte „ihre" Institutionen als Partner ein, die anderen bildeten einen höchst effektiv arbeitenden Kreis von engagierten, unterstützenden Menschen.

Der zweite Faktor war, dass ein Teil der „Ideengeber" an der Durchführung einer internationalen Konferenz beteiligt waren, die im Jahr davor – ebenfalls mit Unterstützung der Europäischen Kommission – zum Thema „Selbstständige Schule" durchgeführt worden war. Bei dieser Konferenz waren erste Kontakte geknüpft worden zu Vertretern aus anderen europäischen Ländern, deren Institutionen in der Folge entweder selbst Partner des EU-MAIL Projekts wurden oder die Kontakte zu unseren späteren Partnern hergestellt haben.

Dadurch wurde die Partnersuche auf europäischer Ebene erheblich verkürzt und es entstand ein Partnernetz mit einem hohen Grad an Vertrauen in die Zusammenarbeit.

Schließlich entscheidend für die Verwirklichung des Projekts war die Förderung durch die Europäische Kommission im Rahmen von Comenius 2.1, einer Aktion des Sokrates-Programms (mittlerweile heißt das Programm „Lebenslanges Lernen"). Comenius 2.1 fördert transnationale Projekte, die der Förderung der Aus- und Fortbildung von Schulpersonal dienen. Die Förderung umfasst in erster Linie Sach- und Reisekosten und zu einem geringeren Anteil Personalkosten. Die Kommission erwartet von den beteiligten Einrichtungen, dass sie diese zum größten Teil selbst einbringen.

Im EU-MAIL Projekt arbeiteten schließlich 13 Partner aus Finnland, Schweden, Norwegen, England und der Bundesrepublik (Nordrhein-Westfalen) zusammen (siehe Anhang).

Wir trafen uns zum ersten Mal zum „vorbereitenden Besuch" im November 2002 in Mülheim. Ziel dieses Besuchs war es sich kennenzulernen und den Antrag auf Förderung an die Europäische Kommission vorzubereiten. Hier legten wir die Ziele und das Vorgehen für das Projekt fest.

Ziele und Ergebnisse des Projekts

Bildung und die Fähigkeit zu lebenslangem Lernen sind zur zentralen Voraussetzung für die Entwicklungsfähigkeit der einzelnen sowie der Gesamtgesellschaft geworden. Die demokratische Substanz des jeweiligen Gemeinwesens und die notwendige Fähigkeit zum interkulturellen Zusammenleben werden in hohem Maße davon abhängen, dass Chancengleichheit und Qualität des Lernens in den Bildungssystemen als gleichberechtigte Ziele eingebunden sind in eine gemeinsame Strategie für nachhaltige Entwicklung. Deshalb muss sozialer Ungleichheit im Bildungssystem entschieden entgegen gesteuert und die Integration in die Gesellschaft über eine hohe Bildungsbeteiligung für alle ermöglicht werden.

Dabei wird es entscheidend darauf ankommen, heterogene Settings als ein starkes Instrument für die individuelle Lernentwicklung zu nutzen, die unterschiedlichen Begabungen zu diagnostizieren und sowohl in den Dimensionen des fachlichen und fächerübergreifenden als auch des sozialen und selbstständigen Lernens adäquat zu fördern.

Die europaweit sehr beachteten Ergebnisse der PISA-Untersuchung zeigen, dass positive Lernergebnisse deutlich gefördert werden können, wenn es den Lehrerinnen und Lehrern gelingt, in heterogenen Lerngruppen auf die speziellen Bedürfnisse der einzelnen Lerner möglichst gezielt einzugehen und deren individuelle Lernprozesse zu begleiten.

Vor diesem Hintergrund erkannten wir als gemeinsames Problem an, dass das pädagogische Personal sich vielfach überfordert sieht, in heterogenen Gruppen alle Schülerinnen und Schüler durch individualisiertes Lernen angemessen zu fördern. Der Mangel an dieser professionellen Kompetenz weckt Zweifel am Sinn des Lernens in heterogenen Gruppen und schwächt auch die Selbstwirksamkeit der Lehrerinnen und Lehrer, die dem integrativen und individualisierten Lernkonzept positiv gegenüberstehen. In Ausbildung und Fortbildung von Lehrerinnen und Lehrern muss dem Erwerb geeigneter innovativer Unterrichtsstrategien mehr Gewicht beigemessen werden, um möglichst erfolgreiche integrierende Lernprozesse zu ermöglichen.

Daraus ergaben sich für das Projekt Zielsetzungen, die im Wesentlichen die Zielgruppe der Lehrerinnen und Lehrer sowie der Lehreraus- und -fortbildner an Universitäten und Lehrerfortbildungsinstituten betreffen:

- „gute Praxis" durch systematische Unterrichtsbeobachtungen und Befragungen von Lehrerinnen und Lehrern, Schülerinnen und Schülern (sowie ggf. Eltern) in den Partnerländern kennen lernen und miteinander vergleichen;
- die Ergebnisse unter Berücksichtigung der jeweiligen Situation in den einzelnen Ländern reflektieren und auswerten;
- insbesondere die Faktoren ausmachen und beschreiben, die dem individualisierten Lernen in heterogenen Gruppen förderlich bzw. abträglich sind;
- die Wirkungen des individualisierten Lernens für den Erwerb von fachlichen und sozialen Kompetenzen evaluieren.

Wichtige Fragenkomplexe und Beobachtungsbereiche waren:

- Gibt es eine Schulkultur, die individualisiertes Lernen fördert?
- Welches Selbstkonzept prägt die Interaktion von Schulaufsicht – Lehrerinnen und Lehrer – Eltern und Schülerinnen und Schüler?
- Gibt es Zusammenhänge zwischen Leistungsbewertung und Unterrichtserfolg?

Die vergleichende Analyse sollte im Einzelnen folgende Qualifikationen der Lehrerinnen und Lehrer weiter entwickeln:

- diagnostische Fähigkeiten;
- Kenntnisse über bewährte Wege zu selbstständigem und verantwortlichem Lernen;
- Kenntnisse geeigneter Unterrichtsmethoden für individualisiertes Lernen. (Portfolio, individuelle Lernpläne, geschlechtsspezifische Förderung, Umgang mit Lernblockaden);
- Fördermöglichkeiten für Schülerinnen und Schülern mit Migrationshintergrund;
- Möglichkeiten prozessorientierter Leistungsbewertung.

Die dreijährige Projektarbeit hat die folgenden Produkte hervorgebracht:

- eine zu Projektbeginn erstellte Website, die im weiteren Verlauf kontinu-ierlich die Ergebnisse dokumentiert (www.eu-mail.info);
- Ausführliche Berichte über die Erhebungsbesuche in den fünf beteiligten Ländern und deren Verbreitung (national wie international) u.a. über die eigene Website (u.a. auch in deutsch);
- im Zusammenhang mit den Ergebnissen der Erhebungsbesuche die Pro-duktion einer Filmdokumentation (DVD) über jedes Land (siehe Kasten S. 21);
- Entwicklung und Erprobung von Bausteinen für die Lehreraus- und -fortbildung in jedem beteiligten Land;
- Entwicklung und Erprobung eines internationalen Seminars auf europäi-scher Ebene;
- Zusammenfassung der Projektergebnisse in einer internationalen Buch-veröffentlichung (Jürgen Dimenäs et al., 2006).

DVD

Das Zentrum für Medien und IT (ZMI) an der Fernuniversität Hagen hat zu jedem Partnerland einen Dokumentarfilm (jew. ca. 50 Min, z.T. mit zusätz-lichem Informationsmaterial) über den Umgang mit Heterogenität und die Förderung individualisierten Lernens produziert. Die Filme können als DVD bei der Fernuniversität bestellt werden unter
http://www.fernuni-hagen.de/zmi/katalog/index_video_esgw.shtml

Es handelt sich im Einzelnen um folgende Titel:

➤ Schule in Finnland. Individualisierendes Lernen in heterogenen Grup-pen (Nr. 78019)
➤ Schule in Schweden. Vertrauen – Rücksichtnahme – Verantwortung (Nr. 78023)
➤ Individuelles Lernen in einem inklusiven Schulsystem. Beispiele aus Norwegen (Nr. 78028)
➤ Die vermessene Heterogenität. Der englische Weg zu individualisieren-dem Unterricht (Nr. 78034)
➤ Wege zum individualisierten Lehren und Lernen. Beispiele aus zwei deutschen Gesamtschulen (Nr. 78035)

Die Projektphasen

Vorbereitungsphase

Mit der Bewilligung unseres Antrags durch die Europäische Kommission begann die Arbeit am 1.10.2003. Den Termin unserer internationalen Start-Konferenz (21. bis 25.01.2004 in Mülheim) hatten wir bewusst vier Monate später terminiert, um uns einen ausreichenden Zeitraum zur Vorbereitung zu verschaffen. Diese betraf neben Fragen der Administration und des Projektmanagement in erster Linie die Zusammenstellung von Grundinformationen zum Schulsystem und zum Umgang mit individualisiertem Lernen in heterogenen Gruppen sowie die Konzeption der Erhebungsbesuche einschließlich der zu verwendenden Instrumente.

Erhebungsphase

In dieser Phase lagen die einwöchigen Besuche (vgl. den folgenden Abschnitt) in jedem der fünf Länder sowie die Dreharbeiten der Filmdokumentation. Diese Phase endete mit der 2. Konferenz in Manchester (13.-17.02.2005), bei der die Besuche und ihre Ergebnisse ausgewertet und die nächste Phase vorbereitet wurden.

Im Rahmen dieser Konferenz begann auch die Arbeitsgruppe, die für die Herausgabe der gemeinsamen Buchveröffentlichung verantwortlich war.

Konzeptionsphase

Nach der Konferenz in Manchester begannen die Partner mit der Entwicklung von Bausteinen für die Lehreraus- und -fortbildung in ihrem jeweiligen Land.

Eine spezielle Arbeitsgruppe mit Vertretern der fünf Länder begann im Mai 2005 in Halden, Norwegen, mit der Entwicklung des internationalen Seminars.

Die Vorstellung dieser Arbeiten wie auch Zwischenergebnisse der „Buchgruppe" und die Vorstellung der bis dahin fertiggestellten Filmdokumentationen standen auf der Tagesordnung der 3. internationalen Konferenz in Jyväskylä (27.09. bis 01.10.2005).

Erprobungsphase

Ab Herbst 2005 wurden die Bausteine in den Ländern erprobt und ausgewertet. Die bundesdeutschen Bausteine wurden an insgesamt sechs Schulen erprobt.

Das internationale Seminar fand mit 21 Teilnehmern aus den beteiligten Ländern am 17. bis 21.01.2006 in Mülheim statt. Bei den Teilnehmern handelte es sich um Lehrerinnen und Lehrer derjenigen Schulen, die in der Erhebungsphase besucht worden waren.

Die Ergebnisse der Erprobung wie auch des Gesamtprojekts wurden auf der Abschlusskonferenz in Borås (14. bis 18.05.2006) einer ausgewählten schwedischen Öffentlichkeit vorgestellt.

Abschlussphase

Diese Phase, die in den meisten Ländern über das Projektende bis heute läuft, diente dem Transfer der Ergebnisse in die Lehreraus- und -fortbildung und in die Schulen.

Aufgrund vieler positiver Rückmeldungen beschlossen die deutschen Projektpartner eine eigene Abschlusskonferenz durchzuführen, um die Projektergebnisse und ihren Bezug auf unser Schulsystem vorzustellen. Die Konferenz fand vom 22. bis 23.09.2006 mit über hundert Teilnehmern und mit Gästen aus unseren Partnerländern statt (zu Programm und Ergebnissen siehe www.eu-mail.info).

Unsere Datenerhebung

Bei den Schulbesuchen in den Partnerländern wurden herausragende Beispiele für individualisiertes Lernen in heterogenen Gruppen aus der Praxis gesammelt. Im Zentrum der Besuche stand die Beobachtung von Unterricht und seiner Umgebung, der Befragung der Klassen- und Fachlehrer, von Schülerinnen und Schülern und des Schulleiters, der Schulleiterin. Hierzu wurden von den Projektpartnern im Vorfeld der Startkonferenz Instrumente entwickelt (siehe www.eu-mail.info):

- ein Beobachtungsbogen für den Unterricht und den Klassenraum
- Leitfäden für Fragen an
  - die Klassen- bzw. Fachlehrer
  - die Schülerinnen und Schüler
  - den Schulleiter/die Schulleiterin.

Im Mittelpunkt der Unterrichtsbeobachtungen stand die non-verbale Kommunikation, weil eine Simultanübersetzung für zwei Beobachter akustisch den Unterricht gestört hätte. Die Besucher konzentrierten sich auf zwei Schüler, die der Lehrer im Vorfeld ausgewählt hatte. Die beiden sollten sich stark in Hinblick auf ihre Kenntnisse im Fach und/oder ihre Lernkompetenzen und/oder ihre sozialen Kompetenzen unterscheiden.

Ein Interview mit dem jeweiligen Lehrer schloss sich an jeden Unterrichtsbesuch an. Ergänzend befragten die Besucher Schülerinnen und Schüler wie auch den Schulleiter. Der Beobachtungsbogen für den Klassenraum sollte helfen herauszufinden, inwieweit die räumliche Gestaltung individualisiertes Lernen und den Umgang mit Heterogenität fördert.

Für jeden Schulbesuch entsandte jedes Partnerland zwei Experten (Lehrer, Lehreraus- und -fortbildner usw.). Aus den acht Besuchern wurden vier national gemischte Paare gebildet, die jeweils zwei Schulen besuchten (s. Grafik).

Paar Nr.	Mo	Di	Mi	Do	Fr
1	Schule A		Schule B		Verfassung
2	Schule B		Schule A		der Berichte und
3	Schule C		Schule D		Auswertung
4	Schule D		Schule C		

Die Besucher reisten samstags an, der Sonntag diente der Erholung, der Erkundung der Umgebung, dem Kennenlernen der Besucher und der Gastgeber. Der Freitag war für die Verfassung der Berichte und die gemeinsamen Auswertung des Besuchs vorgesehen.

In der Anlage und in der Durchführung der Besuche waren Lernprozesse auf unterschiedlichen Ebenen beabsichtigt, die für die Projektarbeit wie auch für die individuellen Besucher effektiv waren.

- Jeder Besucher erfasst die Schule, den Unterricht, die Lehrer und Schüler auf dem Hintergrund seines Wissens und seiner Erfahrungen, die geprägt sind von der Praxis seines Landes – was identifiziert er als herausragende Beispiele, die anregend sind für *sein* Land?
- Dieser durch die jeweilige nationale Schulkultur geprägte Blick wird konfrontiert mit der Praxis von Schule und Unterricht in dem jeweiligen Gastland und den dahinter stehenden Sichtweisen ausgedrückt in den Äußerungen der Lehrer, der Schüler, des Schulleiters und der gastgebenden Partner.
- Im Austausch in den national gemischten Besucherpaaren wurde der individuelle Blick „gebrochen" durch eine zweite – „fremde" – Sicht. Ein schwedischer Besucher in einer finnischen Schule sieht diese anders als sein englischer Kollege.
- Schließlich erfolgte eine weitere Ergänzung in dem Austausch mit dem Besucherpaar, das dieselbe Schule besuchte und im Austausch mit der Gesamtgruppe.

Angesichts dieser vielfachen Verschränkungen war es kein Wunder, dass die Teilnehmenden des ersten Besuchs in Finnland versuchten einen gemeinsamen Bericht zu schreiben, der ihre gemeinsame Sicht wiedergab. Diese Berichte machten jedoch deutlich, dass die Gruppe ihre Heterogenität und die Vielfalt ihrer Sichtweisen verschenkt hatte – sie waren in ihrem Bemühen um Gemeinsamkeit so allgemein, dass sie wenig für unsere Projektziele aussagten.

Auch dies war ein Lernprozess, in dem für alle Beteiligten deutlich wurde, wie wichtig die individuellen Sichtweisen jedes Besuchers und die Kontraste, die sich daraus ergeben für die Ergebnisse waren.

Die Lernorte in der Projektarbeit

Die Schulen und ihr Umfeld während der Besuche waren wichtige Lernorte mit ihren Eindrücken und durch die gemeinsame Verarbeitung.

Die folgenden Veranstaltungen waren die Zusammenkünfte der Projektpartner auf unterschiedlichen Stufen und in verschiedener Zusammensetzung:

- die internationalen Konferenzen,
- die regelmäßigen Treffen der nationalen Projektpartner
- die Steuergruppensitzungen
- die Arbeitsgruppe zur Buchveröffentlichung
- die Arbeitsgruppe zur Vorbereitung des internationalen Seminars
- das internationale Seminar selbst.

Die *Konferenzen* waren die Veranstaltungen des Projekts, bei denen i.d.R. alle Mitglieder der Projektpartner zusammenkamen. Sie waren der Ort für den Austausch über die Arbeit und ihre Ergebnisse, aber auch für Beschlussfassung über wichtige Entscheidungen (z.B. über das Budget, gemeinsame Regeln der Zusammenarbeit, die Instrumente der Datenerhebung etc.). Dabei stellte sich der zielgerichtete Austausch zu Anfang als nicht so einfach dar. Die systematische Verarbeitung der Besuchsergebnisse kam auf der Konferenz in Manchester zunächst nur schleppend in Gang. Unterschiedliche bildungspolitische Rahmenbedingungen, unterschiedliche Problemlagen und verschieden Erkenntnisinteressen führten dazu, dass die Diskussion zunächst auf einer zu allgemeinen Ebene blieb.

Die *Treffen der Projektpartner auf Landesebene* waren wichtige Orte zur Vor- und Nachbereitung der Konferenzen, zur unmittelbaren Auswertung der Erhebungsbesuche und zur Entwicklung der nationalen Fortbildungsbausteine. Von ihnen gingen auch wichtige Impulse aus. So machten die norwegischen Partner im Anschluss an die Manchesterkonferenz mit einer pragmatischen Synopse der Besuchsergebnisse einen entscheidenden Vorstoß, die Diskussion auf eine konkrete Ebene zu bringen.

Die *Steuergruppe*, die aus einem Vertreter aus jedem Land und dem Projektkoordinator bestand, hatte die Aufgabe der Koordination der Projektaktivitäten. Hierzu gehörte die Vor- und Nachbereitung der Konferenzen, Ab-

sprachen über die Bausteinentwicklung und -erprobung der nationalen Fortbildungen, die Koordination der Verbreitung der Projektergebnisse u.v.m.

Die *Arbeitsgruppen*, die für die Buchveröffentlichung und zur Vorbereitung und Durchführung des internationalen Seminars gebildet wurden, waren
Orte besonders intensiven Austausches, da sie über einen längeren Zeitraum
kontinuierlich an einer Aufgabe arbeiteten. Beide Gruppen brachten die Zwischenergebnisse ihrer Arbeit in die Konferenzen ein.

Das *internationale Seminar* brachte im Januar 2006 Teilnehmer aus allen
Partnerländern (überwiegend KollegInnen aus den besuchten Schulen) zu-
sammen. Das Programm umfasste die damals vorliegenden Ergebnisse der
Projektarbeit, zusammengefasst unter den folgenden Themen:

- Einführung in das individualisierte Lernen – Philosophie und Praxis
- Die Rolle des „Schul-Ethos"
- Individueller Lernentwicklungsplan
- Diagnose während des Lernens
- Lernevaluation

Spannend und erkenntnisreich für alle Beteiligten wurde das Seminar durch
die unterschiedlichen Hintergründe und Sichtweisen sowohl der Teilnehmenden als auch der ReferentInnen (zum Seminarmaterial und der Auswertung
siehe www.eu-mail.info).

Für den Transfer der Ergebnisse auf nationaler Ebene waren die Partnerländer allein verantwortlich. Mitglieder der deutschen Projektgruppe hatten
während der gesamten Projektzeit kontinuierlich Artikel zur Projektarbeit
veröffentlicht und in der Konzeptionsphase sechs Bausteine für die Lehrerfortbildung sowie einen Semesterkurs für die universitäre Lehrerausbildung
entwickelt und anschließend erprobt (siehe www.eu-mail.info).

Und die Arbeit geht weiter

Seit Abschluss des Projekts Ende September 2006 wurden bis jetzt (Frühjahr
2008) die von den deutschen Projektpartnern entwickelten Bausteine in kol-
legiumsinternen Fortbildungen an 24 Schulen (Grundschule, Gesamtschule,
Gymnasium, Berufskolleg) eingesetzt und in einem Dutzend überregionalen
Veranstaltungen vorgestellt (zu den Erfahrungen siehe „Wie können die Ergebnisse des EU-MAIL Projekts ..."). Ein weiterer Baustein (individueller
Lernentwicklungsplan/Schüler-Eltern-Lehrergespräche) wurde fertig gestellt.
Mit Unterstützung der Gewerkschaft Erziehung und Wissenschaft wurden
bundesweit über 70 MultiplikatorInnen für die Bausteine fortgebildet.

Die Bausteine bewegen sich überwiegend auf der allgemeindidaktischen
Ebene unter Einbeziehung aktueller Lerntheorieansätze, die sich auf neuro-

physiologische und psychologische Forschungsergebnisse stützen. Damit die
Ergebnisse des EU-MAIL Projekts für die Unterrichts- und Lernpraxis wirksam werden können, müssen sie auch Eingang in die Fachdidaktiken finden.
Die Didaktik der Fächer Deutsch, Englisch und Mathematik hat sich mittlerweile dem individualisierten Lernen geöffnet und es gibt auch bereits eine
Fülle von Material. Doch weder neue Wege in der Fachdidaktik noch entsprechendes Lernmaterial werden Wirkung zeigen können, wenn sie nicht
verbunden werden mit einer Öffnung in den Köpfen der Lehrenden und mit
einer Änderung ihrer Haltung gegenüber den Lernenden. Aus diesem Grund
wurden gemeinsam mit Fachmoderatoren Angebote für die Fortbildung von
Fachgruppen an Schulen entwickelt, in denen an der Umsetzung der Ergebnisse der EU-MAIL Fortbildungen in die jeweiligen Fächer gearbeitet wird.
Eine erste kollegiumsinterne Fortbildung für die Fachgruppen Deutsch, Englisch, Mathematik und Naturwissenschaften wurde im Frühjahr 2008 an einer
Gesamtschule erprobt.

Auch auf europäischer Ebene wollen wir unsere Arbeit mit unseren Partnern fortsetzen, um das internationale Seminar wieder anzubieten und vielleicht ein Netzwerk aufzubauen, in das die unterschiedlichen Erfahrungen
und Kenntnisse über den Nutzen von Vielfalt und über Wege zum individualisierten Lernen auch anderer europäischer Länder einbezogen werden können.

Literatur

J. Dimenäs, R. Andresen, M. Cruickshank, J. Ojala, A. Ratzki (Hg.) Our Children –
How can they succeed in school? Jyväskylä University Press (Finnland) 2006.

Heterogenität: Eine begriffliche Klärung

Katrin Höhmann

Heterogenität und Vielfalt der Schülerschaft werden im Schulwesen bewusster wahrgenommen als noch vor 20 Jahren. Dies zeigt sich an der Thematisierung in Erlassen, bei Lehrerfortbildungen und vor allem in den Diskussionen der Einzelschule. Es ist kein Thema mehr, das auf Grund- und Gesamtschulen beschränkt ist. Die Auseinandersetzung mit einer „Pädagogik der Vielfalt", wie sie Annedore Prengel bereits 1995 für die Schule gefordert hat, findet in allen Schulformen statt, wenn die Schulen einen Schulentwicklungsprozess eingeleitet haben, in dem es um eine bessere individuelle Förderung geht.

Mit der Diskussion um Fragen der Homogenität und Heterogenität findet teilweise ein Paradigmenwechsel in der Selbstattribuierung von Schulen statt. Wenning nennt dies „Die ‚Entdeckung' der Heterogenität" (Wenning 2007, S. 22) Verstärkt formulieren Lehrerinnen und Lehrer aller Schulformen: „Ich habe eine heterogene Gruppe". Zwar nehmen Lehrerinnen und Lehrer die Unterschiedlichkeit von Schülerinnen und Schülern teilweise deutlicher wahr, dies kann jedoch nicht darüber hinwegtäuschen, dass auf der Systemebene die Dreigliedrigkeit dazu führt, dass es in Deutschland eine größere soziale Entmischung gekoppelt an eine gewisse Leistungsentmischung gibt als in anderen Nationen. Dies zeigen internationale Leistungsvergleichsstudien immer wieder. Das deutsche Schulsystem wird nach wie vor durch die Tendenz bestimmt, Schülergruppen zu homogenisieren. „Vom ersten Schultag an greifen in unserem Schulsystem institutionelle Maßnahmen, die auf die Sicherung einer fiktiven Homogenität ausgerichtet sind." (Tillmann 2004, S. 9) Zentraler Auswahlfaktor beim Schaffen dieser Homogenität ist die im Unterrichtsalltag festgestellte Leistung. Der internationale Vergleich von Bildungssystemen zeigt, dass es sich im Gegensatz zu den meisten Schulsystemen weltweit in Deutschland organisatorisch um ein Säulenmodell und nicht um ein Stufenmodell handelt. Neben den drei Schulformen des so genannten dreigliedrigen Schulsystems (Hauptschule, Realschule, Gymnasium) gibt es parallel etwa diverse Sonderschulformen sowie integrierte und kooperative bzw. additive Systeme.

Integrierte Schulen, die in ihrer Schülerpopulation denen anderer Länder entsprechen, gibt es in Deutschland nur in der Grundschule und in sehr wenigen integrierten Gesamtschulen. Die meisten Gesamtschulen, die vom Titel und vom Anspruch her durchaus eine Schule für alle sein möchten, sind es faktisch nicht. Es fehlt beispielsweise häufig ein Teil des oberen Leistungsdrittels. Hinzu kommen noch schulinterne Homogenisierungen durch äußere Differenzierung, hinter der auch das Ziel steht, möglichst homogene Gruppen zu schaffen.

Heterogenitätsfaktoren und -modelle

Die zentralen Momente von Heterogenität lassen sich unterschiedlich ausdifferenzieren: Heyer, Preuss-Lausitz und Sack unterscheiden acht Heterogenitätsbereiche (Heyer/Preuss-Lausitz/Sack, 2003 S. 57f.):

1) Unterschiede in den kognitiven Lernvoraussetzungen;
2) Unterschiede in den sprachlichen Kompetenzen im Allgemeinen und in denen der deutschen Verkehrssprache im Besonderen;
3) Unterschiede in den sozialen Kompetenzen;
4) Unterschiede in den Interessen und Neigungen, in der Leistungsmotivation und den Erwartungen an Lehrer, Gleichaltrige und Schulinhalte;
5) Unterschiede in den physischen und gesundheitlichen Voraussetzungen;
6) Unterschiede im Alter;
7) Unterschiede in den Traditionen, Wertmustern und Normen die durch den sozialen und kulturellen Hintergrund der Familie in die Schulen mitgebracht werden;
8) Unterschiede, die sich aus der geschlechtsspezifischen Sozialisation ergeben.

Wenning unterscheidet sieben Faktoren (Wenning 2007, S. 26):

1) die leistungsbedingte Heterogenität,
2) die Altersheterogenität;
3) die sozialkulturelle Heterogenität,
4) die sprachliche Heterogenität,
5) die migrationsbedingte Heterogenität,
6) die gesundheits- und körperbezogene Heterogenität,
7) die geschlechtsbezogene Heterogenität.

Viele neuere Modelle der Hochbegabung (s.u.) sind auch als Heterogenitätsmodelle lesbar, da sie die Faktoren, welche die Unterschiede von Schülerinnen und Schülern und ihren Lernprozessen ausmachen, in den Blick nehmen. Auf der Basis des Modells von Urban, in dem er die „Ganzheitlichkeit und Mehrdimensionalität sowie die Interaktionskomplexität der intrapersonalen Bereiche als auch der Umweltkomponenten von Makro- und Mikro-Umwelt untereinander und mit der Persönlichkeitsentwicklung" verdeutlicht (Urban 1990, S. 45), wurde das folgende Heterogenitätsmodell entwickelt:

Abb. 1: Heterogenitätsmodell, angelehnt an Urban

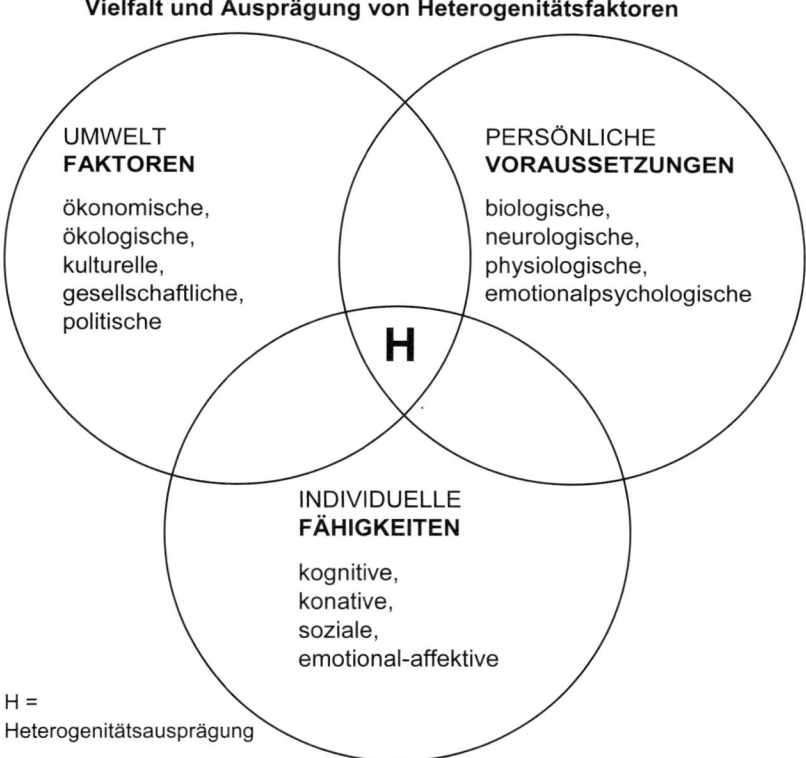

Vielfalt und Ausprägung von Heterogenitätsfaktoren

UMWELT
FAKTOREN

ökonomische,
ökologische,
kulturelle,
gesellschaftliche,
politische

PERSÖNLICHE
VORAUSSETZUNGEN

biologische,
neurologische,
physiologische,
emotionalpsychologische

H

INDIVIDUELLE
FÄHIGKEITEN

kognitive,
konative,
soziale,
emotional-affektive

H =
Heterogenitätsausprägung

Ein solches Modell erleichtert das Sortieren der diversen Heterogenitätsfakto-ren. Sie ließen sich auch auf einer Achse zwischen kaum zu verändernden und stark veränderbaren bzw. definitionsabhängigen Faktoren anordnen. Während das Geschlecht ein kaum zu verändernder Faktor ist, ist z.b. das Kriterium Schönheit ein von der soziokulturellen Definition abhängiges. In der Heterogenitätsdefinition von Brügelmann ist dies implizit: „Heterogenität ist eine Zuschreibung von Unterschieden auf Grund von Kriterien, deren Be-deutung von sozialen Normen und persönlichen Interessen abhängt." (Brü-gelmann 2001, S.6) Heterogenität ist demnach kein absoluter Begriff, son-dern ergibt sich aus einem zu definierenden Vergleichsmaßstab. Wenning spricht daher von Heterogenität als „relativem" Begriff, der nur eine begrenzte zeitliche Gültigkeit hat. (Wenning 2007, S. 23).

Auch das Rahmenmodell, das schon in PISA 2000 Grundlage war (nach Haertel, Walberg und Weinstein 1983, Wang, Haertel und Walberg 1993 und Helmke und Weinert 1997) lässt sich als Heterogenitätsmodell lesen. Viele der in den grauen Feldern genannten Faktoren, finden sich auch in den Faktorenlisten von Wenning oder Heyer wieder. Die aus den Untersuchungen von Bourdieu (1983) entlehnten Begriffe des sozialen und kulturellen Kapitals und der des ökonomische Kapitals sind ebenfalls Kategorien, mit denen sich Heterogenitätsfaktoren strukturieren lassen.

Abb. 2: Allgemeines Rahmenmodell

BEDINGUNGEN SCHULISCHER LEISTUNGEN - ALLGEMEINES RAHMENMODELL

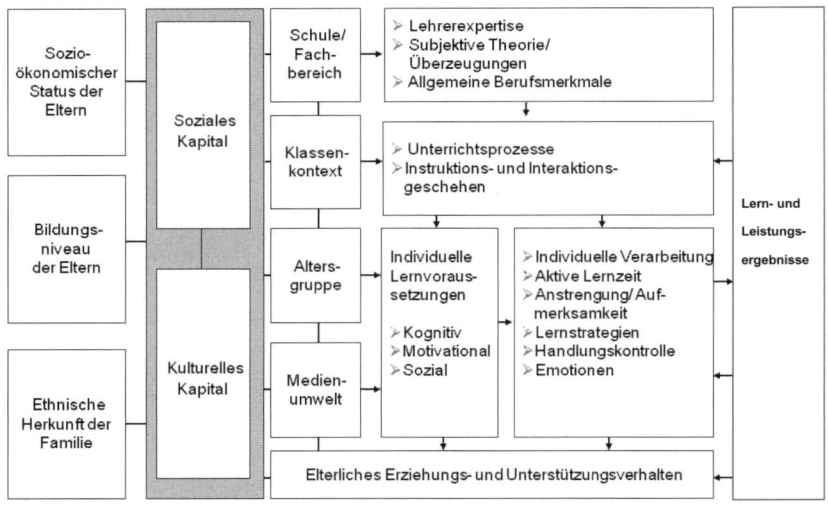

Subjektiv und objektiv definierte Heterogenitätsfaktoren

Im Schulalltag muss zwischen objektiv messbaren und subjektiv empfundenen Heterogenitätsfaktoren unterschieden werden. Zu den von Lehrerinnen und Lehrern objektiv messbaren bzw. bestimmbaren Heterogenitätsfaktoren gehören z.B. das Alter oder bestimmte Aspekte des Leistungsstands; zu den subjektiv empfundenen zählen Faktoren wie Diszipliniertheit oder auch Leistungsfähigkeit. In Hinblick auf die subjektiv wahrgenommene Heterogenität bietet es sich an, nicht allein die persönlichen Interessen, sondern auch den

Aspekt der individuellen Sensibilisierung und die beruflichen Erfahrungen zu betonen. Die abgewandelte Definition von Brügelmann könnte dann lauten: „Heterogenität ist eine Zuschreibung von Unterschieden auf Grund von Kriterien, deren Bedeutung von sozialen Normen, individuellen Erfahrungen, subjektivem Bewusstsein und persönlichen Interessen abhängt".

Die subjektiv wahrgenommene Heterogenität ist ein wichtiger Faktor für das Alltagshandeln von Lehrerinnen und Lehrern. Wenn diese sich wegbewegen von der Fachorientierung hin zur Schülerorientierung und im Sinne einer umfassenden Förderung der Anspruch entsteht, möglichst allen Schülerinnen und Schülern einer Gruppe durch Individualisierung und innere Differenzierung gerecht werden zu wollen, wird ihr Bewusstsein für die Heterogenität ihrer Lerngruppe größer. In dem Moment werden die individuellen (Lern-)Dimensionen der vor ihnen sitzenden Kinder bewusster und die Heterogenität, die jede Lerngruppe auszeichnet, bewusster. Die auf Lehrerseite wahrgenommene Ausprägung von Heterogenität in einer Lerngruppe hängt also davon ab, wie vielfältig die Umweltfaktoren, persönlichen Voraussetzungen und individuellen Fähigkeiten der Schülerinnen und Schüler dieser Lerngruppe sind. Außerdem ist es wichtig, wie Heterogenität für den jeweiligen Lehrer und die jeweilige Lehrerin definiert ist und wie sehr diese in der Lage sind, Unterschiede und Potenziale wahrzunehmen.

Eine Untersuchung des IFS im Auftrag der Max-Traeger-Stiftung zur Wahrnehmung von Heterogenität durch Lehrerinnen und Lehrer hat ergeben, dass für die Mehrheit der Lehrenden ein einziger Heterogenitätsfaktor ausschlaggebend ist: die Leistung (Höhmann 2004). Dies bestätigt sich durch die unterschiedlichsten Untersuchungen (vgl. Wischer 2007, S. 35) Lehrerinnen und Lehrer nehmen vor allem die Leistungsheterogenität in ihren Gruppen wahr und suchen im günstigen Fall nach Lösungen, mit dieser konstruktiv umgehen zu können. Leistungsheterogenität wird verstärkt wahrgenommen, wenn in Schulklassen hochbegabte Schülerinnen und Schüler zusammen mit anderen Schülerinnen und Schülern unterrichtet werden. Heterogenitätsfaktoren wie Alter, Geschlecht, Migrationshintergrund, kulturellem und sozialem Hintergrund spielen eine vergleichsweise geringe Rolle. Eine wirkliche Förderung kann jedoch ohne die Berücksichtigung dieser Heterogenitätsfaktoren nicht gelingen.

Positive und negative Einstellungen gegenüber Heterogenität

„Ohne Angst verschieden sein können und die Kraft der Vielfalt nutzen" (Sielert 2006, S. 7). Diese von Uwe Sielert formulierte und die aktuellen Anforderungen an Lehren und Lernen skizzierende Vorstellung ist keineswegs Alltag in deutschen Schulen. Sie bedeutet eine grundsätzlich veränderte Haltung.

Einige Kernelemente dieser Haltung sind:

- Heterogenität wird differenziert und anhand unterschiedlichster Faktoren betrachtet. Heterogenität ist mehr als Leistungsheterogenität.
- Die Potenziale dieser Heterogenität für Lehr- und Lernprozesse werden genutzt. Hierzu gehört eine veränderte Lern- und Aufgabenkultur.
- Ein Klassen- und Schulklima, in das diese Heterogenität positiv eingebettet ist. Entsprechend bewusst werden Regeln, Rituale und Reviere gestaltet.
- Das Herangehen an das Individuum ist nicht normativ, an einem mittleren Standard gemessen.
- Heterogenität wird als Gewinn für die leistungsschwachen- wie die leistungsstarken Schülerinnen und Schüler verstanden.

Hinter der positiven Haltung gegenüber Heterogenität steht auch eine positive Haltung gegenüber der Pluralität von Gesellschaft, bewusster und anerkannter Verschiedenheit. „Der Begriff der Verschiedenheit spricht qualitative Differenzen an, er ist abzugrenzen von quantitativen Differenzen, die mit dem Begriff der Ungleichheit konnotiert sind." (Prengel 1995, S. 31). Die Heterogenität einer Lerngruppe wird in diesem Zusammenhang als positiver Faktor wahrgenommen und genutzt.

Häufiger ist die Einschätzung von Heterogenität als Belastungsfaktor. Weil eine Gruppe so heterogen ist, ist die Arbeit schwierig. Wischer (2007) spricht in diesem Zusammenhang von der skeptischen Lehrerhaltung. Diese zeichnet sich durch folgende Faktoren aus:

- Es gibt einen eindimensionalen, häufig auf Leistung und Leistungsbereitschaft sowie auf den Bereich der Disziplin focussierten Heterogenitätsbegriff.
- Heterogenität wird als Störfaktor für gewohnte Abläufe im Lehr- und Lernprozess verstanden.
- Das Klassen- und Schulklima ist ausgerichtet an denen, die dem idealtypischen Bild des Lehrenden entsprechen.
- Es gibt eine normative Grundlage für die Bewertung des Individuums.
- Heterogenität wird als Hemmnis für die Lernerfolge der leistungsschwachen und insbesondere der leistungsstarken Schülerinnen und Schüler verstanden

Heterogenität als zentrales Element in der schulischen Entwicklung

Eine eigene Heterogenitätsforschung entwickelt sich langsam. Impulse bekam und bekommt die derzeitige Heterogenitätsdiskussion und -forschung vor allem aus der interkulturellen, der feministischen und der integrativen Pädagogik und Forschungsprojekten. Hinter jeder dieser pädagogischen

Richtungen steckt das Engagement für die Akzeptanz von Verschiedenheit und die Anerkennung des Anderen. Eine andere Quelle sind die Leistungsvergleichsforschung sowie die Forschung zum Thema Chancengleichheit unter dem Aspekt der sozialen Herkunft in Kombination mit Bildungschancen.

Wenn von Heterogenität in der Schule gesprochen wird, dann sind es überwiegend die Schülerinnen und Schüler, die zum Fokus der Betrachtung gemacht werden. Interessant sind jedoch auch jene Schulen, die die Heterogenität der Lehrerschaft als Potenzial sehen, diese stärken und konzeptorientiert als Ressource für eine lebendige Schulkultur nutzen. Ebenso wie in Hinblick auf die Schülerschaft, gibt es auch hier Schulen, die bewusst versuchen, die Heterogenität zu steigern und nicht zu vermindern. Ähnlich wie bei Schulklassen wird auch hier von der Annahme ausgegangen, dass diese Vielfalt zu einem lebendigen und anregenden Schulklima führt. Schulen können also in Zusammenhang mit dem Aspekt Heterogenität auf folgenden Ebenen in ihrer Schulentwicklung ansetzen.

- Unterrichtsentwicklung: Lehrerinnen und Lehrer/Schülerinnen und Schüler werden befähigt, sich Inhalte mit den unterschiedlichsten Lehr- und Lernmethoden zu erschließen.
- Entwicklung von Haltungen: Die Schule als ganze und die Lehrenden im Einzelnen, sind es gewohnt, nach den Potenzialen und Stärken ihrer Schülerinnen und Schüler zu schauen und diese zu entfalten und zu nutzen.
- Entwicklung der Schulorganisation: Die Schule entwickelt Organisationsformen, die es Lehrerinnen und Lehrern erleichtern, einen entsprechenden Rahmen für ihre Lerngruppen zu schaffen. Hierzu gehört der Lehrereinsatz, wie die Rhythmisierung und die Taktung.
- Personalentwicklung: Die Heterogenität des Kollegiums wird gesehen und aktiv für die Entwicklung der Schule zur professionellen Lerngemeinschaft genutzt.

In der Ausschreibung zum Deutschen Schulpreis ist der Umgang mit Vielfalt einer der sechs Qualitätsbereiche, nach denen diese Schule beurteilt wird, wird der Maßstab formuliert, der zwischenzeitlich auch in viele Qualitätsrahmen der Länder Einzug gehalten hat. Schulen, die in diesem Bereich eine herausragende Arbeit machen, sind Schulen: „die Mittel und Wege gefunden haben, um produktiv mit den unterschiedlichen Bildungsvoraussetzungen, Interessen und Leistungsmöglichkeiten ihrer Schülerinnen und Schüler umzugehen, mit kultureller und nationaler Herkunft, Bildungshintergrund der Familie, Geschlecht; Schulen, die wirksam zum Ausgleich von Benachteiligungen beitragen; Schulen, die das individuelle Lernen planvoll und kontinuierlich fördern."

Literatur

Arbeitsgruppe am Max-Planck-Institut für Bildungsforschung: *Das Bildungswesen in der Bundesrepublik Deutschland*, Reinbeck bei Hamburg 1984.

Baumert, Jürgen/Deutsches PISA-Konsortium (Hrsg.): *PISA 2000*. Opladen 2001.

Bourdieu, Pierre: Ökonomisches Kapital – Kulturelles Kapital – Soziales Kapital. In: Kreckel, Reinhard (Hrsg.): Soziale Ungleichheiten, Göttingen 1983, S. 183-198.

Dehn, Wilhelm: *Heterogen – (k)ein Negativbegriff?*. In: Der Deutschunterricht, 2/93, S. 3-12.

Demmer-Dieckmann, Irene/Struck, Bruno (Hrsg.): *Gemeinsamkeit und Vielfalt. Pädagogik und Didaktik einer Schule ohne Aussonderung*. Weinheim und München 2001.

Demmer, Marianne: *Ja zur Heterogenität*. In: Erziehung und Wissenschaft, 6/2002, S. 15-18.

Heinzel, Federike/Prengel, Annedore: *Heterogenität, Integration und Differenzierung in der Primarstufe*. Jahrbuch Grundschulforschung 6. Opladen 2002.

Gisela: *Leistungsstarke Schülerinnen und Schüler in heterogenen Lerngruppen; eine empirische Untersuchung zur Wahrnehmung von Heterogenität aus der Sicht von Schülerinnen und Schülern*. Diplomarbeit, Bielefeld 2003.

Graumann, Olga: *Gemeinsamer Unterricht in heterogenen Gruppen*. Bad Heilbrunn 2002.

Heyer, Peter/Preuss-Lausitz, Ulf/Sack, Lothar: *Heterogenität aus der Sicht der Schulforschung*. In: Heyer, P./Preuss-Lausitz, U./Sack, L. (Hrsg.): Länger gemeinsam lernen; Positionen – Forschungsergebnisse – Beispiel. Frankfurt 2003.

Hinz, Andreas: *Heterogenität in der Schule*. Hamburg 1993.

Höhmann, Katrin: *Heterogenitätsvorstellungen von Lehrerinnen und Lehrern*. Unveröffentlichtes Manuskript, IFS 2004.

Hurrelmann, Klaus: *Soziale Ungleichheit und Selektion im Erziehungssystem*. In: Strasser, Hermann/Goldthorpe, John H.: Die Analyse sozialer Ungleichheit. Opladen 1985.

Klemm, Klaus: *Entstehung, Struktur und Steuerung des deutschen Schulsystems*. Essen 2000. Vorlesungsskript, im Internet unter: http://www.uni-essen.de/agklemm/lehre/pdf/skript_15052000.pdf [Stand: 2002]

Prengel, Annedore: *Pädagogik der Vielfalt*. Opladen 1995.

Prenzel, Manfred: *Wir benötigen eine neue Lernkultur*. In: Verband Bildung und Erziehung e.V. (Hrsg.): Schule und Leistung. Dokumentation einer Veranstaltung des Verbandes Bildung und Erziehung. Bonn, S. 50-60, 2000.

Preuss-Lausitz, Ulf: *Bewältigung von Vielfalt – Untersuchungen zu Transfereffekten gemeinsamer Erziehung*. In: Hildeschmidt, A./Schnell, I. (Hrsg.): Integrationspädagogik. Auf dem Weg zu einer Schule für alle. Weinheim und München, S. 223-240, 1998.

Preuss-Lausitz, Ulf: *Chance oder Belastung? Heterogenität aus der Sicht von Grundschullehrerinnen und -lehrern*. In: Die Grundschulzeitschrift 149, S. 30-33, 2001.

Preuss-Lausitz, Ulf: *Forschungsergebnisse zur Heterogenitätserfahrung aus der gemeinsamen Unterrichtung behinderter und nichtbehinderter Schüler*. In: Heyer u.a., S. 75-81, 2003.

Renzulli, Joseph S./Reis, Sally M./Stedtnitz, Ulrike: *Das Schulische Enrichment Modell (SEM), Textband und Begleitband.* Aarau. 2001.

Sielert, Uwe: *Ohne Angst verschieden sein können und die Kraft der Vielfalt nutzen.* In: Journal für Schulentwicklung (10) 2006, 2, S. 7-14.

Tillmann, Klaus-Jürgen: *System jagt Fiktion; Die homogene Lerngruppe* In: Heterogenität; Unterschiede nutzen – Gemeinsamkeiten stärken. Friedrich Jahresheft XXLL 2004. S. 6-9.

Urban, Klaus: *Hochbegabte Kinder. Psychologische, pädagogische, psychiatrische und soziologische Aspekte.* Heidelberg, S. 154-167, 1982.

Wenning, Norbert: Heterogenität als Dilemma für Bildungseinrichtungen. In: Boller, S./Rosowski, E./Stroot, T. (Hrsg.) Heterogenität im Unterricht. Weinheim 2007. S. 21-31.

Wischer, Beate: *Heterogenität als komplexe Anforderung an das Lehrerhandeln.* In: Boller, S./Rosowski, E./Stroot, T. (Hrsg.) Heterogenität im Unterricht. Weinheim 2007. S. 32-42.

Wischer, Beate: *Lernen in heterogenen Gruppen aus Schülersicht. Ausgewählte Ergebnisse aus der Absolventenstudie.* In: Demmer-Dieckmann, I./Struck, B. (Hrsg.), Weinheim/München 2001. S. 227-246.

Wischer, Beate: *Leistungsheterogenität an der Laborschule. Befunde der Absolventenstudie zur Schulzufriedenheit und zur Einschätzung des sozialen Klimas.* In: Lenzen, K.D./Tillmann, K.J. (Hrsg.): Gleichheit und Differenz. Erfahrungen mit integrativer Pädagogik. Bielefeld: IMPULS (Publikationsreihe der Laborschule), Bd. 28, S. 222 – 235, 1996.

Denkpause

Das Heterogenitätsprofil meiner Klasse:

So viele Jungen und Mädchen sind in meiner Klasse:

Folgende Religionszugehörigkeiten sind mir bekannt:

So alt ist der/die jüngste und älteste Schüler/Schülerin in meiner Klasse:

Zum familiären Hintergrund weiß ich Folgendes:

Die Geschwisterkonstellation sind:

Sprachen, die in meiner Klasse gesprochen werden:

Hobbys und Freizeitinteressen, die die Schülerinnen und Schüler haben:

Kulturen, aus denen die Eltern kommen:

Die Klasse hat folgendes Leistungsspektrum:

Die drei schwächsten Schülerinnen und Schüler im Leistungsbereich haben folgende Stärken und Potenziale, die ich fördern kann:

Der vermutete Bildungshintergrund der Familien ist:

Die drei stärksten Schülerinnen und Schüler haben folgende Stärken und Potenziale, die ich fördern kann:

Sonstiges:

Das Besondere an meiner Klasse ist:

Unerledigte Aufgabe: Kurzer historischer Abriss des Umgangs mit Heterogenität im System gesellschaftlicher Erziehung und Ausbildung

Klaus Bert Becker

Die Geschichte der öffentlichen Erziehung und damit des Schulwesens ist auch eine des Umgangs mit Heterogenität und dabei meist eine der Vermeidung oder Reduzierung von Heterogenität. Letzteres war lange nicht in Frage gestelltes, weil selbstverständliches Organisationsprinzip in traditionalen, meist ständisch gegliederten Gesellschaften. Da nur ganz bestimmte Schichten zur schulischen Unterweisung zugelassen waren, ergab sich eine gewisse – schichtenspezifische – Homogenisierung von selbst. In den städtischen Lateinschulen des Mittelalters und der frühen Neuzeit z.B. fanden sich die männlichen Sprösslinge des Bürgertums, im Wesentlichen des Handel treibenden, aber auch des der Handwerkselite zugehörigen. Wenn man weiter zeitlich zurückgeht, wurden hier mehrheitlich die – wieder männlichen – Abkömmlinge des Stadtpatriziats unterrichtet, sofern dieses aufgrund seiner ökonomischen Situation in der Ausbildung im Lesen, Schreiben und Rechnen einen Sinn sah. Darin unterschied man sich von den feudalen Lebensentwürfen des Adels.

Träger dieses Unterrichts waren lange Zeit alleine oder mehrheitlich kirchliche Instanzen, die auf diese Weise intentional ihren bestimmenden Einfluss sicherten und funktional eine homogene Kulturtradierung bewirkten und dabei nicht zuletzt die Rekrutierung des eigenen Nachwuchses betrieben. Grundsätzlich war diese schichtenspezifische Statik im Einzelfall zu durchbrechen, aber nur in Form der Förderung besonders begabter Jungen aus dem Bauern- oder dem niedrigen Handwerkerstand. Ein grundsätzliches Anliegen, diese Grundlagenbildung schichtenheterogen zu gestalten, war damit nicht verbunden. Dies änderte sich erst (zumindest als Forderung) mit den großen Pädagogen, von denen besonders Comenius zu nennen ist.

Die Möglichkeiten der schulischen Ausbildung von Mädchen blieben auch in den angesprochenen Schichten weit hinter denen der Jungen zurück, und wo es sie gab, waren es vornehmlich Inhalte, die auf den weiblichen Beruf der Mutter und Hausfrau vorbereiten sollten. Wenn also eine Förderung der Heterogenität existierte, dann nur eine der gesellschaftlichen Funktion, die mit der Ermittlung individueller Eigenschaften und deren Berücksichtigung nichts zu tun hatte.

Dieses rudimentäre Bildungswesen fühlte sich im Allgemeinen auch nicht zuständig für den instruierenden und erzieherischen Umgang mit Behinderten, auch diese Art von Heterogenität wurde nicht als Aufgabe gesehen.

Trotz vieler Anregungen und Forderungen aus der sich nach und nach als Disziplin etablierenden Pädagogik und aus den Kreisen, die mit dem Nationalstaatsgedanken auch Forderungen an die Ausbildung der Bürger stellten, erwies sich die Schichtenschule als sehr zählebig. In der Realität des 20. Jahrhunderts ergab sich zwar die Weiterentwicklung des allgemeinen Schulwesens für alle, die im 19. Jahrhundert eingesetzt hatte, doch die Humboldtsche Forderung nach einer Schule für alle Stände erfüllte sich nicht. Zwar wurde in Deutschland nach dem Ersten Weltkrieg die das Gymnasium vorbereitende Vorschule abgeschafft, doch die geplante achtjährige Volksschule für alle ließ sich politisch nicht durchsetzen. Sie wurde als politischer Kompromiss zur durchlaufenden Schule nur für diejenigen zur Notwendigkeit, die nach der 4. oder 5. Klasse nicht die Realschule oder das Gymnasium besuchten; in den 1960er Jahren des vorigen Jahrhunderts kam es zur Gründung der Hauptschule, ohne dass danach die Trennung nach dem vierten Schuljahr aufgehoben worden wäre.

Dieser politische Kompromiss Anfang der 1920er Jahre wird seitdem oft pädagogisch geadelt und als den verschiedenen Begabungen entsprechend verteidigt. In den meisten anderen europäischen Ländern jedoch hat man nach und nach dieses gegliederte Schulwesen zugunsten einer Schule für alle abgeschafft, womit man sich unausweichlich der Frage des Umgangs mit Heterogenität stellen musste.

In den heutigen demokratischen Gesellschaften kann die ständische Statik nicht mehr Grundlage des Bildungssystems sein. An die Stelle ererbter Vorrechte tritt meist die Leistung als Grundlage für Laufbahn und Abschluss in der Schule und anschließend für die Allokation in der Gesellschaft. Aber leider zeigt sich diese Offenheit oft nur als prinzipielle, und zwar, wie die Vergleichsstudien gezeigt haben, besonders stark ausgeprägt in Deutschland: Die sozialen Bedingungen des Aufwachsens spielen eine so große Rolle, dass sich doch weiterhin die Schichten durch das Bildungssystem reproduzieren und darüber hinaus die Integration des Migrantennachwuchses zu wenig gelingt.

Die Vergabe von Aufstiegschancen in der Gesellschaft je nach Schulleistung wird in den Ländern des Comeniusprojektes EU-MAIL unterschiedlich gehandhabt: Während in Deutschland mit der Heterogenität zum Zwecke der Homogenisierung gruppierend umgegangen wird – drei oder zwei Schulformen je nach unterstellter Begabungsart, dazu ein ohnegleichen ausgebautes Förderschulwesen für die verschiedenen Arten von Behinderungen –, wird in den skandinavischen Ländern und in Finnland, die nur eine Sekundarschulform haben, das Kind individueller in den Blick genommen. Unter dem Motto „Kein Kind zurücklassen!" wird weniger der Frage nachgegangen, zu welchem Abschluss und zu welcher Bildungslaufbahn das Kind passt, als vielmehr der, wie das Kind in seiner Einzigartigkeit seinen Möglichkeiten gemäß gefördert werden kann. Dazu werden z.B. in Schweden für jedes Kind Individuelle Entwicklungspläne aufgestellt, so dass die Schülerinnen und Schüler weniger mit anderen als mit sich selbst verglichen werden. Man kann sagen, dass es in diesen Schulsystemen tendenziell darum geht, dem Kind gerecht zu werden.

In England versucht man durch ein durchorganisiertes Test- und Monitoring-System so viele Daten wie möglich über das einzelne Kind zu sammeln, um es in wünschenswerter Weise zu fördern und zu lenken – auch und wesentlich disziplinarisch.

Gesellschaftliche Erziehung und Ausbildung dienen zum einen der Gewährleistung von Standards, die die nachwachsende Generation erreichen muss. Diese Standards richten sich nach den Erfordernissen eben dieser Gesellschaft als einer zu erhaltenden und weiterzuentwickelnden.

Zum anderen aber muss sie in demokratischen Systemen den Einzelnen als Maß sehen, den Einzelnen, der unverzichtbares Element des Souveräns ist und sich deshalb in keiner homogenisierenden Klassifizierung verlieren darf.

Wie das Bildungssystem dieser Bipolarität der Perspektiven und der Anforderungen gerecht wird, entscheidet über seine Effizienz und Legitimation.

Dieser vermeintliche Spagat der Aufgaben scheint im Lichte der Lehr-/Lernforschung, besonders in Hinblick auf die Erkenntnisse der neurobiologischen Forschung, leistbar zu sein: Schulisches Lehren auf die Möglichkeiten des individuellen Lerners hin zu organisieren und zu gestalten, ist erfolgreicher, schöpft die Potenziale besser aus und ist gerechter, weil näher am Kind und am Jugendlichen.

Wenn dies als die zu gestaltende Zukunft unseres Bildungswesens zu fordern ist, dann wird deutlich, dass die Anerkennung der Heterogenität als regulative Idee weit mehr ist als nur ein Kampf um eine andere Schulformstruktur.

Denkpause

Das lernende Individuum oder wie wird eigentlich gelernt?

Heidemarie Schäfers

Individualisierung im Mainstream politischer Vorgaben – Versuch einer Definition

Der Begriff der „Individuellen Förderung" erlebt derzeit eine politische Hochkonjunktur[1] und wird in Festtagsreden, Parteiprogrammen und bildungspolitischen Vorgaben hervorgehoben. Mit dem Begriff „Individualisierung" verbinden sich Hoffnungen und Befürchtungen. Hoffnungen bei Eltern auf bessere Förderung – Befürchtungen bei Lehrerinnen und Lehrern, die eine Anforderung auf sich zukommen sehen, auf die sie sich nicht vorbereitet fühlen.

Was ist damit gemeint, wenn etwa die konservativ/liberale Regierungskoalition in Nordrhein- Westfalen in den Artikeln 1 und 2 des neuen Schulgesetzes das Recht auf individuelle Förderung verankert?

Im Kontext einer selektierenden gegliederten Schulstruktur wird individuelle Förderung vor allem mit kompensatorischen Maßnahmen gleichgesetzt. Individuelle Förderung soll bei Lernschwierigkeiten, bei besonderen Begabungen und Hochbegabungen, bei Schulmüdigkeit, bei Schülerinnen und Schülern mit Migrationshintergrund und im Kontext von Genderaspekten, (Jungen-/Mädchenförderung) greifen. (siehe: www.schulministerium.nrw.de/Chancen)

Sie wird im Wesentlichen verstanden und realisiert in Zusatzangeboten für Schülerinnen und Schüler mit besonderen Defiziten oder besonderen Fähigkeiten, die aus dem Mittelmaß herausfallen, an dem sich ein im Gleichschritt voran bewegender Alltagsunterricht meint orientieren zu können.

Demgegenüber vertrat Andreas Schleicher auf einem Kongress des MSW NRW in Essen im Frühjahr 2007 die Auffassung, es käme gerade dar-

---

1   s. z.B. die Festrede des niedersächsischen Kultusministers B. Busemann am 02.12.2005 in Verden: „Ein alle Schulformen übergreifendes und mir besonders am Herzen liegendes Anliegen ist die kontinuierliche individuelle Förderung aller Kinder – dies gilt für den Defizitausgleich ebenso wie für die Förderung besonderer Begabungen. Die Schulen werden deshalb zukünftig durchgängig von Klasse 1 bis Klasse 9 bzw. 10 Dokumentationen der individuellen Lernentwicklung erstellen. Dem besonderen Förderbedarf von Schülerinnen und Schülern mit besonderen Schwierigkeiten im Lesen, Rechtschreiben und Rechnen wird unser neuer Erlass zu diesem Thema gerecht. Schließlich sind wir auch dabei, die Einrichtung von Flächen deckenden Kooperationsverbünden zur Hochbegabungsförderung abzuschließen."

auf an, die besonderen Stärken bei den scheinbar so unauffälligen durchschnittlichen Schülerinnen und Schülern zu entdecken. (siehe: Schule NRW
03/07 S.122-127)

„Der größte Fehler, den wir hier machen können ist, zu glauben, dass gewöhnliche Schüler
keine außergewöhnlichen Fähigkeiten haben können."

An anderer Stelle führt Andreas Schleicher aus: „Es geht um eine andere Einstellung zu den Schülern: Lehrerinnen und Lehrer müssen davon ausgehen,
dass gewöhnliche Schüler außergewöhnliche Fähigkeiten haben. Sie müssen
die Verschiedenheit ihrer Schüler, ihre unterschiedlichen Interessen und Fähigkeiten, die Unterschiede in ihrem sozialen Umfeld konstruktiv aufneh-
men." (WDR-Interview mit Karl-Heinz Heinemann am 03.02.2007)

In diesem Sinne bedeutet Individuelle Förderung eine radikale Umwäl-
zung des in Deutschland althergebrachten Denkens. Der Blick auf jede Schülerin und jeden Schüler beinhaltet Abkehr vom Lernen im Gleichschritt und
Akzeptanz der Verschiedenheit als Motor für gelingende Lernprozesse. Individualisierung beinhaltet so verstanden die Gestaltung von Lernprozessen,
die vom lernenden Subjekt ausgehen und dessen jeweilige Ausgangslage berücksichtigen, anstatt fachliche Inhalte für alle in der gleichen Art und Weise
didaktisch aufbereitet vorzugeben. Nicht zuletzt geht es um einen anderen
Blick auf die Lernenden, die in ihrer Persönlichkeit gefördert werden sollen.

Der Blick auf die breite Mitte, auf alle Schülerinnen und Schüler nicht
nur auf einige besonders auffällige bedeutet, dass individuelle Förderung
nicht nur in Zusatzangeboten gewährleistet werden kann sondern im Zentrum
der täglichen Unterrichtsarbeit stehen muss. Die so verstandene Individuelle
Förderung kann durchaus dazu führen, dass die Differenz innerhalb einer
Lerngruppe nicht reduziert wird, es keine Leistungsangleichung gibt, sondern
Unterschiede deutlicher werden. (s. Karin Bräu, Vortrag in Dortmund am
22.09.2006)

Dies ist für unser tief in den Köpfen verankertes Streben nach homogenen Lerngruppen eine große Herausforderung, die nur begrenzt im Rahmen
einer Einzelschule oder Lerngruppe bewältigt werden kann, und zu Ende gedacht auch Konsequenzen für die Schulstruktur haben muss.

Wenn das Ziel staatlicher Schulen vorrangig die bestmögliche Förderung
jedes Einzelnen werden soll, steht die Einsortierung in fiktiv homogene
Lerngruppen in einem hierarchisch gegliederten Schulsystem dazu in einem
nicht aufzulösenden Widerspruch.

Im aktuellen Rahmen staatlicher Standardvorgaben, Leistungsbewertun-
gen, zentraler Prüfungen und Abschlussvergaben bleibt den Schulen ein ge-
wisser Spielraum, den es auszuloten gilt. Die Vorgabe von Standards begrenzt auf den ersten Blick Gestaltungsräume, kann aber auch als Ziellinie
verstanden werden, die nicht alle Lernenden zur gleichen Zeit erreichen müssen.

Individuelle Förderung im Sinne von Standardorientierung und Kompensation soll die Leistungsschere verringern

Bild: Willi-Graf-Realschule, Euskirchen

In diesem Kontext gewinnt die Frage besondere Bedeutung, wie es in den Schulen gelingen kann, besondere Neigungen, Interessen und Begabungspotenziale zu entdecken, um die Energie und Kreativität der Schülerinnen und Schüler zu entfalten, und welche inhaltlichen Spielräume neben den staatlichen, prüfungsrelevanten Vorgaben erschlossen werden können.

Die Begriffsklärung erfordert weiterhin eine Unterscheidung zwischen *Individualisierendem Lehren und Individualisiertem Lernen.*

Der erste Begriff beleuchtet das Lehrerhandeln im Unterricht, den Umgang mit der Heterogenität der Lerngruppe. Hier geht es um die Fähigkeit, Unterschiede wahrzunehmen und wertzuschätzen, sie im Unterricht zu nutzen. Hier geht es außerdem darum, auf der Grundlage solider fachlicher Kenntnisse herausfordernde Lernanlässe und eine produktive Lernatmosphäre zu schaffen und auf der Grundlage methodischer Fertigkeiten, den Unterricht strukturiert, interaktiv und abwechslungsreich zu gestalten. Kenntnisse im Bereich des kooperativen Lernens können hier beispielsweise sehr nutzbringend eingesetzt werden, decken aber bei weitem nicht das Handlungsfeld Individualisierenden Lehrens ab.

*Individuelle Förderung im Sinne von Persönlichkeitsentwicklung sieht
Differenz als Grundlage erfolgreicher Lernprozesse*

Bild: Gesamtschule Velbert-Mitte

Sprechen wir über Individualisiertes Lernen, dann geht es um die Aktivitäten
der Schülerinnen und Schüler, um eine Erweiterung der Gestaltungsmöglich-
keiten des eigenen Lernens und um eine erweiterte Verantwortlichkeit in diesem Prozess. Die Frage, wie Schülerinnen und Schüler zu Subjekten ihres
Lernens werden können, anstatt permanent den Regieanweisungen der Lehrerinnen und Lehrer zu folgen, wie sie dazu gebracht werden können, ihre eigenen Fragen zu stellen, ihre Wege zu gehen, hat eine noch weiterreichende
Bedeutung als die des Individualisierenden Lehrens. Individualisiertes Lernen hat wenig mit dem gelegentlich im Kontext kooperativen Lernens inkri-
minierten „individualistischen Lernen" ohne Austausch mit anderen zu tun.
(Johnson S. 5) Hier geht es vielmehr um das Ziel, die Lernbegierde, die alle
Kinder ursprünglich haben, zu erhalten, sie selbst bewusst an der Entwicklung der eigenen Fähigkeiten arbeiten zu lassen, sie bei der Wahl von The-

men und der Lösung von Problemen beratend zu unterstützen, damit sie ihr Denken vertiefen und erweitern und sich Wissen aneignen können. Dies erfordert einen respektvollen und vertrauensvollen Dialog zwischen den Lehrenden und Lernenden. Auf dieser Grundlage müssen die jeweiligen Aufgaben und Verantwortlichkeiten neu beschrieben und praktiziert werden.

Eine wirkliche Beteiligung von Schülerinnen und Schülern an der Planung und Gestaltung von Lerninhalten und Lernwegen ist weitestgehend Neuland und eröffnet lohnende Entwicklungsperspektiven auch für Lehrerinnen und Lehrer, die neue Freiheiten in der Rolle als Lernberater und -beraterinnen gewinnen können.

Der Blick über Grenzen: Umgang mit Heterogenität und Individualisierung in England, den nordischen Ländern und Nordrhein-Westfalen im Vergleich

Internationale Kooperation ermöglicht den vergleichenden Blick auf Bildungsziele, Schulsystem und schulisches Lernen der Partner. Sie ermöglicht auch den Blick von außen auf das eigene System im Vergleich mit anderer Kultur und Praxis. Sie benötigt eine gemeinsame Ausgangsbasis beim Start eines Projektes.

Die Mitglieder der EU-MAIL- Projektgruppe einigten sich schnell darauf, dass jede Lerngruppe heterogen sei, auch die ausgelesenen besten Lehrerstudentinnen und -studenten in Finnland im ersten Semester keineswegs als homogene Einheit behandelt werden können. Einigkeit herrschte auch bezüglich der Annahme, dass die jeweilige Schulstruktur und nationale Bildungstraditionen und Bildungsziele den Unterricht in den Schulen stark beeinflussen und prägen.

Die Frage, was denn eigentlich unter Individualisierung zu verstehen sei, wurde beim Arbeitsstart noch nicht einheitlich beantwortet.

In den anfänglichen Diskussionen wurden konstruktivistische Lerntheorien, Jorma Ojalas' „reconstructive and shared-thinking model"[2] und neue Ergebnisse der Hirnforschung als gemeinsame theoretische Grundlagen akzeptiert.

Jorma Ojala, Dekan der Abteilung für Lehrerausbildung an der Universität Jyväskylä (Finnland), überzeugte durch seine fundierte Ablehnung des tradierten Glaubens an eine scheinbar neutrale Wissensvermittlung. Er beeinflusste

---

2   J. Dimenäs et al., S. 50f.: „Da jeder Schüler/jede Schülerin auf der Grundlage vorhandenen Wissens dazu lernen kann, kann es keinen vorherbestimmten Faktensatz geben, der gelernt werden muss, und deshalb kann der Lehrende den Lernenden keine neutralen Informationen übermitteln. Die Aufgabe besteht darin, Situationen zu schaffen, in denen die Lernenden über die Bedeutung von Konzepten verhandeln und sich durch diesen Prozess ihres eigenen Denkens bewusst werden." (übersetzt von H.Schäfers).

die Arbeit der Gruppe durch seine beeindruckenden Exkurse über Alltagswissen oder Denkfiguren, die bei jedem Lerner offengelegt werden müssen, bevor sie im Kontext mit herausfordernden neuen Problemen auf ihre Tragfähigkeit abgeklopft werden können. Erst die Einsicht in die Grenzen der bisherigen eigenen Ansichten ermöglicht es den Lernenden, wissenschaftliche Erkenntnisse zu verstehen, um schließlich durch kommunikative Prozesse zu einer Veränderung des Denkens und Erweiterung des eigenen Wissens zu gelangen.

Die unerschütterliche Leitlinie der nordischen Partner, jedes Kind in seiner Lernentwicklung in den Mittelpunkt allen pädagogischen Handelns zu stellen und die Arbeit mit individuellen Lernplänen für jedes Kind in Schweden beeindruckten die Projektpartner genauso wie die inklusive Pädagogik in Norwegen.

Frühzeitig tauchte in den Diskussionen die Unterscheidung der Begriffe Individualisierendes Lehren und Individualisiertes Lernen auf. Hier wurden die unterschiedlichen Sichtweisen und die sehr unterschiedliche Praxis der nordischen Länder im Vergleich zu England von Anfang an deutlich.

Gemeinsame Schulbesuche in den beteiligten Ländern auf der Grundlage eines gemeinsam entwickelten Beobachtungsinstrumentariums von Unterricht sowie standardisierte Interviews mit Schulleitungen, Lehrerinnen und Lehrern und Schülerinnen und Schülern wurden die Grundlage für die gemeinsame pragmatische Suche nach den „Perlen" – Beispielen bester Praxis, die wir hofften, in die jeweilige Unterrichtspraxis übernehmen zu können. Die Beobachtungen der Experten aus den beteiligten Ländern, die sich als „kritische Freunde" verstanden, sollten mit den besuchten Schulen und mit den Projektpartnern intensiv besprochen werden. Es war wichtig für die Beobachter, dadurch eventuelle Missverständnisse aufzuklären, mehr Hintergrundwissen zu erwerben und beobachtete Strukturen, Verhaltensweisen, Lehr- und Lernmethoden im Kontext zu verstehen.

Die Besuchten wiederum konnten ihre eigene Alltagspraxis durch eine andere Brille sehen: zustimmend, erstaunt, stolz oder selbstkritisch – immer jedoch mit lebhaftem Interesse.

Im Folgenden wird versucht, wesentliche Merkmale individualisierenden Umgangs mit heterogenen Lerngruppen in England und in den nordischen Ländern teilweise kontrastiv zu skizzieren.[3]

Die Systembedingungen in den nordischen Ländern und in England scheinen auf den ersten Blick nicht allzu unterschiedlich. Überall ist die gemeinsame Schule für alle Kinder die Regel. Allerdings gibt es auf den zweiten Blick zwei Faktoren, die dazu führen, dass es deutliche Unterschiede im Umgang mit Heterogenität und Individualisierung gibt: In England werden in der gemeinsamen Schule Lerngruppen weitgehend nach Fächern und Leistung zusammengesetzt mit dem Ziel der Homogenisierung – in den nordischen Ländern sind heterogene Lerngruppen in allen Fächern und Altersstufen eine Selbstverständlichkeit.

---

3   s. dazu auch die Länderberichte in: www.eu-mail.info.

Das englische Schulleben wird in hohem Maße beeinflusst von nationalen Standardvorgaben, Tests, der äußeren Inspektion und dem nationalen Ranking von Schulen. In den nordischen Ländern sind die Schulen kommunalisiert und genießen ein hohes Maß an Selbstverwaltung – von der Personalauswahl bis zur Erarbeitung schuleigener Curricula – im Rahmen sehr allgemeiner nationaler Vorgaben. Selbstevaluation ist ständig geübte Praxis. Nationale Schulaufsicht fehlt entweder ganz wie in Finnland und Norwegen oder baut wie die neu eingeführte Schulinspektion in Schweden weitestgehend auf die Selbstevaluation der Schulen und dialogische Verfahren.

Individualisierendes Lehren in England

Auf der Ebene der Einzelschule konnten deutlich ausgeprägte Leitziele, klare Erwartungen an die Lehrerinnen und Lehrer sowie an das Verhalten der Schülerinnen und Schüler überall beobachtet werden.

Als wesentliche Instrumente der Individualisierung wurden vielfältige diagnostische Tests, intensive Schullaufbahn- und Lernberatung, Zielvereinbarungen für jeden Schüler/jede Schülerin bezüglich der vorgegebenen Standards, ausgeprägte Zuordnung zu Fachleistungsgruppen, innere Differenzierung und ein gut durchdachtes, teilweise striktes „Classroom-Management" identifiziert. Regelmäßige, intensive fachliche Zusammenarbeit scheint für die Lehrerinnen und Lehrer selbstverständlich zu sein. Im Bestreben nach optimaler Vorbereitung der Schülerinnen und Schüler auf die Tests scheint wenig Raum zu bleiben für individuelle, fachliche Schwerpunktsetzungen. Prognostische Diagnostik, Intelligenztests, die Bestimmung von Lernertypen und die systematische Erhebung individueller Leistungszuwächse erwecken den Eindruck effizienten zielgerichteten Handelns, hoher Professionalität und eines ausgeprägten Verantwortungsbewusstseins der Lehrerinnen und Lehrer.

Im Bestreben, die Unterrichtsqualität zu optimieren, hat eine der besuchten Schulen schriftliche Vorgaben für die effektive Gestaltung guten Unterrichts entwickelt, die verbreitet akzeptiert zu sein scheinen. Dieses elaborierte Instrumentarium Individualisierenden Lehrens wurde mit großer Energie, materiellen Zuwendungen (z.B. in der hervorragenden Ausstattung mit modernen Medien) und kontinuierlicher Fortbildung entwickelt.

Angestrebt wird hier das Ideal einer «handwerklich» soliden vom Lehrer klar strukturierten Stunde, in der die Lernziele für die Schülerinnen und Schüler am Anfang der Stunde verständlich und detailliert benannt werden; Vorwissen aktiviert wird und in der Hauptphase der Stunde die Schülerinnen und Schüler in straffem Tempo und Zeittakt durch vielfältige Übungen, Partner- und Gruppenarbeit und differenzierte Fragetechniken der Lehrerinnen und Lehrer (z.B. unter Berücksichtigung der Bloom'sche Taxonomie) aktiviert werden. Am En-

de der Stunde steht als wichtiges Element eine gemeinsame und möglicherweise auch individuelle Ergebnissicherung und Reflexion.

Insbesondere die klare Information über die Lernziele zum Stundenbe-
ginn und die Reflexionsphase am Ende der Stunde zum Nachdenken über das
Gelernte – sind von allen Projektpartnern als wichtige Elemente erfolgreicher
Lernprozesse identifiziert worden.

Inwieweit allerdings bei diesen Vorgaben Aspekte unterschiedlicher
Lernzeit und Interessen, bei dem bewusst gewählten hohen Tempo im Unterricht auch die erforderliche Zeit zum Mit- und Nachdenken gewährleistet
sind, kann in Frage gestellt werden.

Erwartungen an eine gute Stunde
Schüler werden pünktlich zu Beginn der Stunde (beim Schellen) an der Tür willkommen geheißen und zu ihren Plätzen geschickt. Von den SchülerInnen wird erwartet, dass sie das Material herausnehmen, das sie für die Stunde brauchen.
Die Anwesenheit wird in den ersten 15 Minuten überprüft, falls möglich. Die SchülerInnen sitzen entsprechend dem Junge-Mädchen-Sitzplan. Hausaufgaben werden während der Stunde gestellt, nicht am Ende. Leistungen werden belohnt. Der Unterstützungsplan für gutes Verhalten ist in Kraft
Anfangs-Aktivitäten – 3 bis 10 Minuten – können auf das Thema der Stunde bezogen sein, oder auch nicht. – können eine Gelegenheit für eine Rückmeldung zum Lernen bieten, oder auch nicht. – Spiele, um zentrale Fakten oder Konzepte zu üben – Gruppen-Brainstorming/Mindmap – Vokabeln/Rechtschreiben – Schnelle Fragen-Antworten um an die letzte Stunde zu erinnern
Teile den SchülerInnen die Unterrichtsziele mit und notiere sie Sie sollten während der ganzen Stunde für die SchülerInnen sichtbar sein und auf sie sollte während der Stunde zurückgegriffen werden – Schlüsselfragen/Titel – Wir lernen zu …
Einführung der Lehrkraft zum Thema der Stunde – Tafelarbeit – Modellieren – Medien – Praktische Demonstration – Computer – Bezüge auf vorhandene Kenntnisse/ – Bilder, Mindmaps, Tabellen Standards – Textarbeit

Aktivitäten, die eng auf die Unterrichtsziele bezogen sind	
SchülerInnen erhalten besondere Zeitbegrenzungen	
Schüleraktivitäten	**Lehreraktivitäten**
– differenziert	– unterrichten/coachen
– praktische Arbeit	– beraten
– Recherchen	– ermutigen
– mündliche Aktivitäten/Diskussionen	– Lernen überprüfen, z.B. durch klei-
– Arbeitsblätter	ne Plena
– Kurze oder längere Schreibaufgaben	– differenzieren
– Arbeit mit Büchern	
– gegenseitige Kontrolle/Selbst-	
evaluation	
Plenum als Gelegenheit, Lernen zu überprüfen	
– Was haben die SchülerInnen ge-	– Platz der Stunde in der Stunden-
lernt?	folge
– Gezielte/offene Fragen zu den	– Was hätten die SchülerInnen, was
Hauptpunkten der Stunde	hätte die Lehrkraft tun können, um
– Überleitung in die nächste Stunde	die Stunde noch besser zu machen
Geordnete, von der Lehrkraft geleitete Entlassung der SchülerInnen aus dem Fachraum.	

Quelle: Longdendale Language College, Tameside

Maureen Cruickshank verweist ergänzend zu den Beobachtungen in den besuchten Schulen auf den Einsatz binnendifferenzierender Materialien im Unterricht und bei den Hausaufgaben.

„Einige Lehrbücher werden in differenzierenden Versionen veröffentlicht, und die Schülerinnen und Schüler werden ermutigt, das auszuwählen, was ihren Bedürfnissen am besten entspricht. Differenzierte Arbeitsblätter, Hilfeblätter und Zusatzaufgaben sind verbreitet. Hausaufgaben werden oft mit Blick auf unterschiedliche Anforderungsniveaus gestellt. Test am Ende einer Unterrichtseinheit sind oft auf unterschiedliche Ergebnis-Niveaus abgestellt." (J. Dimenäs et al., S. 83)

Individualisierendes Lehren wird in England nach diesen Erfahrungen professionell praktiziert, wobei die steuernde Rolle der Lehrerinnen und Lehrer durchgängig erkennbar ist. Die freundliche und ermutigende Lehrerhaltung ist eindeutig lernfördernd, auf der anderen Seite der Druck durch Tests für alle am Schulleben Beteiligten enorm.

Im Rahmen des Classroom-managements wird nicht nur mit individueller Betreuung und Beratung sondern teilweise auch mit beschämenden Strafen für Disziplin und eine störungsfreie Lernatmosphäre gesorgt.

Der Sitzordnung wird hohe Bedeutung eingeräumt. Sie wird zu kooperativem Lernen und zur Förderung sozialer Kompetenzen von der Lehrerin/

dem Lehrer vorgegeben. Relativ unbekümmert werden dabei Mädchen zur „Ruhigstellung" undisziplinierterer Jungs eingesetzt. Je nach Bedarf werden die Gruppen eher leistungshomogen oder heterogen gebildet. Die Möglichkeit, sich selbstständig einer Lerngruppe zuzuordnen, besteht für die Schülerinnen und Schüler nach den Erfahrungen im Projekt nicht.

Individualisierendes Lehren in den besuchten Schulen besticht durch die professionelle und enge Zusammenarbeit der Lehrerinnen und Lehrer, die in vollem Umfang die Verantwortung für die Lernprozesse ihrer Schülerinnen und Schüler übernehmen: „Wir füttern sie mit dem Löffel", brachte es einer der interviewten Schulleiter auf einen sehr bildhaften Nenner.

Die nordischen Länder

In den nordischen Ländern wird in Abstufungen ein Weg begangen, der sehr viel mehr damit zu tun hat, die Schülerinnen und Schüler zu individualisiertem Lernen zu befähigen.

Bei aller Unterschiedlichkeit, die durchaus zwischen den drei Ländern existiert, gibt es doch grundlegende Gemeinsamkeiten.

Dazu gehören intensive Teamarbeit der Lehrerinnen und Lehrer, Arbeitszeitregelungen, die Präsenz des Lehrpersonals in der Schule unabhängig von der Unterrichtszeit gewährleisten, der Einsatz zusätzlichen Personals in den Schulen von Hilfslehrern über Sonderpädagogen, Dolmetscher, Sozialpädagogen, Berufsberatern bis zu Krankenschwestern.

Schulen werden in Ganztagsform geführt, das (kostenlose) Mittagessen ist selbstverständlich, eine weitgehende Integration behinderter Schülerinnen und Schüler wird angestrebt. Gebäude sind einladend gestaltet und bieten auch außerhalb der Klassenräume viele Gelegenheiten zur Arbeit oder zur Entspannung.

Das gemeinsame Lernen aller Schülerinnen und Schüler ohne die Möglichkeit äußerer Differenzierung oder Abschulung hat in den nordischen Ländern die Einstellung der Lehrkräfte und ihren Blick auf die Schülerinnen und Schüler offensichtlich grundlegend verändert.

Die Interviews mit Schulleitungen und Lehrenden bezeugen in großer Einheitlichkeit, dass Heterogenität immer als Selbstverständlichkeit angesehen wird – sehr oft als Bereicherung.

Die Lehrerinnen und Lehrer sehen sich als Lernberaterinnen in ihren Fächern, der einzelne Schüler/die einzelne Schülerin und deren persönliche Entwicklung, deren Möglichkeiten und Interessen stehen im Zentrum der Arbeit. Der Wechsel vom lehrerzentrierten Unterricht zu einem neuen System individualisierten Lernens erschien in Schweden am weitesten entwickelt und ausgeprägt.

Förderliche Rahmenbedingungen für dieses individualisierte Lernen werden bereits in der Bauweise der Schulgebäude und den organisatorischen Abläufen eines Schultages geschaffen.

Neben traditionellen Klassenräumen sind Räume unterschiedlicher Größe und Ausstattung zur Arbeit in Gruppen, Einzelarbeit, Arbeit mit dem PC selbstverständlich.

Es gibt keinen für alle Schülerinnen/Schüler einer Klasse verbindlichen, gleich getakteten Tagesablauf. In Abhängigkeit vom individuellen Lernplan arbeiten die Schülerinnen/Schüler im Klassenverband, allein oder in Teilgruppen.

Die Lehrerin/der Lehrer arbeitet im Team und ist verantwortlich für eine bestimmte Zahl von Schülerinnen und Schülern teilweise sogar für altersgemischte Gruppen. Sie/er übernimmt in ganz anderem Umfang als wir es in Deutschland gewohnt sind, die Rolle eines Navigators und Lernberaters, der die Lernziele vereinbart und deren Umsetzung kontrolliert. Das klassische Unterrichten im Klassenverband tritt mehr und mehr in den Hintergrund. Verantwortlichkeiten der Lehrenden, Lernenden und der Eltern sind klar verteilt und beschrieben. Das regelmäßig geführte Gespräch zwischen Eltern, Lehrerin/Lehrer und Schülerin/Schüler, in dem Lernziele, Methoden und Evaluation vereinbart werden, ist von zentraler Bedeutung für die geteilte Verantwortung für das Lernen. Vertrauen, Förderung der Persönlichkeitsentwicklung, Erziehung zum Leben in einer demokratischen Gesellschaft sind zentrale Begriffe, die das Schulethos prägen.

Die verpflichtende Einführung eines Individuellen Entwicklungsplans für jeden Schüler und jede Schülerin Anfang 2006 für die Dauer der gesamten Pflichtschulzeit ist ein weiterer Schritt auf dem konsequent verfolgten Weg, neue Erkenntnisse der konstruktivistischen Lerntheorien und der Hirnforschung in die schulischen Praxis umzusetzen.

Der Auftrag, Schülerinnen und Schüler noch mehr in die Planung von Unterrichtsinhalten und Lernzielen einzubeziehen, wird von den Verantwortlichen für die Bildungspolitik mit großer Nachhaltigkeit an die Schulen gegeben. Hier wird weiterer Entwicklungsbedarf angemeldet.

Der beobachtete Unterricht überzeugte selten durch methodische Vielfalt, nicht einmal immer durch klare Strukturen, die konzentrierte und zugewandte, entspannte Arbeitsatmosphäre allerdings beeindruckte die Bildungsexperten aus England und Nordrhein-Westfalen.

Das außerordentlich erfolgreiche Classroom-management basiert hier auf den zentralen Einstellungen und Zielvorgaben „Respekt" und „Verantwortung". Zurechtweisungen im Sinne von Beschämung von Schülerinnen und Schülern wurden nicht wahrgenommen. Regeln scheinen im Konsens vereinbart und werden ohne großes Aufheben eingehalten. Dabei wird vieles weniger aufgeregt gehandhabt als in deutschen oder englischen Schulen: der zu spät kommende Schüler wird nicht vor der Klasse gerügt – falls die Lehrerin beunruhigt ist, findet sie später eine Gelegenheit, den Vorfall zu thematisieren. Schüler und Schülerinnen wählen sich ihre Lernpartner selbst – gegenseitige Hilfe ist selbstverständlich.

Die kontinuierliche Einübung des selbstverantworteten Umgangs mit der Lernzeit, die kontinuierliche Arbeit mit der Dokumentation der eigenen Lernprozesse, Formen der Selbstevaluation und nicht zuletzt Freiräume in der Gestaltung des Lerntages führen zu einer erstaunlich entspannten Lernatmosphäre.

Hier wurden wertvolle „Perlen" einer individualisierenden Lernkultur identifiziert. Gleichwohl wurden von den Partnern in den besuchten Schulen in Schweden Entwicklungsbedarfe gesehen:

- Bisweilen scheinen ein vertiefter fachlicher Anspruch und die Förderung besonderer Begabungen nicht ausreichend im Blick zu sein.
- Individualisiertes Lernen könnte missverstanden werden als Einzel- und Stillarbeit mit unterschiedlichen Büchern und Materialien.

Nordrhein-Westfalen

Vor der Folie der Erfahrungen in England und den skandinavischen Ländern sollen Licht und Schatten in den besuchten Schulen in Nordrhein-Westfalen kontrastiert werden. Die nicht repräsentative Bestandsaufnahme im Projektzeitraum an den besuchten Gesamtschulen in Nordrhein-Westfalen zeigte durchweg Schulen in Bewegung, auf der Suche nach dem richtigen Weg für besseren Unterricht und bessere Lernergebnisse für die Schülerinnen und Schüler. Perlen waren überall zu finden: Projektunterricht, Drehtürmodelle, besondere Fördermaßnahmen, Änderung des Zeittaktes im Unterricht. Andererseits waren überbrachte Vorstellungen von Fachunterricht im Gleichschritt in einer Lerngruppe, deren mangelnde Homogenität häufig als schmerzlich empfunden wird, noch weit verbreitet. Individualisierung wurde häufig vor allem mit zusätzlichem Förderunterricht, Binnendifferenzierung und kooperativen Lernmethoden assoziiert.

Das historisch über Jahrzehnte gewachsene und im Bildungsbürgertum tief verankerte selektierende und hierarchisch gegliederte Schulsystem hat das Bewusstsein von Teilen des lehrenden Personals und deren tägliche berufliche Praxis auch an Gesamtschulen geprägt.[4]

Beispielhaft für weit verbreitete Anschauungen können folgende Äußerungen engagierter Lehrerinnen und Lehrer stehen:

„Wir haben große Klassen und deshalb ist es ziemlich schwer, jeden Schüler individuell zu unterrichten. Wir könnten mehr differenzieren, aber andere Probleme (zum Beispiel Streitschlichtung) nehmen uns zu viel Zeit."

---

4   In der Alltagspraxis und -theorie in allen Schulformen insbesondere der Sekundarstufen I und II gehen Lehrerinnen und Lehrer mehrheitlich davon aus, dass ein Unterricht im Gleichschritt in möglichst homogenen Lerngruppen zum Erfolg führen kann. Nach TIMSS II, 1997 sehen 55% der Lehrerinnen und Lehrer in Deutschland ihr größtes Berufserschwernis in der Leistungsheterogenität ihrer Schülerinnen und Schüler. Dies ist verwunderlich angesichts der Zielsetzungen des Systems und der Tatsache, dass deutsche Lerngruppen weltweit am homogensten zusammengesetzt sind.

„Das ist eine Ressourcenfrage. Wir würden gerne mehr individualisieren, aber die Lerngruppen sind zu groß. Ich wäre sehr froh, wenn ich nur 25 Schülerinnen und Schüler in meiner Lerngruppe hätte. Ich differenziere viel. Das ist mehr Arbeit aber ich tue es. Normalerweise bereite ich immer zwei unterschiedliche Aufgaben für meine Schülerinnen und Schüler vor: Aufgaben für die schnellen Lerner und für die sehr langsamen Lerner." (www.eu-mail.info/intranet: Länderbericht NRW/Lehrerinterviews)

In allen besuchten Schulen gab es Absprachen zu zusätzlichem Förderunterricht für schwächere und besonders leistungsstarke Schülerinnen und Schüler. Das Fächerangebot und erweiterte Wahlmöglichkeiten entsprechend den unterschiedlichen Neigungen und Fähigkeiten der Schülerinnen und Schüler kommen in den Gesamtschulen der Heterogenität der Schülerschaft entgegen, dennoch bleibt die Unterrichtsorganisation und das in den Unterrichtsstunden praktizierte Lehren und Lernen weitgehend unbeeinflusst von einer bewussten Diskussion oder Vereinbarungen darüber, wie Lernen eigentlich vor sich geht.

Das Thema Individualisierung des Lernens hatte zum Zeitpunkt der Projektdurchführung an keiner Schule zu vereinbarten Zielvorstellungen geführt.

Vielfach wurde Gruppenarbeit mit einer Individualisierung des Lernens gleichgesetzt. Im Kontext innerer Differenzierung denken die Lehrerinnen und Lehrer mehr an besondere Förderung und Forderung an den beiden Extremen der Leistungskurve, die breite Mitte wird immer noch nicht wirklich in ihrer Vielfalt gesehen. Besonders ausgeprägt ist auch die Praxis kleinschrittiger und für die Lehrkraft besonders arbeitsaufwändiger Lernvorgaben durch Arbeitsblätter. Die Vorstellung, in einer Lerngruppe zwischen 20 und 30 unterschiedliche Arbeitsblätter entwickeln zu müssen, scheint (zu Recht) ein Schreckensszenario zu sein, das die Mehrzahl der Lehrerinnen und Lehrer davon abhält, machbare alternative Lernszenarien zu entwickeln, die geeignet sind, den Schülerinnen und Schüler mehr Verantwortung zu übertragen.

Als erschwerende Arbeitsbedingungen erkannten die Experten aus England und den nordischen Ländern fehlende Mittel zur gezielten sprachlichen Förderung der hohen Zahl an Schülerinnen und Schülern mit Migrationshintergrund, große Klassen und fehlende Teamarbeit bzw. den Mangel an fachlichem Austausch in den Kollegien.

Während in England und Skandinavien unterschiedliche, aber klar ausgeprägte Wege zu erfolgreichem Lernen beschritten werden, scheint in deutschen Schulen Vielfalt leider vor allem im negativen Sinne völlig widersprüchlicher Einstellungen und individualistischer Praxis der einzelnen Lehrerinnen und Lehrer vorzuherrschen.

Während engagierte Lehrerinnen und Lehrer an die Grenzen ihrer individuellen Belastbarkeit im Schulalltag gehen, fehlen allgemein akzeptierte klar definierte Zielvorgaben. Auswege werden gern in scheinbar leicht umsetzbaren Unterrichtsmethoden gesucht.

Es scheint keine eindeutig identifizierbare, gemeinsame, das Alltagshandeln leitende, auf modernen Erkenntnissen der Lernforschung beruhende Grundlage für das Handeln im Unterricht zu geben.

Die Freundlichkeit und Arbeitsbereitschaft der Schülerinnen und Schüler wurde positiv hervorgehoben, allerdings entstand der Eindruck, dass die Regelwerke in den Klassen sehr umfangreich und die Erziehungsarbeit der Lehrerinnen und Lehrer oft mit einem sehr hohen Kraftaufwand betrieben werden muss. Classroom-management im Sinne einer kontinuierlich in der Schule im Konsens aller Beteiligten vereinbarten Lernkultur hat offensichtlich noch nicht die Bedeutung erlangt wie in den nordischen Ländern. Andererseits sind Schulstrafen wie in England nicht mehr akzeptiert.

Zusammenfassend kann gesagt werden: Schulsystem, vorherrschende Bildungsideologien, Schulorganisation und Lehrerausbildung erschweren in Deutschland individualisierendes Lehren und individualisiertes Lernen.

Umso wichtiger ist es, darauf hinzuweisen, dass es trotz der Tatsache, dass sich die Lehrerinnen und Lehrer in erster Linie als Fachlehrerinnen/ Fachlehrer definieren und Einzelkämpfer hinter verschlossener Tür bleiben, trotz Arbeitszeiten und einer Arbeitsorganisation, die Teamarbeit erschweren, eine Vielzahl positiver Faktoren gibt, die zur Entwicklung einer individualisierenden Lernkultur beitragen könnten.

Die beobachteten Lehrerinnen und Lehrer verfügten über fundierte fachliche Kenntnisse. Methodisch zeigten sie oft ein deutlich ausgeprägteres Repertoire als in anderen Ländern zu beobachten war, und die überwiegende Mehrheit engagiert sich weit über den Klassenraum hinaus für die Belange der Schülerinnen und Schüler.

Dieses Interesse an der Förderung der Persönlichkeit jedes Schülers und jeder Schülerin ist in Skandinavien zum Motor einer Schul- und Unterrichtsentwicklung geworden, die Besucher aus anderen europäischen Ländern beeindruckt.

Voraussetzung für deutliche Fortschritte sind nach den Erfahrungen im EU-MAIL-Projekt nachhaltig angelegte systemische Vorgaben, die es den Schulen ermöglichen, Zeit im Alltagsgeschäft zu finden, um sich über die eigentlichen grundsätzlichen Ziele klar zu werden und zu einem gemeinsamen Konzept der Unterrichtsentwicklung zu kommen, das die Kollegien begeistert und motiviert.

Ein solches erstrebenswertes Ziel könnte den Sachverstand und die Kreativität der Lehrerkollegien mobilisieren. Gegenwärtig wird allerdings eher vorschnell nach dem „wie" gefragt. Diese Frage beinhaltet aber neben dem Wunsch nach Übernahme fertiger Rezepte auch bereits die Vorstellung des Nicht-Machbaren!

Konsequenterweise steckt die Entwicklung einer individualisierenden Lernkultur in den Kinderschuhen. Dies aber eröffnet viele Möglichkeiten, denn die Erfahrungen mit der Entwicklung in den nordischen Ländern zeigen, dass Individualisierung keine Frage der Methode sondern zuallererst eine Frage der Einstellung und der Bereitschaft zu einer Veränderung der eigenen Rolle als Lehrerin/Lehrer ist. Das verbreitete, hohe fachliche Können und gute Methodenreper-

toire der Mehrzahl der Lehrerinnen und Lehrer in Nordrhein-Westfalen böte also ausgezeichnete Voraussetzungen für grundlegende Veränderungen.

Projekt-Ergebnisse

Was verstehen wir unter einer individualisierenden Lernkultur, welche för-
derlichen Bedingungen konnten wir identifizieren?

Die Dimension der Ethik

In der Rückschau zeigt sich, dass die Suche nach „Perlen" und gelungenen
Praxisbeispielen individualisierender Lernkultur nur begrenzte Resultate
brachte. Das erhoffte Geheimrezept wurde nicht entdeckt!
    Dafür ist allen Mitgliedern der deutschen Projektgruppe sehr eindrücklich
klar geworden, dass individualisierende Förderung zuallererst und zutiefst mit
einer Idee, einem Menschenbild und pädagogischen Zielvorstellungen zu tun
hat. Die finnische Vorgabe „Kein Kind zurück lassen", die überall in Schweden
anzutreffende tiefe Überzeugung, dass jeder Mensch ein Anrecht auf lebenslanges Lernen und lebenslange Förderung hat, das ehrgeizige Streben in England, aus jedem Schüler das Beste herauszuholen, unterscheiden sich deutlich
von der in Deutschland immer noch vorherrschenden Idee, das Schulsystem
diene der Vergabe von Berechtigungen und Kinder hätten nun mal entsprechend ihrer Begabung nur begrenzte Entwicklungsmöglichkeiten.
    Die Alltagsmentalität in deutschen Schulen bleibt dem Blick auf „die Klas-
se" und einem scheinbar objektivierbaren Lernstoffkatalog verhaftet (man denke an die in vielen Schulen lange Zeit üblichen „Stoffverteilungspläne"). Damit
erfolgt aber automatisch eine Nivellierung in Anforderung und Bewertung, die
den Ansprüchen an individuelle Förderung nicht standhalten kann.
    Einzelne Schulen können zweifelsohne durch intensive Diskussionen
über ihr pädagogisches Leitbild und kontinuierliche Fortbildungsarbeit Konsens über Schritte der Unterrichtsentwicklung erlangen. In England und
Skandinavien haben allerdings sehr klare politische Vorgaben die Grundlage
für eine Veränderung der Einstellungen und professionellen Mentalität gebo-
ten und den Entwicklungsprozess deutlich beschleunigt.

Die Dimension individualisierender Lehr-Lern-Arrangements

Die zu Beginn der Projektarbeit bereits erkennbare Diskrepanz zwischen individualisierendem Lehren und selbstständigem individualisiertem Lernen

der Schülerinnen und Schüler ist durch die Praxiserfahrungen in England und Schweden mit Leben erfüllt worden. Sie beinhaltet letztlich die Frage nach der Rolle der Lehrerinnen und Lehrer auf der einen Seite und der der Schülerinnen und Schüler auf der anderen Seite im Lernprozess.

Die Rolle beider Seiten muss neu verstanden und definiert werden, wenn wir konstruktivistische Lerntheorien, Erkenntnisse der Hirnforschung und die philosophischen Grundlagen einer Lernkultur egalitärer Differenz zugrunde legen. (A. Prengel in: K. Bräu, U. Schwerdt, S. 19ff.)

Die Bilanz aller Projekterfahrungen legt die Vermutung nahe, dass es wenig ergiebig wäre, einen unversöhnlichen Gegensatz zwischen Lehren und Lernen zu konstruieren, allerdings muss der Alltagsglaube an den Nürnberger Trichter definitiv der Erkenntnis weichen, dass Lernen nur funktioniert in einer Kombination von emotionaler Sicherheit, Anknüpfungsmöglichkeiten, Motivation und Hilfestellungen. Das heißt also, es gilt,

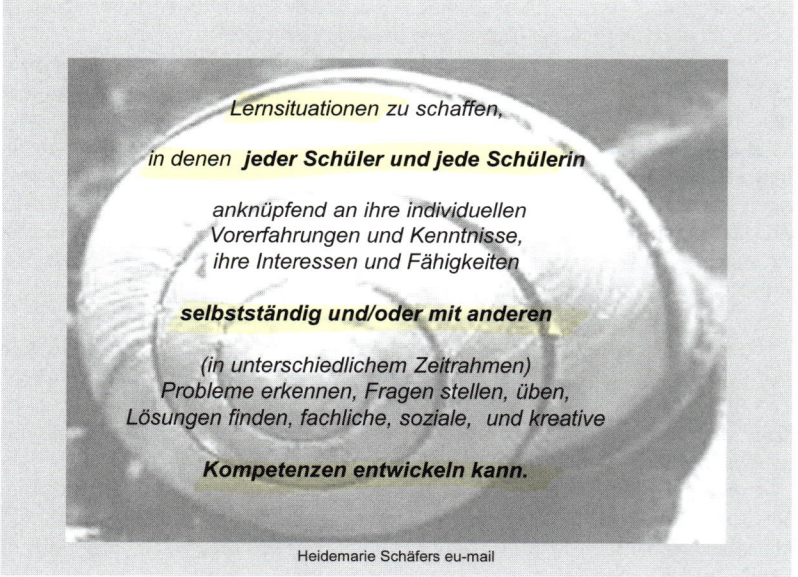

Lernsituationen zu schaffen,

in denen jeder Schüler und jede Schülerin

anknüpfend an ihre individuellen Vorerfahrungen und Kenntnisse, ihre Interessen und Fähigkeiten

selbstständig und/oder mit anderen

(in unterschiedlichem Zeitrahmen) Probleme erkennen, Fragen stellen, üben, Lösungen finden, fachliche, soziale, und kreative

Kompetenzen entwickeln kann.

Heidemarie Schäfers eu-mail

Je nach Ausgangslage, der jeweiligen vorherrschenden Sicht auf die Rolle der Lehrenden und Lernenden, kann die Annäherung an die oben beschriebene Individualisierung von verschiedenen Seiten und auch in kleinen Schritten geschehen.

Das dargestellte Puzzle zeigt verschiedenste lernfördernde Arrangements, Arbeitsformen, Instrumente und Methoden im Umgang mit heterogenen Lerngruppen auf. Sie sind allseits anerkannte, wenngleich längst nicht immer in der Praxis realisierte, Möglichkeiten der Arbeit mit heterogenen Lerngruppen. Sie sind in ihrer Komplexität und Wirkung sehr unterschiedlich. Einiges davon erfordert intensive langfristige Einübung und Kooperation im Lehrerteam und eine kontinuierliche Reflexion der eigenen Sicht auf die Lernenden. Anderes kann sofort in Angriff genommen werden. Je mehr Puzzleteile sich ineinander fügen, umso vollständiger wird das Angebot für jeden Schüler und jede Schülerin.

Lernen in heterogenen Gruppen erfordert Individualisierung durch ein Maßnahmenpuzzle

Die Darstellung soll als Anregung dienen, sich über die eigene Arbeit und Schwerpunktsetzungen Gedanken zu machen. Deshalb sei hier nur exemplarisch auf einige Puzzleteile eingegangen.

- Die Orientierung an den Stärken jedes einzelnen Lernenden zum Beispiel bedeutet nicht nur, sie für erbrachte Leistungen zu loben, sondern sie in ihrer Gesamtpersönlichkeit in den Blick zu nehmen und Begabungen oder besondere Kenntnisse in den Unterricht hereinzuholen. Eine durchaus komplexe Anforderung!
- Die kontinuierliche ernsthafte Arbeit mit Formen der Selbstevaluation der geleisteten Arbeit legt die Grundlage für die unverzichtbare Reflexion über das eigene Lernen in dem Maße, in dem den Schülerinnen und Schülern mehr Selbstständigkeit eingeräumt wird.
- Differenziertes Material sollte mit wirklichen Wahlmöglichkeiten für die Schülerinnen und Schüler verbunden werden. Sie sollen entscheiden lernen und sich nicht ständig durch die Entscheidung der Lehrerin/des Lehrers in einer bestimmten Schublade zum Beispiel der des langsamen Lerners mit anspruchsloseren Aufgaben wiederfinden.
- Die Arbeit mit Kompetenzrastern auf der Grundlage der Lehrpläne erfordert die Zusammenarbeit in den Fachteams – ein komplexes Vorhaben, das aber ganz neue Dimensionen des Lernens an einer Bandbreite selbstbestimmter Inhalte ermöglichen und gleichzeitig eine ausgezeichnete Grundlage liefern könnte, um die Lernstände der Schülerinnen und Schüler nicht mit Ziffernnoten sondern inhaltlich verständlich zu beschreiben und die nächsten Ziele und Schritte zu vereinbaren.
- Die klare Benennung der Lernziele zu Beginn einer vom Lehrer/der Lehrerin vorbereiteten Fachstunde, Zeit für jeden Schüler und jede Schülerin am Ende dieser Stunde zu einer Reflexion darüber, was eigentlich neu war, was verstanden wurde, was nicht, ist auch ein kleiner Schritt auf dem Weg, der von jeder Lehrerin/jedem Lehrer ad hoc praktiziert werden könnte.
- Genauso wie die Regel, im fragend-entwickelnden Unterricht Denkzeit einzuräumen, damit alle überhaupt die Chance bekommen, teilzuhaben.

Eine andere Möglichkeit, Unterrichtsentwicklung systematisiert darzustellen, wird in der nachstehende Grafik versucht, in der eine aufsteigenden Linie von den ersten Schritten bis zu einer entwickelten Individualisierenden Lernkultur entworfen wird.

Wege zu einer individualisierenden Lernkultur

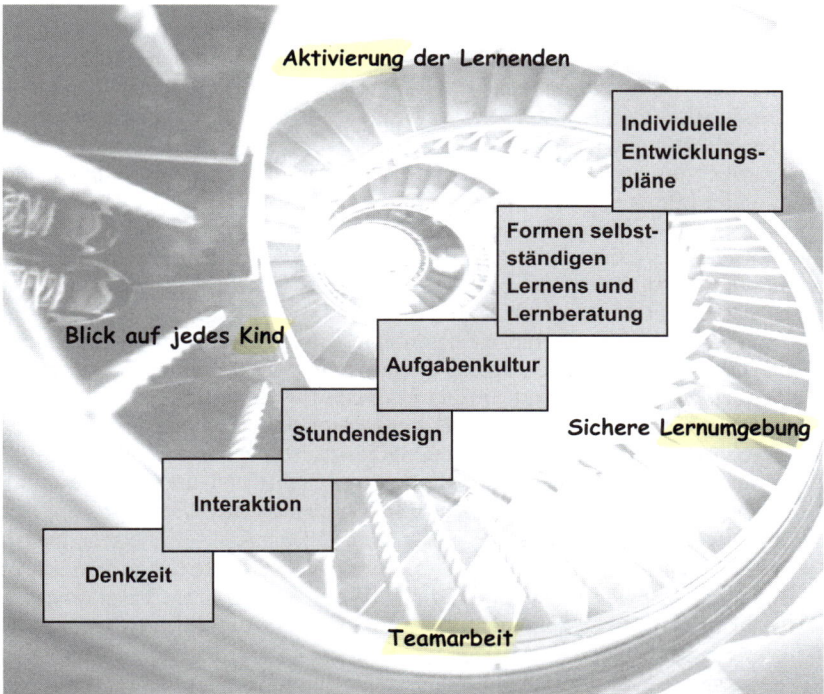

- Die Auseinandersetzung mit der Frage, wie lernen meine Schülerinnen eigentlich, kann bereits zu Veränderungsschritten im Unterricht führen, wenn zum Beispiel der Aspekt der Lernzeit neu bedacht wird.
  Eine Grundregel der Hirnforschung lautet, dass Lernen ein langsamer Prozess ist und Zeit braucht. Wir wissen aus der Alltagspraxis, dass Schülerinnen und Schüler unterschiedlich schnell auf Fragen reagieren. Im fragend-entwickelnden Unterricht in Kombination mit der klassischen Methode des Aufrufens von Schülerinnen und Schülern kommen Schülerinnen und Schüler, die nicht schnell genug reagieren, nicht zum Zug. Bei Schulbesuchen in Finnland haben wir gesehen, dass durch den konsequenten Einsatz einfacher Methoden kooperativen Lernens wie „Think -Pair-Share" oder „Pair Work – Pair Check" sofort wesentlich mehr Schülerinnen und Schüler aktiv in ein Unterrichtsgespräch einbezogen werden.[5]

---

5   s. auch Beitrag zu Finnland.

- Der Begriff der Interaktion im Lernprozess erlaubt eine Vielzahl von Assoziationen.

  In diesem Kontext geht es zunächst darum, die Kommunikationsstrukturen daraufhin zu überprüfen, ob sie der Aktivierung der Schülerinnen und Schüler entgegenkommen. Dabei kann sowohl der Redeanteil der Lehrperson als auch die Interaktion der Schülerinnen/Schüler untereinander in den Blick kommen.

  Darüber hinaus geht es darum, welche Impulse der Schülerinnen und Schüler gestaltend in das Unterrichtsgeschehen einfließen.

  Jüngere Forschungen haben ergeben, wie sehr die Atmosphäre im Klassenraum das Lernen beeinflusst, etwa ob die Schülerinnen und Schüler das Gefühl haben, von ihrer Lehrerin/ihrem Lehrer wahrgenommen zu werden. (z.B. M. Kunter)

- Weitergehend könnte die Überprüfung der Interaktion im Klassenraum auch mit einer Reflexion über das Classroom-Management insgesamt verbunden werden. Das (ungläubige) Staunen über die weitgehend ruhige und konzentrierte Lernatmosphäre in nordischen Schulen könnte zu Überlegungen führen, was an der Unruhe und Unlust, an der mangelnden Konzentration und Unernsthaftigkeit einer Lerngruppe selbstverschuldet sein könnte.

- Die Diskussion über ein gutes und wirksames Unterrichtsdesign, wie wir sie aus Kanada und England kennen (z.B. B.Bennett, C.Rolheiser), knüpft an Traditionen der Gestaltung einer guten Unterrichtsstunde hierzulande an und kann uns weitere Schritte auf dem Weg zu einer neuen Lernkultur voranbringen. Die Nutzung kooperativer Lernformen eröffnet in diesem Kontext eine Erweiterung des Methodenrepertoires, die die Aktivierung und gegenseitige Unterstützung der Schülerinnen und Schüler befördert.

- Die gemeinsame Arbeit von Lehrerteams an einem anspruchsvollen und differenzierten Aufgabenpool würde die Lehrerinnen und Lehrer von der lästigen und nicht immer effizienten Arbeit der Erstellung von Arbeitsblättern befreien. Den Schülerinnen und Schülern würde dies nicht nur echte inhaltsbezogene Wahlmöglichkeiten eröffnen, sondern sie mit umfangreicheren komplexen Aufgaben betrauen, die sie wirklich zu selbstständigem Lernen herausfordern könnten. Damit könnte ihren Interessen und Vorkenntnissen mehr Rechnung getragen werden, und jedem Lerner die benötigte Zeit zur Arbeit eingeräumt werden.

- Die Gestaltung individualisierter Lernaufgaben erfordert einen neuen Blick auf die Aufgabe der Lehrerin/des Lehrers als Lernberaterin/Lernberater. Der Arbeitsschwerpunkt würde sich nun zunehmend von der Gestaltung einer „guten Stunde" zur Begleitung, Ermutigung, Hilfestellung, Rückmeldung zur selbstständigen Arbeit der Schülerinnen und Schüler verlagern.

- Dieser Schritt kann eng verknüpft werden mit Fortbildungen zu Lernberatung und der auch organisatorischen Entwicklung von umfänglicheren Formen selbstständigen Lernens in den Schulen.

- Am Ende dieser Entwicklung könnte in Anlehnung an schwedische Erfahrungen die Einführung individueller Lern- und Entwicklungspläne für jeden Schüler und jede Schülerin stehen, wie Andreas Schleicher es in Essen 2007 formulierte: „Von einem Lehrplan für alle zu einem Lehrplan für jeden!"

Dies mag deutlich machen, wie komplex und vielschichtig das Arbeitsfeld „Individualisierendes Lernen" gesehen werden kann. Es eröffnet durchaus schnell und einfach realisierbare erste Handlungsmöglichkeiten, aber im Kontext der oben beschriebenen pädagogischen Zielsetzung insbesondere langfristige Entwicklungsperspektiven hin zu einer veränderten Beziehung der Lehrenden und Lernenden.

Die Dimension der Verankerung im System der Schule

Neben der Ebene der handlungsleitenden pädagogischen Zielsetzungen und Einstellungen und der Ebene der Unterrichtsentwicklung muss der systemische Kontext der Schulen in den Blick genommen werden, denn auf dieser Ebene werden ebenfalls wesentliche Weichen für eine individualisierende Lernkultur gestellt.

Wenn Schulorganisation, Zeitplanung, Raumaufteilung und -gestaltung, in hoher Eigenverantwortung arbeitende Lehrerteams oder eine neue (beispielsweise jahrgangsübergreifende) Organisation von Lerngruppen in den Dienst der Schaffung einer Schulkultur individualisierenden Lernens gestellt werden, ergeben sich tiefgreifende Synergieeffekte. Effekte, die fast zwangsläufig zu einer nachhaltigen Schulentwicklung führen, weil jedes Arbeitsfeld Auswirkungen auf andere Felder hat und Zahnräder ineinander greifen.

Hier sollen drei Ansatzpunkte exemplarisch herausgegriffen werden.

Der Aspekt der Lernzeit gewinnt neben der Denkzeit und dem unterschiedlichen Zeitbedarf bei der Aufgabenerledigung im Unterricht eine weitere Dimension, wenn man den Zeittakt betrachtet, in dem die Arbeit in der Schule organisiert ist. Das hat etwas damit zu tun, ob und wenn ja, wie eine Schule im Ganztag organisiert ist, wie Lernzeiten und Mußezeiten rhythmisiert sind. Das hat natürlich auch etwas mit der Dauer der Unterrichtsstunden zu tun, damit, ob überhaupt im normalen Unterrichtsbetrieb Zeit eingeräumt wird für längere Untersuchungs- und Übungsphasen. Schulen, die damit begonnen haben, den 45-Minuten-Takt zugunsten anderer Zeitraster aufzugeben, um Lerneinheiten zu schaffen, die den Lernbedürfnissen eher entsprechen, werden dabei nicht stehen bleiben. Alsbald wird sich herausstellen, dass beispielsweise längere Zeiteinheiten andere Lernformen erfordern. Möglicherweise erweist sich dabei, dass das Kollegium Interesse an der Arbeit mit Portfolios entwickelt. Dies könnte den Blick auf erweiterte Möglichkeiten der Leistungsmessung ergeben. Alternativ wäre auch vorstellbar, dass veränderte Lernzeiten zu Veränderungen in der *räumlichen Gestaltung* der Schule drängen, die den Schülerinnen und Schülern bessere Möglichkeiten zu individuellem Lernen bieten.

Wenn eine Schule überlegt, Eltern und Schülerinnen und Schüler anders als bisher verantwortlich einzubinden, könnte dies zu einer *Veränderung der Kultur der Elternsprechtage* hin zu wirklichen Eltern-Lehrer-Schüler Gesprächen führen, die von allen Seiten vorbereitet, auf gleicher Augenhöhe geführt werden und zu klaren Vereinbarungen über Lernziele führen. Der Anteil aller drei Partner an der Arbeit würde gemeinsam ausgelotet, die Ergebnisse nach einer festgelegten Zeit gemeinsam überprüft.

Aus einer solchen Entscheidung könnte sich ergeben, dass die bestehenden schulinternen Lehrpläne für Eltern und Schülerinnen und Schüler verständlicher gestaltet werden müssen. Dies könnte zur Erarbeitung von *Kompetenzrastern* führen, die wiederum nur im Fachteam erstellt werden können. Bei dieser Gelegenheit könnte deutlich werden, wie ergiebig enge Zusammenarbeit im Kollegium sein kann, wie notwendig der Austausch aller Kollegen über Schülerinnen und Schüler, welche Erleichterung Arbeitsteilung bedeuten könnte, so dass der Entwicklungsschwerpunkt *Teamarbeit* fast unvermeidlich in den Blick rückt.

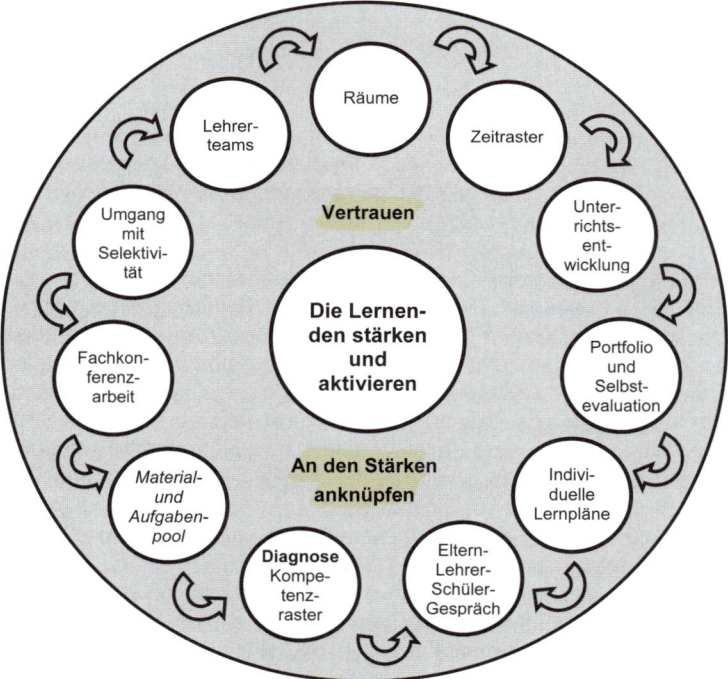

Beginnt eine Schule sich mit *Fragen der Selektivität* auseinander zu setzen: der Frage, wie viele Schülerinnen und Schüler ein Jahr wiederholen müssen und mit welchem Erfolg dies geschieht, der Frage nach den Abschlüssen, die erreicht oder verfehlt werden, der Frage nach der Differenzierung in Grund- und Erweiterungskurse in der Sekundarstufe I der Gesamtschulen, kann dies zu sehr grundlegenden Entwicklungen führen: zu Fragen der fachlichen Arbeit und Zusammenarbeit der Kolleginnen und Kollegen, dem Umgang mit leistungsheterogenen Gruppen, Fragen individueller Förderung und Beratung, der Lernkultur, der Einbeziehung der Eltern etc.

Diese Entwicklungen bedürfen natürlich einer Schulleitung, die diese Prozesse zielklar und mit langem Atem steuert.

Damit bekommt die Dimension Zeit auch hier wieder ihre Bedeutung. Denn natürlich sind solche oben im Zeitraffertempo dargestellten Prozesse zeitintensiv und erfordern kontinuierliche Abstimmungen und Konsensbildung in der Schulgemeinde, kontinuierliche Fortbildungen, Phasen der praktischen Erprobung neuer Maßnahmen, Selbstevaluation und nicht zuletzt auch für das System Schule: Vertrauen in die eigenen Stärken.

Schlussbetrachtung: Die Veränderung der Gesellschaft erfordert eine radikale Veränderung der Schule

Die in Deutschland immer noch vorherrschende und politisch geförderte Schulstruktur stammt aus dem Zeitalter der Industrialisierung.

Damals sollten die Schulen Menschen auf vorgegebene oder automatisierte Arbeitsabläufe in Fabriken und Büros vorbereiten. Klare Berufsprofile und soziale Zuordnungen wurden mit den Schultypen – der Volksschule, den Realschulen und Gymnasien verbunden. Während die Masse der Bevölkerung nicht nur Grundkenntnisse in den erforderlichen Kulturtechniken sondern auch Schulung in den im Beruf geforderten Sekundärtugenden erhielt, blieben Führungsaufgaben bestimmten gesellschaftlichen Eliten vorbehalten. Der autoritär strukturierten und geführten Gesellschaft entsprach eine Schule, die sich der vorherrschenden Denkweise anpasste. Das Verb „unterrichten" erinnert in diesem Kontext auch an „ausrichten", an vermessen und zuordnen.

Demokratische Gesellschaften müssen in ihrer Bildungspolitik der Bildung und Erziehung ihrer Bürger im Sinne der Grundrechte höchste Priorität einräumen. Demokratie muss bereits in der Schule gelebt werden, gegenseitige Achtung und die Bereitschaft zur Übernahme von Verantwortung sind in diesem Kontext zentrale Leitlinien des Handelns für alle Beteiligten.

Selektierende Bildungssysteme sind nicht geeignet, allen Menschen gute Bildungschancen zu ermöglichen und das allseits postulierte Lebenslange Lernen wirklich zu befördern. Im Zeitalter der Globalisierung ist vieles in Bewegung gekommen, ausrichten und unterrichten wird nicht reichen, um die Kreativitätspotenziale aller Menschen zu fördern und zu entdecken, die erforderlich sind, um den globalen Herausforderungen standzuhalten. Menschen brauchen innere Leitlinien und Selbstvertrauen, um ihren Platz in einer hochflexiblen Gesellschaft zu finden und ihr Leben menschenwürdig zu gestalten.

Es gilt, kreative Potenziale zu heben, Selbstbewusstsein zu fördern, Menschen zu befähigen, sich in einer rasant verändernden Welt auf ihre Stärken zu besinnen und dauerhafte Maßstäbe für die Gestaltung der Zukunft zu entwickeln (A. Schleicher in Essen). Die Probleme, die die derzeit gesellschaftlich verantwortliche Generation geschaffen hat, müssen die Schülerinnen und Schüler von heute morgen lösen. Das aktuell verfügbare Wissen wird dazu nicht ausreichen. Die eigentliche Hoffnung für die Zukunft besteht in neuen Denkansätzen, über die die heutige lehrende Generation nicht verfügt. Was hindert uns, unsere Schülerinnen und Schüler systematisch zu befähigen, sich ihre Welt zu erschließen, ihre Fragen zu stellen und nach Antworten zu suchen? Sie dabei zu begleiten und ihnen nach bestem Wissen und Gewissen das aktuell verfügbare Wissen zur Verfügung zu stellen, ist unsere Aufgabe!

In diesem Sinn ist Individualisierung keine Unterrichtsmethode, sondern ein außerordentlich umfassender Begriff, der ein sehr umfängliches Veränderungspotenzial in sich birgt und überkommene Schubladen, Schulstrukturen und Klassenverbände in Frage stellt.

Literatur

Bennett, Barrie/Rolheiser, Carol: Beyond Monet – The artful Science of Instructional Integration, Toronto 2001.

Blossing, Ulf/Ekholm, Mats: Kooperative Arbeitskultur in Schweden. Pädagogik 7-8 2004 S. 48ff.

Bräu, Karin/Schwerdt, Ulrich (Hrsg.): Heterogenität als Chance, Münster 2005.

Bräu, Karin: Lehrerhandeln im individualisierenden Unterricht, Vortrag auf der Konferenz „Vielfalt in der Schule: Heterogenität nutzen – individuell fördern" in Dortmund am 22.09.2006.

Dimenäs, Jörgen et al.: Our children – How can they succeed in school? Jyväskylä 2006

Eikenbusch G./Ekholm, M.: Unterricht verändern im Dialog mit Schülern in: Friedrichsjahresheft 2007, S. 72-73.

Erickson, G./Lander, Rolf: Der Kitt, der ein wachsendes System zusammenhält? in: Pädagogik 3/07.

Hargreaves, A./Fink, D.: Sustainable Leadership, San Francisco 2006.

Johnson, D./Johnson, R.: Learning together and alone: cooperative, competitive and individualistic learning, Boston 1999.

Kunter, M. et al.: Der Mathematikunterricht der PISA-Schülerinnen und Schüler, Zeitschrift für Erziehungswissenschaft Heft 4/2005.

Norlin, Christina/Norlin, Sture: „Individualized Learning in Theorie und Praxis aus schwedischer Perspektive" in: Bildungsforschung Band 21, Bonn, Berlin 2008 (Hrsg. Bundesministerium für Bildung und Forschung) und www.schoolvision.se.

Schleicher, Andreas: Individuelle Förderung in: Schule NRW 03/07.

Denkpause

Das lernende Individuum oder wie wird eigentlich gelernt?

➤ Was bedeutet Individualisierung für unsere Schulentwicklung?
➤ Wo sind unsere Stärken?
➤ Welche personellen, welche sächlichen Ressourcen stehen uns zur Ver-
    fügung?
➤ Welcher Schritt würde die Lernsituation unserer SchülerInnen und die
    Lehrsituation des Kollegiums weiter verbessern?
    – Räumliche Veränderungen
    – Veränderung der Zeitstruktur
    – Weiterentwicklung der Teamstrukturen
    – Veränderung des Förderkonzepts
    – Aufschiebung der Fachleistungsdifferenzierung
    – Fortbildung zur Entwicklung eines Aufgabenpools
    – Fortbildung zur Lernberatung
    – Was sonst?
    – Wie könnte ein produktiver Schulentwicklungsprozess eingeleitet
       werden? Wer muss beteiligt werden? In welcher Zeitdimension muss
       der Prozess geplant werden?

Warum Vertrauen so wichtig für das Lernen ist, woran es bei uns hapert, und was wir ändern können

Rainer Kopp

> *„Vertrauen ist das Fundament, auf dem alle unsere Entwicklungs-, Bildungs- und Sozialisierungsprozesse aufgebaut werden."*
>
> Gerald Hüther (2006, S. 46)

Ein Klassenzimmer, der Lehrer sitzt an seinem Schreibtisch, einzelne Schüler an ihren Tischen und arbeiten. Nach und nach kommen die weiteren Schüler dieser Klasse herein, vom Sportunterricht teils noch mit nassen Haaren von der Dusche. Sie kommen ruhig herein, gehen zu ihrem Platz und beginnen mit ihrer Arbeit – sie wissen, jetzt lernen sie Mathematik. Zwischendurch ruft der Lehrer einzelne Schüler zu sich und bespricht mit ihnen ihre Arbeitsergebnisse. Schüler, die Fragen haben, gehen nach vorn zu ihrem Lehrer, es entsteht eine kleine Schlange, Flüstern und Kichern kommt auf. Es wird etwas lauter, der Lehrer mahnt leise zur Ruhe – und sie tritt ein.

Dies ist ein Teil einer Filmszene aus dem EU-MAIL Film über Schweden (Geiersbach/Eubel 2004-2006), den wir häufig im Rahmen unserer Fortbildungen zu den Projektergebnissen eingesetzt haben. Die Reaktion war meistens dieselbe – ungläubiges Staunen: kein laut polterndes Eintreten der zurückkehrenden Schüler, kein Gerede oder Gerangel unter den Schülern, kein ständiges vorwurfsvolles Fragen, was denn zu tun sei ...

Nein, die Schüler machen den Eindruck, dass sie wissen, was sie tun sollen (wollen), und wie sie es zu tun haben. Sie sind konzentriert bei ihrer Arbeit.

Dies war kein Vorzeigeverhalten für die Kamera und die Hestra Midgård Schule in Borås ist auch keine Vorzeigeschule in Schweden. Die EU-MAIL Besucher an schwedischen, finnischen und norwegischen Schulen machten ähnliche Beobachtungen.

„Zuerst arbeiten die Schülerinnen in Zweiergruppen, um danach in anderer Gruppenkonstellation gegenseitig die Ergebnisse zu überprüfen und zu ergänzen. Hierfür konnten sie Hilfen, die auslagen, wie z.B. Antwortblätter, benutzen oder den Lehrer zu Hilfe rufen. Ein Vergleich der Ergebnisse in der gesamten Klasse geschah nicht. Auch Hausaufgaben werden durch die Schüler in Eigenverantwortung gegenseitig überprüft und ausgewertet. Dies illustriert zwei Dinge: Lernen hat nichts Bedrohliches, nichts Gezwungenes, es ist vielmehr etwas Natürliches, dem niemand versucht zu entgehen. Ebenso wie bei der Pünktlichkeit der Schülerinnen zeigt sich hier meiner Meinung nach ein hoher Grad an Verantwortlichkeit und ein großes Vertrauen in die Schule" (Heide Koehler, 2004, S. 4).

Das Vertrauen der Schüler in die Schule hängt eng zusammen mit dem Vertrauen, das Lehrer den Lernenden entgegenbringen. Die Stärkung des Selbstwertgefühls jedes einzelnen Schülers ist nicht nur an norwegischen Schulen oberste Handlungsmaxime. „Niemand darf beschämt werden" ist nicht nur ein hoher Anspruch, sondern wird auch im Verhalten gegenüber jedem Schüler praktiziert.

„Respekt bedeutet, dass jede/r Lehrer/in individuelle Arten zu lernen bemerken und die Interessen der Schüler ernst nehmen muss" (Sture Norlin, zit. nach Jörgen Dimenäs u.a. 2006, S. 115, Übers. durch Verf.).

Gleichzeitig werden die Schülerinnen und Schüler dazu motiviert, Verantwortung für das, was sie tun, zu übernehmen und selbstbewusste und autonome Lerner zu werden, die Fragen stellen und mit Problemen umgehen (Katrin Höhmann, Merja Luhtala, 2004, S. 1). Und die hohe Beteiligung der Schüler an der Planung des Unterrichts und ihres Lernens bietet ihnen ein weites Feld zur Entwicklung ihres Verantwortungsgefühls (Kaija Kähkönen, Linda Bradshaw, 2004, S. 3).

„Es ist nie peinlich, Fehler zu machen oder um Hilfe zu bitten. Unser Lehrer sagt, dass dies eine Schule ist, und wir das Recht haben Fehler zu machen. Wir lernen aus unseren Fehlern und weil es in der Klasse keinen Druck vom Lehrer gibt, fühlen wir uns sicher" (Anja Lindstrand, Michael Frowein 2004, S. 1).

Ein Beispiel zeigt, wie sehr die Einstellung, sich bei der Arbeit an Stärken zu orientieren, die Art zu fragen beeinflusst hat. Ein Mathematiklehrer antwortete den EU-MAIL Besuchern auf die Frage, wie er mit Fehlern umgeht, dass er den Schüler bitten würde ihm zu erklären, wie er gedacht hat, damit er verstehen kann, wie es zu dem Fehler gekommen ist (Katrin Höhmann, Merja Luhtala 2004, S. 1).

„Um ein guter Lehrer zu sein und individualisiertes Lernen zu fördern, muss man ein allgemeines Interesse an jungen Menschen haben und sich um ihre Entwicklung kümmern. Und es macht jeden Tag Spaß – nicht wahr?" (Anja Lindstrand, Michael Frowein 2004, S. 2)

Die Besucherinnen Katrin Höhmann und Merja Luhtala fassen zusammen:

„Individualisierung ist keine Methode, sondern Teil dieser Einstellung (Stärkenorientierung und Freude am Lernen – R.K.). Individualisierung ist auch kein methodischer Trick, sondern ein Prinzip, das in jeder Stufe und auf jedem Niveau demonstriert wird" (Katrin Höhmann, Merja Luhtala 2004, S. 2).

Diese und weitere Ergebnisse der Besuche[1] haben wir in der Diskussion innerhalb der Projektgruppe als „Vertrauenskultur" zusammengefasst. Der Begriff umfasst aus unserer Sicht folgende Aspekte:

1. Stärkung des Individuums als oberste Handlungsmaxime,
2. Respekt vor dem Schüler und seinen individuellen Unterschieden und Interessen im Lernen,

---

[1]   Siehe auch den Beitrag „Reibungsverluste minimieren …" in diesem Buch.

3. Vertrauen darauf, dass jedes Kind lernen will,
4. Orientierung an den Stärken des Kindes, die es zu entdecken und zu fördern gilt und
5. Fehler nicht als Defizite sehen sondern als Lernanlässe zu begreifen.

Neugier, Selbstwirksamkeit und Respekt

Verfolgt man die Diskussionen über die Ergebnisse der neurophysiologischen Forschung zum Thema Lernen und in diesem Zusammenhang auch die älteren Ergebnisse der Lernpsychologie, so stellt man fest, dass sich die Praxis der Vertrauenskultur in nordischen Schulen mit diesen Ergebnissen weitgehend deckt.

Die Triebfeder für unser Lernen ist die Neugier, Neugier auf bedeutsame neue Erfahrungen, die wir in Beziehung setzen können zu dem, was wir bereits wissen. Neugierig können wir aber nur sein, wenn wir uns sicher fühlen vor Druck und Bedrohung. Verunsicherung und Angst erzeugen in unseren Gehirnen einen Erregungszustand, der verhindert, dass Informationen von außen mit den bereits vorhandenen Informationen abgeglichen werden können – d.h. dass überhaupt ein Lernprozess stattfinden kann!

„Oft wird die Erregung und das damit einhergehende Durcheinander im Kopf sogar so groß, dass auch bereits Erlerntes nicht mehr erinnert und genutzt werden kann. Das Einzige, was dann noch funktioniert, sind ältere, sehr früh entwickelte und sehr fest eingefahrene Denk- und Verhaltensmuster. Das Kind fällt dann zurück in solche Verhaltensweisen, die immer dann aktiviert werden, wenn es anders nicht mehr weiter geht: Angriff (Schreien, Schlagen), Verteidigung (nicht mehr hören, sehen, wahrnehmen wollen, stur bleiben, Verbündete suchen) oder Rückzug (Unterwerfung, Verkriechen, Kontaktabbruch)." (Gerald Hüther 2006, S. 45)

Wichtig ist in diesem Zusammenhang auch das Konzept der kognitiven Selbstwirksamkeitsüberzeugung (Albert Bandura). Damit ist die individuell unterschiedlich ausgeprägte Überzeugung gemeint, dass man in bestimmten Situationen angemessene Leistungen bringen kann. Diese Überzeugung bestimmt unsere Wahrnehmung, unserer Motivation und unsere Leistung auf vielerlei Weise.

Für Hermann liegt die Schlussfolgerung nahe, dass die erste und hauptsächliche Aufgabe von Schule ist, „die Schüler Selbstwirksamkeitserfahrungen machen und die entsprechenden Überzeugungen wachsen und sich festigen zu lassen" (Ulrich Herrmann 2006, S. 115). Stoffvermittlung scheint ihm demgegenüber zweitrangig, „weil es um die Voraussetzungen der *Selbst*aneignung geht". Nichts anderes meint die nordische Maxime „Stärkung des Individuums".

Vertrauen und Unterstützung fördern das Lerninteresse, denn gelernt wird nur, wenn eine Herausforderung vorliegt, die so geartet sein muss, dass sie bewältigbar erscheint bzw. besser bewältigt wird als erwartet.

„Wenn dieses Signal im Gehirn produziert wird, sorgt es dafür, dass gelernt wird. Nur so kann ein Organismus im Laufe der Zeit sein Verhalten optimieren. Gelernt wird nicht einfach alles, was auf uns einstürmt, sondern das, was positive Konsequenzen hat." (Manfred Spitzer nach Herrmann 2006, S. 124)

Sind wir erfolgreich in unseren Lernbemühungen, so macht uns das Appetit auf mehr – es stärkt unsere Neugier. So gesehen verwundern die Erfolge einer stärkenorientierten Pädagogik in den nordischen Ländern nicht. Erfolgserlebnisse spornen gerade auch die schwächeren Schüler an, gleichzeitig wird ihnen Zeit und Raum gelassen, ihre Fähigkeiten in ihrem Tempo zu entwickeln.[2]

Hierzu gehört auch der Umgang mit Fehlern. Fehler als Bestandteil des Lernens und als Anlass zum (Weiter-) Lernen aufzufassen, ist eine Sichtweise, von der wir an unseren Schulen noch weit entfernt sind. Der suchende Blick nach Fehlern bei uns führt allzu häufig zu unnötigen Beschämungen und zu Entmutigungen bei den Schülern. Eine klare Trennung zwischen Lernphasen, in der Fehler nicht bewertet werden, und Punkten der Leistungsüberprüfung, in der Fehler zählen, bestimmt nicht die Unterrichtspraxis bei uns. Dagegen verschwimmen die Bereiche in einander, so dass jede Wortmeldung mit dem Risiko verbunden ist negativ bewertet zu werden.

„Wer von uns Erwachsenen könnte auch nur ein Jahr ohne gesundheitliche Schäden überleben, wenn man täglich sagen würde, dass er in seinem Beruf nichts tauge. Das aber muten wir Kindern bestimmter Leistungsprofile und Lerntempi zu. Und wir muten es ihnen zu, bevor sie erstmals Vertrauen in das eigene Können aufgebaut haben." (E. Cloer nach Jürgens 2003, S. 8)

Die Orientierung auf die Vermeidung von Fehlern behindert darüber hinaus geradezu das eigenständige Lernen.

„Das System Schule schafft es hervorragend, den Schüler genau auf diesen Faktor ‚Fehler' zu reduzieren, den wesentlichen Aspekt, das *Lernen* (Hervorhebung im Text) dabei außen vor zu lassen. Dieser Druck bewegt den Schüler tendenziell, Fehler vermeiden zu wollen. Die Konsequenzen sind einschneidend. Mit dieser Haltung wendet sich der Schüler der Sicherheit zu, Risiken werden vermieden. So stirbt die Neugier, das ‚sich dem Neuen zuwenden', denn Neues beinhaltet Risiko. Anders gesagt: In der Schule wird Lernen und Lernenwollen bestraft. Belohnt wird das Streben nach Sicherheit." (J.A. Mönninghoff nach Jürgens 2003, S. 6)

> In diesem Sinne können die Schülerinnen und Schüler auch Fehler nicht als Lernanlässe verstehen, sondern als „Fehltritte", die unbedingt zu vermeiden sind.

---

2   Zur Bedeutung von Zeit und Raum für das Lernen vgl. die Beträge über die Länder und den Beitrag „Das lernende Individuum oder wie wird eigentlich gelernt?" in diesem Buch.

„Das ist aber bei uns nicht machbar!"...

Werden Lehrer bei uns in Deutschland mit den o.g. Beispielen von Vertrauenskultur an nordischen Schulen konfrontiert – und wir haben dies in zahlreichen Fortbildungen getan – stoßen sie vor allem auf Unglauben, zu einem geringeren Teil auch auf Zuspruch, der allerdings häufig wieder eingeschränkt wird mit einem „Das ist aber bei uns nicht machbar".

Die Stärkung des Individuums als oberste Handlungsmaxime gibt es bei uns nicht. Lehrerinnen und Lehrer, die versuchen in ihrer täglichen Arbeit die Persönlichkeit ihrer Lernenden zu stärken – und das sind sicher nicht wenige, tun dies gegen Rahmenbedingungen, die anderen Zielen verpflichtet sind, wie z.B. Auslese (ab 3. Klasse Primarstufe), Lehrplanerfüllung, große Lerngruppen etc.

Respekt ist seit einiger Zeit ein großes Thema, dabei geht es aber mehr um den Respekt vor den Lehrenden. Disziplinlosigkeiten und Übergriffe von Lernenden gegenüber ihren Lehrenden (in der Schule oder im Internet) sind *das* Thema für viele Lehrerinnen und Lehrer. Inwieweit diese Phänomene mit einem mangelnden Respekt gegenüber den Schülerinnen und Schülern zusammenhängen, wird dabei wenig reflektiert. Zumindest hat sich die Zeitschrift PÄDAGOGIK in einem Schwerpunktheft diesem Thema gewidmet (2-2008 „Respekt und Anerkennung").

Mit dem Vertrauen, dass jedes Kind lernen will, ist es i.d.R. ganz schlecht bestellt. Auf die Frage, was sie denn von der finnischen Praxis hielten, dass die Lernenden ihre Hausaufgaben eigenständig in wechselnden Paaren überprüfen, war der Tenor der Antworten in den Fortbildungen „Dann weiss ich doch nicht, ob die wirklich über ihre Hausaufgaben sprechen".

Wie sehr sich auch einzelne Lehrerinnen und Lehrer darum bemühen, Stärken ihrer Schülerinnen und Schüler zu erkennen und zu fördern, der Unterrichtsalltag geht in eine andere Richtung mit Klassenarbeiten, Tests, kontinuierlicher Benotung mündlicher Mitarbeit usw.

In diesem Sinne können die Schülerinnen und Schüler auch Fehler nicht als Lernanlässe verstehen, sondern als „Fehltritte", die unbedingt zu vermeiden sind.

... und was wird stattdessen gemacht?

In erster Linie wird unterrichtet, was Lehrpläne vorschreiben und was Schüler bei Prüfungen als abfragbares Wissen wieder hervorbringen müssen. Dabei scheinen die Lehrer eine größere Bedeutung zu haben als die Schüler. Diese scheinen das Lernen in der Schule – obwohl für sie und ihre weitere

Entwicklung organisiert – im Großen und Ganzen gar nicht zu wollen, leisten Widerstand, entziehen sich, machen einfach nicht mit oder tun nur so als ob. Damit das schulische Lernen zum Wohle der Schüler nicht scheitert, wird ein umfangreiches Kontrollsystem eingesetzt.

So gesehen – resümiert der Psychologe Klaus Holzkamp – würde die Schule die Schüler zu etwas zwingen, was sie eigentlich selbst wollen müssten.

„Dies wird m.E. insbesondere da deutlich, wo man – scheinbar entgegen meiner Eingangsdiagnose – die Subjektivität des Schülers, sei es durch Fördermaßnahmen oder psychologische Interventionen – in besonderem Maße berücksichtigt zu haben meint. Hier zeigt sich nämlich, daß damit die Grundvorstellung, der (verallgemeinerte) Lehrer sei das eigentliche Subjekt schulischer Lernprozesse, keineswegs verlassen ist. Es geht hier vielmehr nur darum, vom Standpunkt der Lehrinstanz das Schülersubjekt in seiner Eigenart soweit und in der Art in die Lehrstrategien einzubeziehen, dass die jeweiligen Lehrziele reibungsloser und effektiver umzusetzen sind. Und in diesem Kontext sind dann auch entsprechende schulpsychologische Konzepte und Maßnahmen zu sehen. Entsprechend hat Ute Osterkamp die Zielsetzung der traditionellen Motivationspsychologie so umschrieben: Es gehe hier darum, die Individuen dazu zu bringen, freiwillig zu tun, was sie tun sollen." (Klaus Holzkamp 1991, S. 2)

Die Ausklammerung der Interessen der Lernenden aus dem schulischen Lernprozess scheint eine wichtige Grundlage für die vorhandene Misstrauenskultur an unseren Schulen zu sein. Der Lehrer misstraut dem Schüler, ob der überhaupt lernt, wenn er nicht kontrolliert wird – der Schüler misstraut dem Lehrer, ob der ihm etwas „verkaufen" will, was er gar nicht möchte.

Diesem Misstrauen liegt ebenfalls zugrunde, dass die Schüler die an sie gestellten Lernanforderungen durchaus nicht mit Lernen beantworten müssen.

„Unter bestimmten Prämissen kann es dagegen für mich besser begründet, quasi ‚vernünftiger' sein, die Lernanforderung auf eine bloße, in einer aktuellen Situation sich stellende Bewältigungsproblematik zu reduzieren, die ich – entgegen der gestellten Lernanforderung – mit weniger aufwendigen Mitteln als gerade durch Lernen zu überwinden versuche – so durch die ja bekannten vielfältigen Formen der bloßen Vortäuschung von Lernresultaten." (Klaus Holzkamp 1991, S. 3)

Dies bestätigt das Kontrollbedürfnis der Lehrperson und führt zur Verstärkung der Kontrolle – und/oder zu ausgeklügelteren Überlegungen, wie denn die Schüler zum Lernen zu motivieren seien – ohne ihre Interessen ernsthaft berücksichtigen zu müssen.

Für die Lernbegründung der Schüler haben die Kontrollmaßnahmen gravierende Auswirkungen: Wenn ich als Schüler in meinem Interesse lerne, wieso muss mein Lernen dann von außen kontrolliert und das Ergebnis ggf. mit Strafen sanktioniert werden?

Die Ausklammerung der Interessen der Lernenden aus dem schulischen Lernprozess scheint eine wichtige Grundlage für die vorhandene Misstrauenskultur an unseren Schulen zu sein.

„Wenn also – dies der begründungslogisch stringente Umkehrschluß – alles, was ich in der Schule tue, aber besonders das Lernen bzw. Gelernte (in wie ‚verständnisvoller‘ und ‚kindgerechter‘ Weise auch immer) vorgegeben, aufgegeben, angemahnt, abgefragt, zensiert, etc. wird, so geht man offensichtlich davon aus, daß es für mich nicht auf eine einsehbare Weise nützlich ist, so daß ich auch keinen Grund dafür haben kann, es »von mir aus«, freiwillig zu übernehmen." (Klaus Holzkamp 1991, S. 10)

Das Wechselspiel zwischen verschärften Kontrollen und Sanktionen von Lehrerseite und den entsprechenden Reaktionen bei den Lernenden – Widerstand leisten, neue Wege des Vortäuschens suchen, sich mit Disziplinlosigkeiten oder Übergriffen „revanchieren" – vergiftet die Lernatmosphäre für beide Seiten und kann sich zu einem Teufelskreis entwickeln. Dies produziert fast täglich Erfahrungen, die die eigene Haltung negativ verstärken. Respekt oder gar Vertrauen ist dann gar nicht mehr denkbar.

Und wie sieht es auf der Seite der Lehrenden aus?

Für die Schülerinnen und Schüler sind die Lehrerinnen und Lehrer in dieser Auseinandersetzung meist die Stärkeren. Dieser Eindruck täuscht jedoch. Die Potsdamer Lehrerstudie (Halbtagsjobber? Psychische Gesundheit im Lehrerberuf – vgl. Katja Irle 2007[2]) stellte fest, dass Lehrerinnen und Lehrer entgegen dem Eindruck in der Öffentlichkeit einen anstrengenden und belastenden Beruf ausüben. Der hohe Anteil von Frühpensionierungen bei Lehrern zeigt, dass dies Folgen hat (psychosomatische und Herz-Kreislauf-Erkrankungen gehören zu den meisten Ursachen). Mehr als die Hälfte der Lehrenden ordnet die Studie Risikogruppen zu. Zur Gruppe der Hochmotivierten gehören lediglich 17 % (bei Existenzgründern liegt dieser Anteil bei 45 %).

Unabhängig von Alter, Schulart und dem eigenen Frustrationspegel werden vor allem drei Ursachen für den Druck genannt: der Umgang mit schwierigen Schülern, die zu hohe Stundenzahl und zu große Klassen.

In diesem Zusammenhang ist die Frage interessant, wie die Lehrenden mit der Erfahrung der Erfolgslosigkeit ihrer Bemühungen die Schüler zu unterrichten umgehen. Jeder Lehrer kann aus seinem Alltag eine Fülle von Beispielen bringen, in denen sich Schüler dem Lernen entziehen, wenig Eigenverantwortung und Interesse zeigen, sich im besten Fall (für einen reibungslosen Unterrichtsablauf) zurückziehen oder durch Disziplinlosigkeit auffallen.

Hierfür werden in Gesprächen und bei Fortbildungen vielerlei Gründe angeführt, vom sozialen Hintergrund der Lernenden über das Versagen der Familie bis zu Äußerungen wie „Die Schüler wollen heutzutage kein Englisch mehr lernen". Trotz aller Begründungen ist die Lernverweigerung der Schüler eine negative Rückmeldung für die Arbeit des Lehrenden, die auf Dauer nicht ohne Auswirkungen auf dessen seelische Gesundheit bleiben kann.

Umso mehr als Lehrer insgesamt wenig positive Rückmeldung für ihre Arbeit erhalten. „Stärkenbetonung" erlebt auch der Lehrer nicht! Politik und Öffentlichkeit und in manchen Fällen auch die „Dienstherren" sind mit ihrer Schelte nicht kleinlich, positive Rückmeldungen von Schülern oder ihren Eltern gehören eher zu den Sternstunden des Lehreralltags. Und nicht zuletzt gibt es wenig Rückhalt durch die Angehörigen der gleichen Profession. Unterm Strich gilt das Zitat von Cloer (s. S. 74) auch weitgehend für die Lehrenden: „Wer von uns Erwachsenen könnte auch nur ein Jahr ohne gesundheitliche Schäden überleben, wenn man täglich sagen würde, dass er in seinem Beruf nichts tauge."

Hierauf reagieren Lehrende individuell unterschiedlich, aber in der Tendenz – wie die Potsdamer Studie belegt – entweder durch Verstärkung ihres Engagements bis zur Verausgabung oder durch Resignation und Rückzug.

Der entscheidende Punkt scheint dabei zu sein, dass sie – was immer sie tun – es alleine tun. Hier zeigt sich die Kehrseite der Einzelkämpferrolle, auf die viele Lehrerinnen und Lehrer sehr viel Wert legen. Ärzte haben ihre Balintgruppen, in denen sie für sie problematische Patienten besprechen können, für die Berufsgruppe der Sozialarbeiter und Psychologen sind Supervisionen und kollegiale Fallberatung selbstverständlich sowohl als Entlastung als auch um sich im Umgang mit schwierigen Klienten weiterzuentwickeln.

Vertrauenskultur – bei uns nicht machbar?

Die Vereinzelung der Lehrenden scheint auch eine wesentliche Ursache für das Gefühl von Machtlosigkeit zu sein, dem wir in den Fortbildungen begegnet sind. Kollegien unterschieden sich in der Zielrichtung ihrer Fragen, Einwände, Bedenken. War in dem Kollegium Zusammenarbeit Praxis im Alltag und bestand das Bewusstsein „Wir können etwas bewegen", zielten die Wortbeiträge darauf ab weiterzukommen. In Kollegien in denen Isolation vorherrschte, hatten Fragen und Einwänden zum Ziel den Nachweis zu erbringen „Es ist nicht machbar!"

Dem Gefühl der Machtlosigkeit steht die Gestaltungskraft gegenüber, über die jedes Kollegium verfügt. Das Lernklima jeder Schule wird wesentlich durch die Lehrenden bestimmt, durch die Summe aller Einzelhandlungen, durch den Gesamteindruck, den die Lernenden davon erhalten. Dies geschieht z.T. bewusst (Schul-Credo, gemeinsame Regeln usw.) und z.T. unbewusst durch unterschwellige – d.h. nicht offen thematisierte – Haltungen aller Mitglieder des Kollegiums (einschließlich des nicht-pädagogischen Personals). Bspw. prägt eine im Kollegium weit verbreitete, aber nicht offen ausgesprochene misstrauische Haltung den Schülern gegenüber das Lernklima stärker als der im Schulprogramm formulierte Anspruch vertrauensvoll miteinander umzugehen.

Wird den Schülern in den alltäglichen Handlungen der Lehrer Vertrauen entgegen gebracht und werden die Schüler in ihrer Unterschiedlichkeit respektiert? – Werden ihre Stärken zur Kenntnis genommen und unterstützt oder werden sie für ihre Schwächen beschämt? – Werden die Kompetenzen der Lernenden, ihren Lernprozess eigenverantwortlich zu gestalten, gezielt gefördert oder müssen sie den Vorgaben der Lehrenden kleinschrittig folgen? – Und können sie ihre Interessen am Thema wirksam einbringen oder müssen diese gegenüber dem Lehrplan zurückstehen?

Jedes Kollegium kann sich diese Fragen stellen und gemeinsam Antworten darauf erarbeiten. Und jedes Kollegium kann entsprechende Handlungsmöglichkeiten entwickeln, um gezielt das Lernklima an seiner Schule zu gestalten. Die Kraft, die ein Kollegium bei der bewussten Gestaltung der Lern- und Lebenskultur an seiner Schule entfaltet, haben viele noch nicht für sich entdeckt. Der Weg, über gemeinsam erarbeitete Leitlinien zu einem gemeinsamen und aufeinander abgestimmten (pädagogischen) Handeln zu kommen, ist sicher kein einfacher aber ein lohnender, wie Beispiele auch von Schulen bei uns zeigen.

Denn mehr und mehr Schulen in der Bundesrepublik zeigen, dass eine Vertrauenskultur wie in den nordischen Ländern auch bei uns – unter schlechteren Bedingungen – „machbar" ist.

Die Jenaplan-Schule in Jena ist eine Schule, die von der Vorschule bis zum Abitur führt. Die Kinder und Jugendlichen lernen in altersgemischten Gruppen (1-3, 4-6, 7-9). Ein wichtiges Ziel ist es, den Schülern ihre Freude am Lernen, mit der sie in die Schule gekommen sind, zu erhalten. Dreimal pro Woche mit jeweils 100 Minuten wird an einem gemeinsamen Thema im Wochenplan gearbeitet. Dafür gibt es differenziertes Material, mit dem die Schüler eigenständig arbeiten. Die Lernenden werden bewusst in ihrer Unterschiedlichkeit wahrgenommen (Reinhard Kahl 2005[2], DVD 1).

Die Schulleiterin Gisela John betont, dass sich die Schülerinnen und Schüler mit ihren unterschiedlichen Stärken im Lernen gegenseitig in einer Weise anregen, die kein Lehrer planen kann. „Der kommt nicht im Entferntesten auf solche Ideen, wie er seinen Unterricht differenziert aufbauen kann – wie es hier die Schüler tun. Und das Wichtigste, der Lehrer hat dadurch den Rücken frei und kann so vieles mitbestimmen, mit helfend regulieren, was sonst gar nicht möglich ist" (ebenda).

Der Anteil der Schüler, die in die Oberstufe wechseln, ist mit den Jahren kontinuierlich gestiegen, inzwischen bestehen über die Hälfte ihr Abitur.

Die Bodenseeschule St. Martin in Friedrichshafen ist seit 1971 eine Ganztagsschule. Unter ihrem Dach gibt es eine Grundschule, eine Hauptschule und eine Realschule. Der 45-Minuten-Takt, die Glocke und der Fachunterricht wurden abgeschafft. Stattdessen wird in Freiarbeit, Projekten und „vernetztem Unterricht" gearbeitet. Die Schule bezieht sich in ihrer Arbeit auf Maria Montessori und steht auch zu ihrem Credo „Jedes Kind will lernen". Auf die „Leistungsergebnisse" der Schule angesprochen antwortet der Schulleiter Alfred Hinz: „Wir haben in Baden-Württemberg in der 9. und 10. Klasse zentral gestellte Arbeiten. Das ist ja auch ein Gradmesser, und die schaffen wir mit einer Hand – trotz oder gerade wegen freier Arbeit und vernetztem Unterricht" (ebenda).

Für Ulrike Kegler, die Leiterin der Maria Montessori Gesamtschule in Potsdam ist die wichtigste Innovation, die Kinder nicht zu beschämen. „Das zu lernen als Lehrer ist schon mal ein wichtiger Schritt. Denn wir haben sehr viel Macht und können Schüler auf leichte Art beschämen, ohne dass uns daraus ein Nachteil erwächst … Wir müssen erstmal eine respektvolle Lernumgebung schaffen, sonst können die Schüler gar nicht lernen" (ebenda).

Die Schule arbeitet auch mit altersgemischten Gruppen. Freiarbeit und Selbstregulation stehen als Gegenpol Pensenbücher gegenüber, in denen verzeichnet ist, was Schülerinnen und Schüler können müssen, und die der Selbstüberprüfung dienen.

So unterschiedlich Ansätze und Arbeitsweisen der einzelnen Schulen sind, gibt es doch grundlegende Gemeinsamkeiten: der Lernende steht wie in den nordischen Ländern im Mittelpunkt, die Stärkung seiner Persönlichkeit gehört zu den wichtigsten Aufgaben. Dabei werden die Lernenden bewusst in ihrer Verschiedenheit wahr- und ernstgenommen, Stärkenorientierung gehört zum Lernalltag. Das Vertrauen, dass jedes Kind lernen will ist Ausgangspunkt und tägliche Erfahrung.

Neben solchen „Beispielschulen", die meist bekannt sind und auf eine lange Erfahrung zurückblicken können, gibt es eine Vielzahl kaum bekannter Schulen, die sich an dem einen oder anderen Punkt auf den Weg gemacht haben: eine Hauptschule, die das Sitzenbleiben abgeschafft hat und neue Wege der individuellen Förderung probiert, eine Gesamtschule, die Lernentwicklungsgespräche und Lernvereinbarungen mit Eltern und Schülern in der Förderung einsetzt, usw.

Beispiele gibt es viele, meist sind sie jedoch nur wenigen bekannt. Doch gibt es Bemühungen, solche Beispiele zu verbreiten. *Blick über den Zaun*, den Verbund reformpädagogisch engagierter Schulen gibt es seit 1989 (www.blickueberdenzaun.de). Der Verbund will durch regelmäßige wechselseitige Besuche ("peer reviews"), durch Tagungen und das Anwerben weiterer Schulen dazu beitragen, dass Schulen im direkten Erfahrungsaustausch voneinander lernen: einander anregen, ermutigen, unterstützen.

Das von der Gewerkschaft Erziehung und Wissenschaft (GEW) 2003 gegründete *Netzwerk Lehren und Lernen in heterogenen Gruppen* bietet Informationen aus der Schulpraxis und der Forschung, veröffentlich Material und Fortbildungshinweise (www.netzwerk-heterogenitaet.de).

Das *Archiv der Zukunft – Netzwerk* wurde 2007 auf Initiative von Reinhard Kahl gegründet. Das wichtigste Ziel des Netzwerks ist es, Menschen und ihre Geschichten zusammenzubringen. Es bietet hierzu Veranstaltungen und eine Website an. Bei beiden spielen sogenannte „Arenen" eine wichtige Rolle. In ihnen werden Probleme und Lösungen der Praxis vorgestellt und diskutiert (www.adz-netzwerk.de).

Was bringen nun solche Beispiele den Kollegien, die sich auf den Weg machen wollen, eine Vertrauenskultur an ihrer Schule zu entwickeln? Für Otto Seydel hat der Blick über den Zaun, speziell die Besuche anderer Schulen drei wichtige Wirkungen:

„1. Die oft geradezu verwirrende Konfrontation mit einer anderen, z.T. sehr fremden, Schulkultur klärt den Blick auf die eigene Schule.

2. Die Übernahme von neu in der besuchten Schule Gesehenem geschieht selten direkt, sondern zeitverzögert und mit einer Reihe von Transformationen, manchmal mit einem „sleeper effect", wenn erst im Nachhinein klar wird: „Das hatte ich ja dort und dort gesehen." Nach der Rückkehr des Grenzgängers ist die Neugier der daheimgebliebenen Kollegen auf das, was er gesehen hat, nur von kurzer Dauer. Mit einiger zeitlicher Verzögerung kommt dann aber bei passender Gelegenheit die Frage: „Du warst doch in der Bodenseeschule – wie haben die denn die Organisationsprobleme des Epochenunterricht gelöst?" etc. Der Bericht über eine andere Schule bekommt eine ganz andere Qualität, wenn es im Kollegium jemanden gibt, der ihre Schwelle überschritten hat. Er hat nicht nur über deren Zaun geblickt, sondern mit dem Nachbarn selbst gesprochen.

3. Mindestens genauso wichtig – wenn nicht sogar wichtiger – im Vergleich zum „sachlichen" Transfereffekt ist der motivationale Aspekt der Ermutigung und Rückenwärme: „Meine Schule ist im Vergleich zu der anderen gar nicht so schlecht." „Meine Arbeit wird von den anderen wahrgenommen und wertgeschätzt." „Andere haben auch ungelöste pädagogische Probleme und sind trotzdem nicht verzagt."...." (Otto Seydel)

Für Schulen, die sich auf den Weg zu einer Vertrauenskultur machen, gibt es keine fertigen Rezepte. Das ist schade, denn wir Menschen – nicht nur Lehrer – bevorzugen klare Anweisungen für Verfahren bei komplexen Problemen.

Es gibt aber eine Reihe von Fragen, die bei einem Wandel zu einer vertrauensvollen Lernkultur zu stellen Sinn machen kann.

Was ist eigentlich unser Problem?

Dazu gehören zunächst einmal Innehalten und Perspektivwechsel. In einer Sackgasse kann es hilfreich sein, sich Zeit zu nehmen und die Mauer, gegen die man anrennt, genauer zu betrachten und ggf. nach alternativen Wegen Ausschau zu halten. Zeit nehmen ist dabei wichtig und sich nicht dem Druck der schnellen Lösungen beugen, der für den Alltag typisch sind. Hier kann schon ein erster Blick über den Zaun Anregungen bieten.

Was wollen wir?

Alfred Hinz, der Leiter der Bodenseeschule, sieht rückblickend für seine Schule als wichtigen Ausgangspunkt die Schaffung eines Konsens in einer wichtigen Frage.

„Wir haben lange im ganzen Kollegium nachgedacht – mit großer theoretischer Unterstützung über die Frage ‚Was ist ein Kind?'. Halte ich für die Urfrage. Und wenn man darüber einen Minimalkonsens hat, geht alles weitere wie von selbst" (Kahl 2005[2], DVD 1, Interviews mit den Protagonisten, Alfred Hinz, Minimalkonsens: Christliche Anthropologie).

Wie machen es die anderen?

Wenn das Ziel geklärt ist, kann auch gezielter Ausschau gehalten werden nach Schulen, die als Beispielgeber von ihrer Zielsetzung und von ihren Rahmenbedingungen am ehesten zur eigenen Schule passen.

Und wie wollen wir es machen?

Es spricht nichts gegen große Ziele – im Gegenteil, aber der Weg dorthin sollte in kleinen Schritten zurückgelegt werden. Es sollten Schritte sein, die an Stärken der eigenen Schule anknüpfen und kurzfristigen Erfolg versprechen, Erfolg der Mut macht zum Weitergehen. Wesentlich ist, dass der Weg gemeinsam vom gesamten Kollegium zurückgelegt wird und sich *Zusammenarbeit* entwickelt, die Vertrauen schafft.

Ausblick

Beispiele aus den nordischen Ländern und bei uns zeigen, dass die von uns so bezeichnete Vertrauenskultur Schüler zu interessierten, eigenverantwortlichen und selbstständigen Lernenden erzieht. Das Beispiel der nordischen Länder zeigt darüber hinaus, wie Bildungspolitik diese Entwicklung anregen und unterstützen kann.

Leider haben sich die meisten unserer Bildungspolitiker, die nach den ersten PISA-Ergebnissen die nordischen Länder besucht haben, als lernresistent erwiesen. Prinzipien wie Stärkung des Individuums, Anerkennung von Vielfalt, Orientierung an den Stärken des Lernenden finden sich in der Bildungspolitik der letzten Jahre kaum wieder. Die Notwendigkeit einer grundsätzlichen Neuorientierung von Schule, wie sie in den nordischen Ländern in den 60er Jahren stattfand, wird weitgehend negiert. Zumindest fehlen Maßnahmen, um einen solchen Prozess zu unterstützen.

Der wichtige Ansatz, den Schulen mehr Eigenverantwortung zu übertragen, bleibt in der Praxis stecken. Dafür werden aber gleich die Kontrollen verstärkt, Qualitätsinspektionen, zentrale Prüfungen. Die Lehrenden finden sich in der Rolle ihrer Lernenden wieder, sie müssen tun, was ihnen aufgetragen wird, und ihre Arbeit wird regelmäßig überprüft, getestet und ausgewertet.

Kollegien, die nicht warten wollen bis sich die Bildungspolitik verändert und sich trotzdem auf den Weg machen, müssen zunächst ihre eigene Kraft entdecken und entfalten. Ferner sollten sie Unterstützung suchen, wo sie zu finden ist: im Austausch und in der Zusammenarbeit mit anderen Schulen und Netzwerken, in der Nutzung der Wissenschaften und der Öffentlichkeit, die in den letzten Jahren zunehmend kritischer auf Bildungspolitik und Schule blickt und nicht zuletzt bei dem Teil der Öffentlichkeit, zu dem sie direkten Zugang haben – den Eltern ihrer Schülerinnen und Schüler.

Literatur

Cloer, E.: Veränderte Kindheitsbedingungen, Hannover 1991.

Dimenäs, Jörgen u.a. (Hrsg): Our Children – How can they succeed in school? (Veröffentlichung des EU-MAIL Projekts), Universität Jyväskylä 2006.

Geiersbach, Friedrich-Wilhelm/Eubel, Klaus: Dokumentarfilme zu den Partnerländern England, Norwegen, Schweden, Finnland und Deutschland im Rahmen des EU-MAIL Projekts, Fern-Universität Hagen 2004-2006. Titel und Bezug siehe Beitrag „Von einander lernen".

Herrmann, Ulrich: Gehirnforschung und die neurodidaktische Revision schulisch organisierten Lernens. In Ulrich Herrmann (Hrsg.): Neurodidaktik, Weinheim und Basel 2006.

Höhmann, Katrin (Deutschland)/Luhtala, Merja (Finnland): Besuchsbericht Schweden 2004, www.eu-mail.info/results.

Holzkamp, Klaus: Lehren als Lernbehinderung?, Vortrag gehalten auf dem schulpolitischen Kongress der GEW Hessen am 3.11.1999, veröffentlicht in Forum Kritische Psychologie 27 (1991), ArgumentVerlag (http://www.kritischepsychologie.de/texte/kh1991a.html).

Hüther, Gerald: Die Bedeutung sozialer Erfahrungen für die Strukturierung des menschlichen Gehirns. In: Ulrich Herrmann (Hrsg.): Neurodidaktik, Weinheim und Basel 2006

Irle, Katja: Von der Last und der Lust, ein Lehrer zu sein, in Bertelsmann Stiftung (Hrsg.): Lehrer unter Druck, Gütersloh 2007[2].

Jürgens, Eiko: Vertrauenskultur und Lernidentitätsentwicklung im Zusammenhang schulischer Leistungserziehung, Vortrag gehalten auf dem Symposion „Leistungsbeurteilung nach PISA", 2. und 3. April 2003, Bildungsmesse Nürnberg.

Kähkönen, Kaija (Finnland)/Bradshaw, Linda (England): Besuchsbericht Schweden 2004, www.eu-mail.info/results.

Kahl, Reinhard: Archiv der Zukunft, Treibhäuser der Zukunft. Wie in Deutschland Schulen gelingen, (3 DVD mit Textbuch), Beltz Verlag 2005[2].

Koehler, Heide (Deutschland): Besuchsbericht Finnland 2004, www.eu-mail.info/results.

Lindstrand, Anja (Norwegen)/Frowein, Michael (Deutschland): Besuchsbericht Schweden 2004, www.eu-mail.info/results.

PÄDAGOGIK 02–2008, „Respekt und Anerkennung"

Seydel, Otto: Blick über den Zaun. Wie Schulen von einander lernen können, www.blickueberdenzaun.de/10Evaluation.html.

Denkpause

Die Triebfeder für unser Lernen ist die Neugier, Neugier auf bedeutsame neue Erfahrungen, die wir in Beziehung setzen können
zu dem, was wir bereits wissen. Neugierig können wir aber nur
sein, wenn wir uns sicher fühlen vor Druck und Bedrohung.

Blick über den Zaun

England: Die vermessene Heterogenität

Brigitte Schumann

Schulformen	Im staatlichen Bereich nach der „Primary School" hauptsächlich „Comprehensive Schools" (Gesamtschulen), nur wenige „Grammar Schools" (Gymnasien)und „Secondary Modern Schools" (Realschulen); daneben ein Privatschulsystem mit einem Anteil von ca. 7 %
Schulgröße	700-2000 Schüler und Schülerinnen
Klassengröße	25-30 Schüler und Schülerinnen
Klassenbildung	Variiert nach Fächern und Organisationsform (Niveaudifferenzierung)
Pädagogisches Personal	Lehrerinnen und Lehrer, Sonderpädagogen, Assistenzlehrer/innen, Sozialpädagogen
Rolle der Sonderpädagogen	Unterstützung von Schülern und Schülerinnen mit Lernproblemen und Verhaltensauffälligkeiten innerhalb und außerhalb des Klassenunterrichts
Konstruktion der Schulaufsicht	Zentrale Vorgaben durch das DCSF (Department for Children, Schools and Families), regionale Umsetzung durch LEAs (Local Education Authorities), Finanzverwaltung und Personalentscheidungen der weitgehend selbstständigen Schulen über „School Governing Bodies"
Schulinspektion	Regelmäßige Inspektionen durch Ofsted (Office for Standards in Education)
Anzahl Migranten	Regional sehr unterschiedlich, in Ballungsräumen bis zu 90%
Curriculare Vorgaben	Nationales Curriculum
Taktung und Rhythmisierung	Ganztagsschulen in gebundener Form, Unterricht in der Regel in 45-Minuten-Einheiten
Teamarbeit	Erarbeitung von schulinternen Entwicklungs- und Evaluationsplänen sowie pädagogischen Vereinbarungen innerhalb der Fachschaften („Departments") mit verbindlichem Charakter
Rückstellung und Nichtversetzung	Völlig unüblich
Elternarbeit	Stark ausgeprägte Informationsverpflichtung der Schulen gegenüber Eltern bezüglich des einzelnen Schülers und des Schullebens

1. Charakteristische Merkmale des englischen Schulsystems

Mit der *„Comprehensive School"* als *„All-Day-School"* für die 11- bis 16-Jährigen verfügt England seit den 1960er Jahren über ein integriertes Gesamtschulsystem, das auf der sechsjährigen Grundschule aufbaut. Die bildungspolitische Entwicklung geht dahin, auch die Sonderschulen aufzulösen. 40 % der Schüler und Schülerinnen mit sonderpädagogischem Förderbedarf (SEN) werden nach der Statistik der *European Agency for Development in Special Needs Education* (2003, 37) in Sondereinrichtungen unterrichtet. Damit löst die englische Politik vordergründig den Inklusionsanspruch, den internationale Menschenrechtskonventionen an Schulsysteme stellen, weitgehend ein.

Tatsächlich aber finden sich Schüler und Schülerinnen in den meisten Gesamtschulen in fast allen Fächern in leistungsdifferenzierten Gruppen wieder. Das Einsortieren nach der Fachleistung oder *„Setting"* nach *„Ability"* ist die übliche Praxis an englischen Gesamtschulen geworden. Diese Maßnahme ist zwar nicht gesetzlich vorgeschrieben, wird jedoch bildungspolitisch propagiert, z.B. auch von der Schulinspektion.

> Leistungsdifferenzierung in fast allen Fächern auf 3 Niveaus/Sets

Die Leistungsdifferenzierung findet in der Regel auf drei Niveaus (*„Sets"*) statt. Schon im 7. Jahrgang, also nach dem Wechsel von der 6-jährigen Grundschule zur Gesamtschule, werden Kinder häufig einer der Niveaugruppen in Englisch und Mathematik zugeordnet. Üblicherweise gilt das *„Setting"* nicht für die Fächer Informatik, Technik, Musik, Kunst und Sport. Es sei denn, es handelt sich um eine *„Specialist School"*, die ihr besonderes Profil in einem dieser Bereiche hat. Mit diesem besonderen Status verpflichtet sich die Schule zu einer kontinuierlichen Leistungssteigerung und wird im Gegenzug mit einer verbesserten staatlichen Ausstattung belohnt.

In welchen Fächern und für welche Jahrgänge auf wie vielen Niveaus differenziert wird, darauf haben weder Eltern noch Schüler und Schülerinnen Einfluss. Die Entscheidung trifft in der Regel die Schulleitung. Aufgrund der starken Stellung des Schulleiters bzw. der Schulleiterin (Huber 2003, 19) kann der *„Head"* auch ohne Einvernehmen mit den jeweiligen Fachschaften diese Maßnahme anordnen.

> Leistungssteigerungen der Schulen durch Nationale Tests, Rankings, Wettbewerb und Inspektionen?

Der vorherrschende Trend zur Bildung leistungshomogener Gruppen in der englischen Gesamtschule hängt unmittelbar zusammen mit den in den 1990er

Jahren eingeführten nationalen Tests („*SATs*"), mit denen an bestimmten Nahtstellen („*Key Stages*") in Orientierung an dem nationalen Curriculum der Leistungsstand der Schüler und Schülerinnen im Alter von 7, 11, 14 und 16 abgefragt wird. Die Leistungsergebnisse der Schulen werden in Rankinglisten sowohl in Zeitungen als auch im Internet veröffentlicht. Zusätzlich finden in einem regelmäßigen Turnus Inspektionsbesuche durch *Ofsted* (*Office for Standards in Education*) statt. Eines der wichtigsten Kriterien für eine gute Beurteilung ist „*Value Added*", d.h. die Schule muss nachweisen, dass sie Leistungsfortschritte gemacht hat.

> Leistungssteigerungen der Schüler und Schülerinnen durch diagnostisch gestützte Zielvereinbarung und Monitoring der Leistungsentwicklung?

„*Target Setting*" heißt das System, mit dem die englische Schule die Individualisierung des Lernens und die Lernbereitschaft der Schüler unterstützen will. Die jeweiligen Fach- und Klassenlehrer/innen oder manchmal auch zentral damit beauftragte Lehrerinnen und Lehrer legen für jeden Schüler das individuelle Leistungsziel in einer schriftlichen Vereinbarung fest. Das geschieht auf der Basis der Leistungsdaten, die der Schule aus den nationalen und schulinternen Tests über jeden einzelnen zur Verfügung stehen und zu denen bei Bedarf Diagnose- und Intelligenztests hinzukommen, um das Fähigkeits- und Leistungsprofil noch genauer zu ermitteln. Die Ziele werden bei einem jährlichen Treffen zwischen Lehrer/Lehrerin, Schüler/Schülerin und Eltern diskutiert und einer Überprüfung unterzogen. Einige Schulen haben ein computergestütztes Monitoring, das die individuelle Leistungsentwicklung des Schülers/der Schülerin genauestens dokumentiert.

Es gibt inzwischen eine öffentliche Debatte in England über „*Setting*" versus „*Mixed Ability Learning*". Als negative Effekte werden der Leistungsdruck auf Schülerinnen und Schüler und die soziale Selektion des „*Setting*" herausgestellt. In den unteren „*Sets*" treffen sich die besonders benachteiligten Schülerinnen und Schüler. Sie lernen zwar in kleinen Gruppen, aber es wird ihnen der Anregungsreichtum der Leistungsmischung vorenthalten, so die Argumentation der Kritiker. Außerdem wird kritisch angeführt, dass die Leistungsselektion dem Prinzip der Inklusion widerspricht. Schüler und Schülerinnen mit unterdurchschnittlichen Leistungen wegen ihrer sozialen Benachteiligung oder wegen einer Behinderung können schnell zu unerwünschten Schülern und Schülerinnen werden.

So sieht es auch die *European Agency for Development in Special Needs Education*. In ihrem Bericht „Special Education across Europe in 2003" stellt sie angesichts der Trends in 18 europäischen Ländern kritisch fest, dass es insbesondere in England einen wachsenden Zielkonflikt gibt zwischen der Outputorientierung und den Interessen der Schüler und Schülerinnen mit besonderem Förderbedarf.

2. Beobachtungen aus dem EU-MAIL-Projekt

2.1 Kurzbeschreibungen der besuchten Schulen

Schule A hat sich aufgrund ihres Profils den Status der *„Specialist School in Technology"* erworben. Sie ist technologisch entsprechend gut ausgestattet. Für ca. 1000 Schülerinnen und Schüler stehen 450 Computer zur Verfügung. Viele ihrer Schüler und Schülerinnen kommen aus benachteiligten Familien. 20 % haben entsprechend ihrem Herkunftsland Bangladesch einen muslimischen Hintergrund. Die Schule ist stolz darauf, im Ranking als die beste Schule in Tameside hervorgegangen zu sein. Der stellvertretende Schulleiter hat vor wenigen Jahren von der Regierung eine Auszeichnung als bester Lehrer des Jahres („Teacher Appraisel") bekommen. Der Stolz auf die Schule vermittelt sich in allen Gesprächen und auch die Identifikation der Schüler und Schülerinnen mit ihrer Schule scheint sehr groß.

Schule B ist erst vor 2 Jahren in ein völlig neues Schulgebäude eingezogen. Die Architektur ist hervorragend auf die landschaftliche Umgebung und die Unterrichtsbedürfnisse der Schule abgestellt. Mit dem gewählten neuen Standort für die Schule verbindet sich der Versuch, den Schuleinzugsbereich so zu verändern, dass die Schülerinnen und Schüler sich besser sozial mischen. Dieses Projekt des *„Social Engineering"* war ausgesprochen umstritten in der Bevölkerung, kann aber jetzt als geglückt angesehen werden. Die Schule gehört zu einer Gruppe von Schulen, die zusätzlich finanziell unterstützt werden, weil die Lebenslagen vieler Schülerinnen und Schüler von Armut und Deprivation geprägt sind.

Schule C hat sich erst kürzlich auf Kunst und Sport spezialisiert und ist *„Arts and Sports Specialist School"* geworden. Die meisten Schüler und Schülerinnen kommen aus verarmten, ehemals textilverarbeitenden Dörfern. In den letzten Jahren werden aber verstärkt Schüler und Schülerinnen aus Familien der Mittelschicht angemeldet. Der Schulleiter zeigt sich besorgt darüber, dass nur 10 % seiner Schüler und Schülerinnen Spitzenleistungen erbringen gegenüber einem Schüleranteil von 40 % mit eher geringen Leistungen.

Schule D ist eine sozialstrukturell sehr gemischte, stark nachgefragte Schule mit 950 Schülern und Schülerinnen, obwohl sie nur für 650 ausgelegt ist. Sie hat sich seit 2003 als *„Language Specialist School"* auf das Sprachenlernen spezialisiert und verfügt über hochqualifizierte Lehrer und Lehrerinnen in diesem Bereich. Einige von ihnen sind Muttersprachler/innen. An der Schule gibt es schriftlich niedergelegte Erwartungen an eine gute Unterrichtsstunde und ein entsprechend stark ausgeprägtes gemeinsames Verständnis von der Rolle des Lehrers und der Lehrerin.

2.2 Eindrücke aus Gesprächen

Die Schulleitungen bestätigen, dass englische Schulen unter einem starken öffentlichen Leistungs- und Konkurrenzdruck stehen. Kritische Töne schlagen sie gegenüber der Regierungspolitik an, die Leistungssteigerung durch den Wettbewerb zwischen Schulen erzwingen will und durch eben diese Verfahren nicht nur Gewinner, sondern auch Verlierer produziert. Der Schulleiter der Schule C betont im Gespräch, dass er darum kämpft, nicht mit seiner Schule in den Abstiegssog zu geraten. Dieser entstünde ganz schnell, wenn als Folge veröffentlichter Leistungsergebnisse in den nationalen Tests die Zahl der Schüler und Schülerinnen zurückginge und insbesondere Kinder aus bildungsambitionierten Elternhäusern wegblieben. Auch die mit dem Ergebnis und dem Schülerrückgang verbundene Mittelkürzung würde die Attraktivität einer Schule schmälern und die Ausgangslage für bessere Leistungsergebnisse erheblich verschlechtern.

Eine erkennbare Gegensteuerung zu den schädlichen Folgen des Schulwettbewerbs hat die lokale Schulaufsicht (LEA) in Tameside unternommen. Sie hat den Gedanken unter den Schulen im Schulbezirk stark gemacht, dass alle Schulen in Tameside nur so stark sind wie ihre schwächste Schule. „We are all only as well as our weakest school", hat sie als Devise ausgegeben. Auch die Wahl unterschiedlicher Schulprofile deutet darauf hin, dass man sich seitens der Schulen nicht gegenseitig im Wege stehen will.

Der äußeren Leistungsdifferenzierung auf der Basis von Tests stehen die Schulleiter durchaus positiv gegenüber. Zwei von ihnen vertreten die weitverbreitete Auffassung, dass die Schulleistungsergebnisse sich durch äußere Fachleistungsdifferenzierung verbessern lassen. Ein dritter hält die positive Wirkung von „Mixed Ability" für eine Glaubenssache, die man nicht beweisen kann. Nur der Schulleiter in Schule D unterstützt das Lernen in leistungsgemischten Gruppen mit Überzeugung. Das gilt auch für das Sprachangebot an seiner Schule.

Auch bei Lehrern und Lehrerinnen herrscht mehrheitlich die Auffassung vor, dass die Schüler und Schülerinnen in leistungshomogenen Gruppen optimal auf die Testanforderungen vorbereitet werden können. Da die Ergebnisse der Schüler und Schülerinnen inzwischen auch der Leistungsüberprüfung der Lehrer und Lehrerinnen dienen und bedeutsam werden bei Beförderungen, wächst der Wunsch nach der Herstellung möglichst leistungshomogener Gruppen („Homogeneous Grouping") in der Lehrerschaft.

> „Teaching to the Test": Es zählt nur, was „hinten" rauskommt.

Am ehesten äußern sich Lehrer und Lehrerinnen, die selbst in leistungsgemischten Gruppen unterrichten, kritisch gegen die Einsortierung der Schüler und Schülerinnen. Eine Lehrerin kann sich persönlich durchaus vorstellen,

dass auf das „Setting" in allen Fächern grundsätzlich verzichtet wird. Der
Verzicht darauf sei allerdings bei der „Outputbesessenheit" des Systems un-
realistisch. Die nationalen Testverfahren sind aus ihrer Sicht ein „Trauma"
für Schülerinnen und Schüler. Sie ist überzeugt, dass Lehrer und Lehrerinnen
sehr viel besser die Leistungen der Schüler bewerten können, weil sie ein
„vollständiges Bild" von ihnen haben. Eine andere Lehrerin nennt „Teaching
to the Test" als eine Folge der englischen Bildungspolitik. „Der Unterricht ist
dann einseitig ausgerichtet an den vorgegebenen Leistungsstandards", klagt
sie. „Die Spielräume für die Orientierung an den Bedürfnissen der Lerngruppe und der einzelnen Schüler verschwinden fast völlig."

In Gesprächen mit Schülern und Schülerinnen aus Jahrgang 7, die gerade
den Wechsel von der Grundschule hinter sich gebracht haben, hören wir ihre
Angst heraus, an der neuen Schule als „dumb" oder dumm zu gelten. Sie fragen deshalb nicht gerne ihre Lehrer und Lehrerinnen im Unterricht, wenn sie
etwas nicht verstanden haben. Das können sich nach ihrer Meinung nur Schüler und Schülerinnen leisten, die ganz besonders gut sind. Auf gar keinen Fall
wollen sie der untersten Leistungsgruppe zugeordnet werden. „Dort sitzen
nur die Schüler mit Problemen und negativem Verhalten." Ihre Äußerungen
bestätigen, dass „Setting" Diskriminierung und Stigmatisierung für diejenigen bedeutet, die ganz unten einsortiert werden.

2.3 Eindrücke aus Unterrichtsbeobachtungen

Gesehen haben wir – dem Projektschwerpunkt entsprechend – Unterricht in
leistungsgemischten Gruppen. Gemeinsame Merkmale für die beobachteten
Unterrichtsstunden sind die freundliche Unterrichts- und Arbeitsatmosphäre
und ein klar strukturierter, vom Lehrer gesteuerter Unterricht mit aktivieren-
dem Arbeitsmaterial für die Schüler und Schülerinnen. Schule D hat dies am
ausgeprägtesten kultiviert durch ein für alle Lehrer und Lehrerinnen und alle
Lerngruppen verbindliches Unterrichtsdesign für eine „Good Lesson" (s. H.
Schäfers, Das lernende Individuum ...). Dazu gehört eine klare Aufteilung
des Stundenverlaufs in verschiedene Phasen, denen bestimmte Lehrer- und
Schüleraktivitäten zugeordnet werden. Unverzichtbar ist die Botschaft an die
Schüler und Schülerinnen, welche Unterrichtsziele in der jeweiligen Stunde
erreicht werden sollen. Diese sollen bei Unterrichtsbeginn an der Tafel stehen
und am Ende der Stunde Anlass für die Reflexion über die Lernergebnisse
der einzelnen und der Gruppe sein. Die Lehrer und Lehrerinnen stehen im
Anschluss an den Unterricht ihren Schülern und Schülerinnen für Erklärungen und auch umfangreiche Hilfen zur Verfügung. Unterrichtsstörungen besonderer Art haben wir nicht erlebt. Aber wir wissen, dass die englische
Schule eine Palette von Ordnungsmaßnahmen bei Verstößen gegen die
Schul- und Unterrichtsordnung bereithält, u.a. „Detention", also Nachsitzen.

Mit diesem Unterrichtsdesign sollen die Lernergebnisse gemessen an den nationalen Standards optimiert werden. Die Unterrichtszeit soll effizient genutzt werden für die Aktivierung der Schüler und Schülerinnen, die bis zu ihrer jeweiligen Leistungsgrenze herausgefordert werden sollen. Die schriftlich niedergelegten Erwartungen an eine gute Unterrichtsstunde fördern ein entsprechend stark ausgeprägtes gemeinsames Verständnis von der Rolle des Lehrers und der Lehrerin. Die Erwartungen der Schule D an ihre Schüler und Schülerinnen sind hoch. Der Schulleiter ist sehr darum bemüht, diese auch mit den Eltern und den Schülern zu kommunizieren. Das Motto der Schule *„We are all here to learn"* richtet sich gleichermaßen an Schüler und Schülerinnen wie Lehrer und Lehrerinnen.

> Optimierung des Unterrichts durch ein straffes Lesson Design.

Ebenfalls zur Optimierung der Schülerleistung hat Schule A für die neu aufgenommenen Schüler und Schülerinnen im 7. Jahrgang einen leistungsgemischten Kurs *„Learn to Learn"* eingerichtet, in dem sie sich mit dem Lernen praktisch auseinandersetzen. Das Nachdenken über die gewonnenen Erfahrungen soll ihnen dabei helfen herauszufinden, zu welchem Lernertyp sie jeweils gehören. Die Schule möchte ihren Schülern und Schülerinnen das Rüstzeug geben, selbstständige und teamfähige Lerner zu werden.

Das Prinzip des *„Peer Tutoring"*, wonach „starke" Schülerinnen und Schüler den „schwächeren" helfen, wird in der Regel durch eine bewusst gewählte Sitzordnung der Lehrer Lehrerinnen unterstützt und kommt im Unterricht der leistungsgemischten Lerngruppen am stärksten zum Tragen. Ein konsequenter und systematischer Gebrauch ist aber nicht erkennbar gewesen.

Der Einsatz des Computers im Unterricht ist an allen Schulen und in allen Fächern selbstverständlich. Die Ausstattung mit Computern auch im Klassenzimmer ermöglicht ein unkompliziertes Arbeiten damit. Die Arbeit mit Computerprogrammen ist für die meisten Schülerinnen und Schüler offensichtlich sehr motivierend. Sie können dann nach ihrem individuellen Tempo arbeiten. Schülerinnen und Schüler, die eher fertig sind, nehmen sich neue Aufgaben oder zusätzliches Übungsmaterial vor.

> Besondere Förderung für Schüler und Schülerinnen mit Problemen und mit Talenten.

In englischen Gesamtschulen finden sich zur Unterstützung von Schülerinnen und Schülern mit *„Special Educational Needs" (SEN)* Sonderpädagogen an den Schulen, die sie innerhalb und außerhalb des Klassenunterrichts individuell fördern. Für Schüler und Schülerinnen, die aufgrund ihrer Verhaltens- und/oder ihrer Lernprobleme Konflikte im Unterricht provozieren und andere Schüler und Schülerinnen in ihrem Lernen beinträchtigen, sind *„Learning Support Centres"* in den Schulen eingerichtet. Als vorübergehender Lernort sollen sie deeskalierend wirken, intensive Möglichkeiten zur Bearbeitung persönlicher Probleme anbieten und einen neuen Start in den Regelklassen vorbereiten (Schumann 2003, 76). Das Personal setzt sich aus Sonderpädagogen und Assistenzlehrern zusammen. Besonderes Augenmerk gilt neben den Schülern und Schülerinnen mit sonderpädagogischem Förderbedarf den besonders begabten (*„The Gifted and Talented Ones"*). Die Schulen haben die Verpflichtung, sie herauszufinden und auch für sie besondere Förderprogramme zu entwickeln.

2.4 Eindrücke zur Schulkultur

Die englischen Schulen versuchen, einen starken Sinn für Gemeinschaft zu entwickeln. In welchem Maße es damit gelingt, ein Gegengewicht zu schaffen zu möglichen negativen Effekten der Leistungsdifferenzierung, bleibt offen. Die Schuluniform, die Versammlung (*„Assembly"*) am Anfang des Schultags, das gemeinsame Mittagessen, jahrgangsbezogene und -übergreifende Aktivitäten und klare Regeln und Rituale für alle sollen einen *„Sense of Belonging"* entwickeln helfen. Mit dem Motto *„We are all here to learn"* hat sich die Schule D ein erkennbares Schulethos gegeben, das ebenfalls gemeinschaftsfördernd angelegt ist.

Positiv fällt auch die enge Zusammenarbeit der Lehrer und Lehrerinnen in ihren Fachbereichen und in ihren Jahrgangsstufen auf. Es gibt nicht nur externe Vorschriften, sondern auch schulintern entwickelte verbindliche Richtlinien, an die sich die Lehrer und Lehrerinnen halten. Nicht nur die Schüler und Schülerinnen, sondern auch die Lehrer und Lehrerinnen treffen sich jeden Morgen vor Unterrichtsbeginn, um wichtige Informationen für den Tag von der Schulleitung entgegenzunehmen bzw. um sich untereinander auszutauschen über wichtige Ereignisse des Tages.

Die Schulen unterhalten eine enge Verbindung zu den Eltern. Sie nehmen sofort Kontakt zu den Eltern auf, wenn Kinder fehlen oder es Hinweise auf problematische Verhaltensweisen und Lernentwicklungen gibt. Für die Alltagskommunikation mit Eltern (z.B. Klärung der Abwesenheit von Schülern und Schülerinnen) sind nicht die Pädagogen zuständig, sondern es gibt dafür Verwaltungspersonal.

3. Was haben wir mitgenommen?

Förderlicher Faktor für individualisierendes Lernen ist grundsätzlich die Struktur der englischen „Comprehensive School", die alle Kinder unabhängig von ihrem Leistungsvermögen, ihrer sozialen Herkunft, ihrer kulturellen und religiösen Identität oder ihrer Behinderung besuchen. Dazu korrespondiert eine positive Grundhaltung der Lehrerinnen und Lehrer gegenüber all ihren Schülerinnen und Schülern, die Ermutigung und Unterstützung signalisiert. Starke gemeinschaftsfördernde Strukturen und Rituale sind eine gute Einbettung für individualisierendes Lernen in heterogenen Gruppen. In englischen Schulen finden sich viele Traditionen, die diese Funktion erfüllen, z.B. die morgendliche „Assembly".

Die Reduktion der Leistungsheterogenität durch Niveaudifferenzierung bewirkt jedoch, dass das Potenzial der leistungsstarken Schüler und Schülerinnen den leistungsschwächeren vorenthalten wird. *„Setting"* ist offensichtlich dem sozialen Lernen abträglich und entzieht insbesondere den leistungsschwächeren Schülern und Schülerinnen eine lernförderliche Umgebung. *Das englische Beispiel ist eine Bestätigung dafür, dass der Verzicht auf äußere Fachleistungsdifferenzierung in deutschen Gesamtschulen ein richtiger Weg zu besserem Lernen für alle ist.*

Das nationale Testsystem zur Bewertung von Schülerleistungen stellt eine große Belastung für alle Beteiligten dar. Der unmittelbar hergestellte Zusammenhang zwischen den Testergebnissen der Schüler und Schülerinnen und dem Rangplatz der Schulen im öffentlichen Schulranking verstärkt die Tendenz, dass das Lernen sich nicht auf die Lernenden, sondern auf die Lernergebnisse konzentriert. Für exploratives, handlungsorientiertes, selbstständiges Lernen in einem fehlerfreundlichen Lernklima bleibt wenig Raum. *Das englische Testsystem wirkt wie eine „Zwangsjacke" und verstärkt die Neigung der Lehrer und Lehrerinnen zu einem „effizienten" Unterricht in leistungsdifferenzierten Gruppen.* Nachzufragen ist, ob das straffe „Lesson Design" zum Zwecke größtmöglicher Testleistungen auch nachhaltiges Lernen ermöglicht. Bleibt wirklich genug Zeit für jeden Schüler und jede Schülerin, das Unterrichtsgeschehen auch aktiv zu verarbeiten? Wird den Schülern und Schülerinnen genügend Raum gegeben bei der straffen Unterrichtsführung für Selbsttätigkeit und eigene Aktivitäten? Gibt es überhaupt Platz für spontanes Lehrerhandeln und ein Abweichen vom Unterrichtskonzept?

In den besuchten Schulen herrscht die Einstellung vor, dass die Schule Verantwortung trägt für jeden Schüler und für jede Schülerin und für seinen/ihren Lernerfolg. Diese positive Haltung ist im deutschen Schulsystem wenig ausgeprägt. Schulversagen wird in Deutschland im Allgemeinen als Versagen des Schülers/der Schülerin gewertet und nicht als Versagen der Schule interpretiert. *Der Mangel an verbindlichen Strukturen und klar definierten Verantwortlichkeiten für den Lernerfolg aller Schülerinnen und Schüler in deutschen Schulen wird durch den Vergleich mit englischen Schulen offensichtlich.* Gleichzeitig können aber auch mit den schulischen Leistungsvereinbarungen und Lernzielkontrollen in England Leistungsdruck und Unselbstständigkeit erzeugt werden. Eine Schule, die sich im Ranking verbessern will, steht in Gefahr, die Ziele für ihre Schülerinnen und Schüler zu hoch anzusetzen. Die Selbstständigkeit der Schüler und Schülerinnen leidet, wenn sie die Verantwortung für ihr eigenes Lernen an die Schulen abtreten. Darauf spielt ein Schulleiter an, wenn er im Gespräch äußert, dass die englischen Schüler und Schülerinnen quasi mit dem Löffel gefüttert werden, also *„spoonfed"* sind.

„Vermessene Heterogenität" als Bezeichnung für die englische Lernkultur ist Beschreibung und Kritik zugleich. Ist es nicht vermessen von einem Schulsystem, das Lernen und die Lernentwicklung von Schülern und Schülerinnen so stark an Leistungstests festzumachen und darüber zu steuern? *Hier liegt zugleich die Warnung für die deutsche Bildungspolitik, das Messbare nicht zu verabsolutieren im Interesse von ganzheitlichen Bildungsprozessen, die immer auch die Entwicklung von Persönlichkeit und die Autonomie der Lernenden zu achten haben.*

Literatur

European Agency for Development in Special Needs Education (ed.): Special Needs Education in Europe. Thematic Publication. January 2003.

European Agency for Development in Special Needs Education (ed.): Special Education across Europe in 2003. Trends in provision in 18 European countries. November 2003.

Huber, S. G.: Schulentwicklung in England und Wales. In: Burkhard, Ch./Eikenbusch, G. (Hrsg.): Schulentwicklung international. Hamburg 2003, 10-22.

Norlin, S./Schumann, B.: Project Results of school visit in Manchester. 19-25.9.2004. verfügbar über: http://www.eu-mail.info/results/index.htm.

Schumann, B.: Die Regelschule in England unterstützt sozial benachteiligte Kinder. In: Gemeinsam leben. 11/2003, 76-77.

Denkpause

Finnland: Bildung als nationaler Wert

Heide Koehler

Schulform(en)	Vom 7. Lebensjahr an neunjährige integrierte und zunehmend inklusive Gesamtschule. 6jährige Unterstufe, in der die Klassenlehrer meist alle Fächer bis auf die Fremdsprachen unterrichten. Oberstufe (JG 7-9) Unterricht von Fachlehrern. Meist werden beide Stufen getrennt geführt. Daran schließt sich das sogenannte Gymnasium mit unterschiedlichen Bildungsgängen an, u.a. auch berufliche. Je nach Begabung und Notendurchschnitt kann man dort nach 2-4 Jahren einen Hochschulzugang erreichen.
Schulgröße	Grundschulen: ca. 360 Schülerinnen und Schüler Oberstufe: ca. 260 Schülerinnen und Schüler
Klassenbildung	Jahrgangsklassen beginnend mit den Kindern im 7. Lebensjahr aus dem Schulumfeld
Klassengröße	Grundschule: JG 1-3: 30 / 3 Lehrer jeweils zuständig für 10 Kinder JG 4-6: 30 / 1 Lehrer Oberstufe: JG 7-9: 18-24 / 1 Stützlehrer (= Klassenlehrer)
Pädagogisches Personal	Neben den Lehrerinnen und Lehrern Assistenten, Dolmetscher, Sonderpädagogen, Schulkrankenschwester – zuweilen auch Sozialpädagogen
Rolle Sonderpädagogen	Betreuung bei Verhaltens- und Lernproblemen oder mangelnder Arbeitshaltung, individueller Förderunterricht in Absprache mit dem Lehrpersonal Kostenpflichtige Betreuungsangebote
Konstruktion Schulaufsicht	Dezentral: kommunale Aufsicht auf Basis der Vorgaben des Erziehungsministeriums; hohe Selbstständigkeit der Schulen
Schulinspektion	Keine, statt dessen zentrale Auswertung von Statistiken und Selbstevaluation der Schulen
Anzahl Migranten	Regional unterschiedlich, in den besuchten Schulen bis zu.10%
Curriculare Vorgaben	Zentral vorgegebene Lernziele für den Abschluss in JG 9, jede Schule entwickelt im Rahmen dieser Vorgaben ihren Lehrplan selbst

Taktung und Rhythmisierung	In der Regel 08.00 Uhr bis maximal 14.00 Uhr, abhängig vom Alter der Schüler, kostenloses Mittagessen zwischen 11.00 und 12.00 Uhr, Betreuungsangebote nach Unterrichtsschluss. Dauer der Unterrichtsstunden 45-90 Minuten, nach jeder Unterrichtsstunde 15 Minuten Pause
Teamarbeit	Ausgeprägt, wöchentlich Absprachen der Lehrerteams zu Inhalten und Schülerberatung, Lehrerinnen und Lehrer planen und evaluieren ihre Lernziele selbstständig
Zurückstellung, (Nicht-)Versetzung	Rechtlich nicht vorgesehen
Elternarbeit	Mitarbeit am Schulprofil erwünscht. Verantwortlich für regelmäßigen Schulbesuch und Unterstützung der Kinder

Seit einer radikalen Reform zu Beginn der 70er Jahre stellt die *neunjährige Gesamtschule als Pflichtschule* das Kernstück der schulischen Bildung in Finnland dar. Dabei wurde im Laufe der Zeit auf jegliche äußere Fachleistungsdifferenzierung verzichtet und die Wertschätzung individueller Unterschiede von Schülerinnen und Schülern zum Zentrum des Lehrens und Lernens erhoben. Dem liegt die Überzeugung zu Grunde, dass jedes Kind etwas kann und dass es lernen will. Darüber hinaus wird davon ausgegangen, dass es in einem gering bevölkerten Land wie Finnland für jeden einen Platz gibt. Die Präsidentin des Zentralamtes für Unterrichtswesen in Helsinki formulierte bereits 2002: „Wir brauchen jeden, hoffnungslose Fälle können wir uns nicht erlauben" (Heike Schmoll 2002, S.3). Diese Grundeinstellung, die nach über 30 Jahren Praxis in der gesamten finnischen Bevölkerung tief verwurzelt ist, findet die Zustimmung aller politischen Parteien. Das bewirkt in Finnland die Anerkennung der Heterogenität als „Normalfall". Individuelle Förderung auf der Basis der Wertschätzung der Potentiale und Interessen jeder einzelnen Schülerpersönlichkeit prägen den Lernprozess. Ziel ist das selbstgesteuerte und eigenverantwortliche Lernen jedes einzelnen Jugendlichen. Damit rückt der Blick auf das einzelne Kind und nicht die Fachlichkeit in das Zentrum des Denkens und Handelns.

Rahmenbedingungen

Die im Rahmen des EU-MAIL Projektes besuchten 4 Schulen waren eher klein: Jeweils um 360 Schülerinnen und Schüler an den Grundschulen und etwa 260 an den weiterführenden Schulen. Die Schulen lagen eher an der Peripherie von Jyväskylä, einer Universitätsstadt in Mittelfinnland. Die Schulen waren gut ausgestattet. Während die Klassenräume schlicht waren, war die Ausstattung der Fachräume für Textilarbeit, Musik und Kunst eher üppig.

Die Klassenstärken variieren generell zwischen 14 und 30 Schülerinnen und Schülern. Dies hat seine Gründe in der durch den Aufbau des Schulsystems bedingten Klassenbildung. Die Jahrgänge 1-3 mit jeweils 30 Schülerinnen und Schülern werden zeitweilig in 3 Gruppen aufgeteilt. Neben der Klassenlehrerin oder dem Klassenlehrer werden sie von zwei weiteren Lehrkräften unterrichtet, die ein verantwortliches Team bilden. In den Jahrgängen 4-6 werden sie nur von der Klassenlehrerin bzw. dem Klassenlehrer unterrichtet. Man geht davon aus, dass die Schüler und Schülerinnen dann bereits eigenverantwortlich arbeiten können. Bei dem Übergang in die „Oberschule", die die 7.-9. Schuljahre umfasst und meist in einem anderen Gebäude untergebracht ist, werden die Klassen in Gruppen bis zu 24 aufgeteilt. Diese werden von Fachlehrern unterrichtet, haben aber einen „Stützlehrer" als Vertrauensperson und Berater zur Seite.

Der Anteil an Migranten beträgt in den Schulen in Jyväskylä etwa 10 %, erreicht in den südlichen Ballungsgebieten Finnlands aber bis zu 18 %. In den besuchten Klassen in Jyväskylä gab es jeweils 2-3 von ihnen pro Klasse. Außerdem haben aber auch durchschnittlich 2-3 Kinder mit Behinderungen ihren festen Platz in jeder Klasse. Nicht immer haben sie eine mehr oder weniger ausgebildete Hilfskraft zu ihrer Unterstützung zur Seite. Diese greift nur ein, wenn konkrete Hilfe erforderlich ist. Kinder mit schweren Lernbehinderungen werden über Stunden in einem gesonderten Raum, der ihr Zuhause in der Schule ist, betreut und zum Lernen angeleitet. Von dort aus besuchen sie einige Unterrichtsstunden in einer ihnen zugeordneten Klasse. Nur für Kinder mit Schwerstbehinderungen gibt es wenige Spezialschulen. In der Regel sind diese sehr eng – auch räumlich – mit Regelschulen verbunden und ermöglichen zumindest zeitweilig einen gemeinsamen Schulalltag.

Besonderheiten des finnischen Schulsystems

Das Recht auf eine umfassende, nicht selektierende Grundbildung, eine individuelle Unterstützung für das Lernen und das Wohlergehen jedes einzelnen Kindes kennzeichnen die Lernkultur in Finnland. Schule soll ein angenehmer Ort sein, an dem sich die Schülerinnen und Schüler wohlfühlen. Dazu gehört vor allem die Erfahrung von Respekt und Achtung, die den Lernenden entgegengebracht werden. Der gemeinsame Unterricht der unterschiedlich leistungsfähigen Kinder und Jugendlichen bis zum Ende der Schulpflicht basiert auf einem gemeinsamen Curriculum, das die Schule selbst erarbeitet. Nationale Lehrpläne geben nur verbindliche Ziele für den Abschluss der neunjährigen Schulzeit vor, nicht die Wege dorthin. Zensuren werden erst ab Klasse 7 erteilt. Daneben gibt es aber vielfältige individuelle Rückmeldungen an die Schülerinnen und Schüler über ihre jeweilige Lernentwicklung. Sie lernen zudem schon sehr früh selbstständig über ihr Lernverhalten, die Effektivität ihrer Lernwege und ihre Leistungen zu reflektieren und diese einzuschätzen. Damit wird die Verantwortung für das eigene Lernen gezielt unterstützt. In selbstständig geführten Portfolios und Lerntagebüchern dokumentieren sie ihre Lernentwicklung sach- und personenbezogen und ohne den Vergleich mit anderen.

Die Leistungen der finnischen Schülerinnen und Schüler werden nicht durch verpflichtende – von außen gesteuerte – Vorgaben erzwungen, sondern durch die Lernkultur in der finnischen Schule erreicht. Neun Jahre lang kann keine Schule und kein Lehrer ein Kind oder Jugendlichen in eine nächstniedrige Schulform abschieben. „Sitzenbleiben" gibt es nicht.

Mit Einführung dieser Bedingungen sahen sich die finnischen Lehrerinnen und Lehrer gezwungen, Maßnahmen zu ersinnen, wie mit Schwächen und Lernrückständen umzugehen sei. Das Resultat ist das individuelle Fördersystem, das noch näher zu beleuchten ist.

Verpflichtende nationale Tests gibt es nicht, aber es werden zentrale Tests in den Fächern Mathematik, Schwedisch, Englisch und Finnisch angeboten, die dem Lehrer über die schulischen Beobachtungen hinaus zur Orientierung seines Unterrichts und zur Einschätzung des Lernstandes seiner Schüler und Schülerinnen dienen. Misserfolge in staatlich vorbereiteten Tests führen nicht zur Verschlechterung der Leistungsbewertung. Weicht die Leistung der Schüler von der Note ab, die in dem jeweiligen Fach erteilt wurde, so ist eine Korrektur der Note nur nach oben möglich. Es ist also ausgeschlossen, dass der zentrale Test negative Folgen für die Schülerinnen und Schüler hat.

Die Verwendung dieser Tests ist freiwillig, es gibt aber einen landesweit großen Konsens, von diesen Tests Gebrauch zu machen. Insbesondere am Ende der Gesamtschulzeit (nach 9 Jahren) ziehen nahezu alle Schulen die Tests als objektiven Maßstab zur Überprüfung des erreichten Lernstandes hinzu. Getestet werden nicht vornehmlich die Leistungen der Schülerinnen und Schüler, sondern die Qualität der Lehrer bzw. der Schulen. Diese müssen reagieren, wenn die Leistungen der Schülerinnen und Schüler zu stark nach unten abweichen. Da die Ergebnisse in der Schule verbleiben, ist ein Ranking weder möglich noch gewollt. Jede getestete Schule bekommt nur ihr eigenes Ergebnis und das nationale Durchschnittsresultat mitgeteilt. Da Leistungen stark vom Einzugsgebiet der Schule abhängig sind, wird ihr noch mitgeteilt, welche Durchschnittsleistungen die Schule angesichts der Zusammensetzung ihrer Schülerschaft erbringen sollte.

Neben den zentral entwickelten Tests gab es früher auch eine zentral organisierte Schulinspektion. Diese Schulinspektion wurde auf eigenen Antrag hin aufgelöst. Die Idee ist, dass die Schulen selbst für ihre Evaluation verantwortlich sind.

Gleichberechtigte Teilhabe an den Bildungschancen und von Lehrern und Schülern gemeinsam getragene Verantwortung für den Bildungsweg schaffen Vertrauen und gegenseitige Anerkennung. Die Lehrer und Lehrerinnen sehen es als eine ihrer wesentlichen Aufgaben, das Selbstwertgefühl ihrer Schüler und Schülerinnen zu stärken. Finnischen Lehrerinnen und Lehrern gemeinsam ist, sich vornehmlich auf die förderliche Unterstützung der individuellen Lernentwicklung ihrer Schülerinnen und Schüler zu konzentrieren statt einer Sicherung von allgemeinen Lehrzielen Rechnung zu tragen.

> Wir unterrichten Schüler
> – nicht Fächer

Bei schwächeren Lernern streichen sie z.B. nicht alle Fehler an. Auf diese Weise wollen sie einerseits das Kind nicht entmutigen, ihm aber andererseits gezielt aufzeigen, wo es sich verbessern kann. Im Lernprozess sind Fehler ein Anlass zu gemeinsamem Nachdenken und Weiterdenken. Jorma Ojala, Leiter der Abteilung Lehrerausbildung an der Universität Jyväskylä, betont mit Nachdruck:

...es ist unmöglich, Schülern zu sagen, dass ihre Antwort falsch ist.

Schüler denken logisch abhängig von ihrem Vorwissen und ihren Erfahrungen.

Wir müssen mit ihnen argumentieren, um sie zu überzeugen.

In dieser freundlichen und schülerförderlichen Atmosphäre ist Lernen eine so große Selbstverständlichkeit, dass sich keiner entzieht. Für die Schülerinnen und Schüler ist Lernen völlig in Ordnung.

In Interviews äußerten sie auf die Frage, was sie von der Schule erwarten, stets in ähnlicher Weise: „Neues lernen" oder „gut lernen", „gute Möglichkeiten für einen guten und einträglichen Job bekommen".

Die Kenntnisse und Fähigkeiten der Lerngruppen zeigen einen beeindruckend hohen Stand. Gruppenarbeit und die häufig eingesetzte Partnerarbeit zur selbstständigen Überprüfung der Hausaufgaben oder Lernergebnisse zeigen, dass sie an kooperatives Lernen gewöhnt sind, d.h. daran sich gegenseitig zu helfen und relativ autonom zu arbeiten. Ihre Arbeitsdisziplin und Konzentration sind enorm.

> Die persönliche Selbsteinschätzung und
> das Selbstvertrauen der Schülerinnen
> und Schüler sind bemerkenswert.

Aber weder unbekannte Methoden oder irgendwelche pädagogischen Patentrezepte stecken hinter dem Erfolg des finnischer Schulsystems. Andere Faktoren spielen eine Rolle.

Faktoren für den Erfolg finnischer Schulen

Lesen ist eine hoch gepflegte Fähigkeit in Finnland. Gut vorbereitet durch die Vorschule kann der größte Teil der Kinder spätestens im 2. Halbjahr des ersten Schuljahres mechanisch ganz gut lesen. Die Wichtigkeit der Bücher und des

Lesens wird den Kindern in der Schule tagtäglich vermittelt, und dem Vorlesen wird in den Klassen 1-6 bewusst viel Zeit eingeräumt. Bücher eigener Wahl werden im selbst geführten Portfolio – einer Sammlung aus Lesetagebüchern, eigenen Beurteilungen oder Autorenbesprechungen – dokumentiert. Die Lehrerinnen und Lehrer maßen sich kein Urteil über die von den Schülerinnen und Schülern frei ausgewählten Texte an. Bezüglich der Klassenlektüren (ca. 10-12 pro Schuljahr) stellen sie sich der herausfordernden Aufgabe, die Arbeit mit den Texten so zu differenzieren, dass jedes Kind ein seinen Fähigkeiten entsprechendes Ergebnis erreichen kann. Die unterschiedlichen Ergebnisse sind daher selbstverständlich und werden als solche anerkannt. Entsprechendes Begleitmaterial und die gelegentliche Unterstützung durch Assistenten oder Sonderpädagogen erleichtern den Schülern und Schülerinnen diese Arbeit.

Überdies sind die Kinder sehr motiviert, möglichst schnell lesen zu lernen, um im Fernsehen fremdsprachige Sendungen mit finnischen Untertiteln verfolgen zu können. Dabei hören sie sich zugleich in die fremde – meist englische – Sprache ein.

Bei der Auswahl der Bücher sind die Lehrer über die gesamte Schulzeit sehr frei. Das bedeutet auch, dass die individuell auf die Lerngruppe bezogene Auswahl von der Schule akzeptiert wird. Die schulische Lesekultur wird zudem durch Thementage, Tag des Lieblingsbuches, Lesewochen, Schriftstellerbesuche oder Lesekreise intensiv gefördert.

Jede Schule verfügt über eine meist frei zugängliche Bibliothek und hat darüber hinaus eine öffentliche Bücherei in der Nähe.

Um die Potentiale aller Schülerinnen und Schüler entwickeln zu können, verfügt die finnische Schule über ein vorbildliches Unterstützungssystem. Jedes Kind hat das Recht auf Hilfe durch zusätzlichen Förderunterricht. Ein aus mehreren pädagogischen Professionen bestehendes „Schülerpflegeteam" (Beratungslehrer, Sonderpädagogen, Sozialpädagogen, Gesundheitsschwester) legt Art und Umfang der zusätzlichen Förderung in Absprache mit den Eltern fest. Dazu werden ausführliche Diagnose- und Förderpläne, die schon im Kindergarten angelegt wurden, herangezogen. Förderstunden werden bei Lern- oder Verhaltensproblemen kurzfristig angesetzt und parallel zum Unterricht durchgeführt. Etwa 25 % der Schulpflichtigen erhalten irgendwann während ihrer Schulzeit vorübergehende Einzelförderung. Diese wird immer zeitnah und punktgenau individuell in Absprache mit dem Klassen- oder Fachlehrer eingesetzt. Zum Teil geschieht dies während des Unterrichts durch eine/n Assistentin/en. Als Assistenten werden Eltern oder Abiturienten, die auf ihren Studienplatz warten, eingesetzt. Zum Teil gehen die Schüler oder Schülerinnen aber auch in einen gesonderten Raum. Dort erhalten sie durch eine Lehrkraft fachliche Hilfe. Dabei kann es sich um krankheitsbedingten versäumten Stoff oder aber um die Aufarbeitung von nicht Verstandenem handeln.

Schüler oder Schülerinnen mit Verhaltensproblemen werden für einen angemessenen Zeitraum einem Sozialpädagogen zugeteilt. Er versucht, die

Hintergründe aufzudecken und neue Motivation aufzubauen. Die Betroffenen nehmen aber auch während dieser Zeit in allen Fächern, in denen es keine Probleme gibt, am Klassenunterricht teil.

Beobachtungen aus dem Unterricht

Wir konnten sehen, dass Unterricht in allen Klassenstufen auf modernen, den neuesten Richtlinien entsprechenden Lehrwerken basiert. Für die Lerner gibt es dazu weitere Übungsbücher und für den Lehrer jeweils ein Handbuch, Folien, zusätzliche Kopiervorlagen, aber auch vorgefertigte Klassenarbeiten. Alle Schulbücher enthalten Selbstevaluierungsbögen, die den Schülerinnen und Schülern bei ihrer individuellen Einschätzung und Weiterentwicklung helfen. Die Angebote der Lehrbücher ermöglichen den Lernenden differenzierte Herangehensweisen und bieten ihnen zahlreiche Möglichkeiten zum selbstständigen Üben und Wiederholen. Dies sowie die Eigenverantwortung der Lerner in Gruppen- oder Partnerarbeit lässt der Lehrkraft Zeit, sich Einzelnen zuzuwenden und sie fachlich oder pädagogisch gezielt zu unterstützen.

Auffällig in Unterrichtsstunden ist das Zurücktreten der Lehreraktivität hinter die Schülerarbeit und die hohe Kunst der Lehrerinnen und Lehrer, die Schüler und Schülerinnen durch Augenkontakt an der Arbeit zu halten. Die Lehrkräfte führen die Lerngruppe in ganz kurzer Zeit auf den Kern des Unterrichtsthemas, um sie dann sehr selbstständig daran arbeiten zu lassen. Der Heterogenität wird insbesondere durch Partner- und Gruppenarbeit Rechnung getragen, vorwiegend nach dem Verfahren „pair work – pair check". In frei gewählter oder vom Lehrer eingeteilter Partnerarbeit werden Aufgaben erarbeitet und in einer 2. Arbeitsphase werden die Ergebnisse in einer anderen Zusammensetzung (zu zweit oder viert) überprüft. Dabei handelt es sich häufig um geschlechts- und leistungsheterogene Paare. Feste Paarstrukturen werden eher vermieden; die Schülerinnen und Schüler sollen lernen, mit verschiedenen Partnern zu kooperieren. Diese Art des Arbeitens basiert auf dem Vertrauen, dass eines der Gruppenmitglieder die Lösung finden und die anderen weiterführen wird. Für die selbstständige Kontrolle können die Gruppen – falls ihnen auch zu mehreren ein Problem nicht lösbar erscheint – auf ausgelegte Lösungen oder die Unterstützung durch den Lehrer zurückgreifen.

> Ausschnitte aus einem Interview mit Schülern und Schülerinnen:
>
> *Wie sollen die Lehrer Dir helfen? – Ich möchte, dass sie mir mit Hinweisen helfen, aber ich will die Antwort alleine finden.*

Die Methode führt die Schüler und Schülerinnen zu hoher Aufgabenkonzentration und gegenseitiger Anerkennung und Erklärung. Alle profitieren von gegenseitiger Unterstützung: Schüler und Schülerinnen mit Lernschwierigkeiten lernen oft leichter von Mitschülern und Peers behalten erworbene Erkenntnisse durch Erklärung und Weitergabe an Mitschülerinnen oder Mitschüler besser. Ein Vergleich der Ergebnisse im Klassenverband findet nicht statt; entweder werden die Ergebnisse – wie auch Hausaufgaben – von den Schülern und Schülerinnen eigenverantwortlich verglichen und ausgewertet oder sie werden als Beiträge in eine weiterführende Diskussion im Plenum eingebracht. Die Rolle des Lehrers entspricht in diesen Stunden eher der eines Impulsgebers, Moderators und durchaus gesuchten Ratgebers.

Eine Form des individuellen Lernens, die bei Schülerinnen und Schülern auf sehr große Zustimmung stößt, ist die Stellung von Wahlaufgaben. Die Lehrkräfte bereiten in ihrem Fach für eine Lerneinheit Aufgaben für zwei bis drei Wochen vor. Diese Aufgaben sind unterschiedlich lang und schwierig. Der Aufgabenpool wird am Anfang einer Lerneinheit vorgestellt, so dass die Aufgaben allen bekannt sind. Alle müssen eine bestimmte Anzahl auswählen, bestimmen aber selbst die Art und den Schwierigkeitsgrad der Aufgaben. Die Lehrkräfte schreiben das nicht vor. Während des Lernens helfen und beraten die Lehrkräfte sie individuell. Ein schwächerer Schüler, der eine schwierigere Aufgabe gewählt hat, wird nicht das gleiche Ergebnis erreichen wie ein besonders guter Schüler. Das wird akzeptiert und zur Grundlage eines motivierenden Gespräches genutzt. Aber für die Schülerinnen und Schüler bedeutet es sehr viel, dass sie selbst viel Einfluss auf ihr Lernen haben.

Die Unterrichtsinhalte orientieren sich deutlich am Leben der Schülerinnen und Schüler oder gehen zumindest deutlich von deren Erfahrungen aus. Klar strukturierte Unterrichtsstunden und schriftlich fixierte Ziele an der Wandtafel geben ihnen Sicherheit.

Klassenarbeiten dienen der Leistungsmessung, werden aber vornehmlich als Spiegel des Lernprozesses für den Schüler verstanden. Dennoch: die Zensuren sind sowohl für die Schülerinnen und Schüler wie für Eltern wichtig. Das nationale Curriculum liefert die Grundlage und die Maßstäbe zur Bewertung mit dem Ziel, dass jeder Schüler und jede Schülerin eine objektive, ausgewogene und ermutigende Beurteilung erhält.

Die Lehrerinnen und Lehrer zeigen großes Interesse für den Lernprozess jeder/s Einzelnen. Dazu dienen ihnen ganz wesentlich die *Portfolios*. Die Arbeit mit den Portfolios zielt darauf ab, die Schüler in ihrem Lernen und Arbeiten so zu unterstützen, dass sie am Ende Lernprodukte „veröffentlichen" können. So wächst die Chance, sich von der besten Seite zeigen zu können.

Die Portfolios enthalten neben den sachlichen Darstellungen und Sammlungen persönliche Kommentare zur Erarbeitung. Dieser Form der Selbstbeobachtung des eigenen Lernens messen Lehrer wie Schüler und deren Eltern hohe Bedeutung zu. Sie erfahren so viel von den Lernwegen der Schüler und Schülerinnen. Zugleich machen diese Reflexionen den eigenständigen Charakter der Arbeiten aus.

Hausaufgaben dienen der individuellen Einübung und Erprobung des Gelernten. Die Eltern werden meist schriftlich bereits bei Eintritt in die Schule verpflichtet, darauf zu achten, dass die Aufgaben erledigt werden.

> **Wie helfen Dir Deine Eltern beim Lernen?**
> – *Sie interessieren sich für das, was wir in der Schule machen und mein Vater hilft mir manchmal bei Mathe.*
> – *Ich bekomme keine Hilfe von meinen Eltern. Ich will auch nicht, dass sie mir helfen. Ich möchte meine Probleme selbst lösen.*

Häufig liegt es in der Verantwortung der Schülerinnen und Schülern, ob sie alle Aufträge vollständig bearbeiten oder nur das von den Lehrern geforderte Mindestmaß ausführen. Die Aufgaben werden bis in Klasse 9 an der Tafel ausgewiesen und müssen aufgeschrieben werden. In dem Hausaufgabenheft wird auch ggf. vom Lehrer eine Rückmeldung an die Eltern notiert.

Halbjährlich finden *Eltern-Lehrer-Schülergespräche* statt. Diese Lernentwicklungsgespräche gehen immer von den Stärken des Kindes aus. Die Kinder schätzen selbst ihren Lernfortschritt durch waagerechte, aufsteigende oder abfallende Pfeile ein. Die Lehrerinnen und Lehrer kommentieren die Selbsteinschätzungen und die Eltern erhalten beides mit der Einladung zu dem Gesprächstermin.

Rückmeldung zur persönlichen Lernentwicklung
(Vihtavoren Peruskoulu, Finnland, Jahrgänge 7 – 9)

Schüler/in: _____

Klasse: _____

Liebe/r ...., bitte nimm dir Zeit und denke darüber nach, wie du deine persönliche Weiterentwicklung in den verschiedenen Unterrichtsfächern in diesem Schuljahr einschätzt. Es ist wichtig, dass du ehrlich und offen mit dir umgehst. Denn deine Selbsteinschätzung ist die Grundlage für Überlegungen deiner dich unterrichtenden Lehrer und Lehrerinnen im Hinblick auf deine weitere Unterstützung und deine Beratung. Deine Lehrer und Lehrerinnen werden deine Rückmeldung kommentieren und zum Anlass zu einem Gespräch mit dir und deinen Eltern nehmen.

	Gleichbleibende Erfolge →			aufsteigende Erfolge ↑			abfallende Erfolge ↓			
Fächer										Soz. Verh.
S/S'										
Fachl.										

Dabei geht es nicht um den Stand des Kindes in der Klasse, sondern nur um das Kind selbst. Das Kind nimmt aktiv an diesen Gesprächen teil, denn es lernt von klein auf, dass es für sein Lernen selbst verantwortlich ist. Jegliche Form der Evaluation wird nicht als Demütigung missbraucht, sondern hilft den Lernprozess der einzelnen Schüler und Schülerinnen gezielter zu begleiten. Gemeinsam legen die Gesprächsteilnehmer auch die anzustrebenden Ziele fest.

Kinder mit Migrationshintergrund im Vorschul- oder Schulalter erhalten zunächst außerschulischen Unterricht, der sie in die Grundbildung der finnischen Gesellschaft einführt und sie für die Eingliederung in das allgemeine Schulsystem qualifiziert. Vor allem lernen sie den alltäglichen Gebrauch der finnischen Sprache. Im vorbereitenden Unterricht werden sie in den Lernfächern des grundbildenden Unterrichts so geschult, wie es ihrem Alter und Bildungsplan entspricht. Sie werden so schnell wie möglich in einer Schule eingegliedert. Im dortigen Unterricht wird berücksichtigt, dass sie Schüler unterschiedlichen Alters sind und unterschiedliche Lernfähigkeiten und -voraussetzungen mitbringen. Insbesondere in den Naturwissenschaften steht ihnen in den oberen Klassen zuweilen auch ein Dolmetscher zur Seite, um ihnen die Fachterminologie zu erklären.

Wesentliche Förderung für alle geschieht durch die ermutigende Grundhaltung der Lehrerinnen und Lehrer zu den Lernenden. Sie vermitteln ihnen durch ihr Feedback Anerkennung und Selbstvertrauen, indem sie sich an ihren Stärken orientieren. Sie achten auf die positiven Aspekte ihrer Arbeit statt Mängel hervorzuheben.

> Die Haltung der Lehrerinnen und Lehrer war gelassen und herausfordernd.

In Interviews erfuhren wir, dass ihnen der Umgang mit ihrer heterogenen Schülerschaft selbstverständlich ist. Die gute Beziehung zu ihren Schülern und Schülerinnen ist für sie eine Grundvoraussetzung für eine sichere und stärkende Lernumgebung.

Die Lehrerinnen und Lehrer wie das übrige pädagogische Personal verstehen sich als Teilnehmer eines Teams. Sie treffen sich wöchentlich zum Austausch und nehmen sich viel Zeit darüber nachzudenken, was ein Kind beim Lernen behindert, oder wie sie die Schülerinnen und Schüler am besten unterstützen können.

Zum Ende des Schuljahres treffen sich die Jahrgangsteams, um zu evaluieren, welche der vorgenommenen Ziele erreicht wurden, welche im folgenden Jahr wieder aufzunehmen sind.

Zugleich erörtern sie an Hand des schuleigenen Lehrplans die Reihenfolge der Schwerpunkte für das anstehende Schuljahr. Wir haben erlebt, dass sie dabei auch auf Stärken und Defizite einzelner Schülerinnen und Schüler eingingen.

Bei allem fachlichen Anspruch und trotz Fachlehrerprinzip im Unterricht (ausgeprägt ab Klasse 7) ist es für finnische Lehrerinnen und Lehrer selbstverständlich, dass sie Kinder unterrichten – nicht Fächer.

Die hohe Selbstständigkeit und Selbstverantwortung der Schüler und Schülerinnen ermöglichen den Lehrerinnen und Lehrern Freiräume für den Blick auf einzelne Schülerinnen oder Schüler. Vor allem aber sind sie dadurch von ständiger Kontrolle und permanenter Unterrichtsregie entlastet. Wir haben kaum einmal Zurechtweisungen im Unterricht erlebt. Wenn dies ausnahmsweise nötig schien, erfolgte es nach der Unterrichtsstunde im Einzelgespräch.

Eigenverantwortung veranlasst den einzelnen Lerner über eigene Lernaktivitäten nachzudenken und den Erfolg seines Einsatzes einzuschätzen.

(Steinar Wennevold, Norwegen)

Die entspannte Unterrichtsatmosphäre wie die Tatsache, dass finnische Lehrer eine Präsenzpflicht in der Schule von 30 Stunden à 60 Minuten, aber nur 18-23 Unterrichtsstunden à 45 Minuten (abhängig von ihren speziellen Aufgaben) zu erteilen haben, gibt ihnen einen Freiraum für Teamarbeit, Beratung und konzeptionelle Arbeiten. Dies dürfte Ursache für die Gelassenheit der Lehrerinnen und Lehrer zu sein. Für die Beobachter wurde aber auch deutlich, dass diese vornehmlich aus ihrer positiven Leistungserwartung resultiert.

Da jegliche Art der Leistungsmessung Grundlage und Anlass für ihre persönliche Förderung ist und es weder Sitzenbleiben noch Abschulung gibt, bewirkt, dass die Schülerinnen und Schüler keinerlei Angst vor Beschämung, Versagen oder Separation haben müssen. Ihre Aussage „it's cool to learn" spiegelt Selbstvertrauen und Selbstwertgefühl wider und können als Basis für ihr erfolgreiches Lernen angesehen werden.

Jorma Ojala bringt dies auf den Punkt, wenn er sagt:

In deutschen Schulen heißt es: Schüler müssen lernen.
Ich glaube, damit haben sie schon den Kampf verloren.
Kinder wollen lernen. Daher ist es notwendig den Kindern zu sagen:
Du hast Zeit zu lernen.
Nimm dir Zeit.

Lernen geschieht immer langsam – Schritt für Schritt.

Literatur

www.eu-mail.info

Reports on Finland: Maureen Cruickshank (UK), Steinar Wendewold (NO).

Heike Schmoll: Bildungspolitische Strategien im Land der Pisa-Sieger, F.A.Z. 09.02.2002.

Denkpause

Pair work – Pair-Check

Prinzip:

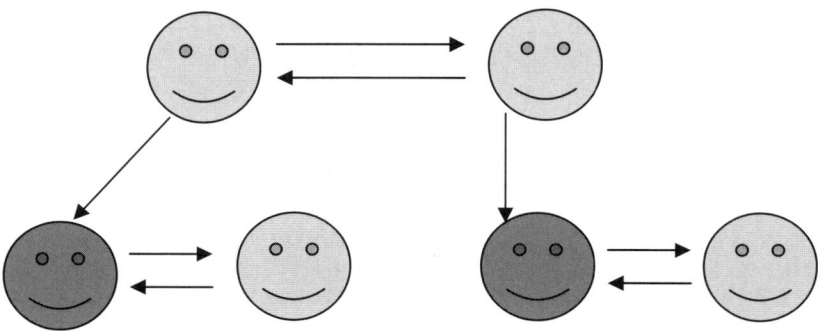

> ➤ S₁ arbeitet mit S₂
> ➤ beide S suchen sich neue Partner und vergleichen ihre Lösungen, klä-
> ren Fragen, bitten um Hilfe
> ➤ Erst bei nicht zu klärenden Problemen wenden sie sich an die Lehrkraft
> oder ziehen die von ihr ausgelegten Lösungshilfen zu Rate.

Partnerarbeit
> ➤ *Gemeinsame* Bearbeitung einer Aufgabe
> ➤ *Gegenseitige* Anerkennung/Erklärung/Unterstützung im Gespräch
> ➤ Kontrolle mit Teampartnern (4er Gruppe)

> – Hohe Aufgabenkonzentration
> – Teamcheck sichert Richtigkeit
> – Grundannahme: Eine/r wird Lösung finden und die Gruppe weiterfüh-
> ren
> – Alle SuS' profitieren von gegenseitiger Unterstützung
> – SuS' mit Lernschwierigkeiten lernen oft leichter von Mitschülern
> – SuS' behalten erworbene Er-Kenntnisse durch Weitergabe besser

Norwegen: Lernen in der inklusiven Schule

Anne Ratzki

Schulformen	Norwegische Schülerinnen und Schüler gehen vom 7. bis zum 15. Lebensjahr gemeinsam zur Schule. Nach der 6-jährigen Grundschule folgt die dreijährige Gesamtschule (Jg. 7 bis 9). Danach gehen die Schüler und Schülerinnen in eine 3-jährige allgemein bildende oder berufliche Oberstufe. Sie entscheiden selbst. Übergänge aus der beruflichen in die allgemein bildende Oberstufe sind möglich. Der Hochschulzugang wird durch ein Punktesystem erreicht. Alle Schulstufen sind inklusiv.
Schulgröße	In der dreijährigen Gesamtschule meist zwischen 100 und 400 Schülern
Klassenbildung	Jahrgangsklassen. Alle Behinderten sind integriert.
Klassengröße	Unterschiedlich. Variiert von kleinen Klassen mit etwa 20 bis mehr als 30, je nach Finanzkraft der Kommune. Es gibt keine Obergrenze
Pädagogisches Personal	Lehrer und Lehrerinnen, Sonderpädagogen, besondere Betreuer für Behinderte, gelegentlich Assistenten, Sozialpädagogen, Schulpsychologen, Krankenschwestern
Rolle Sonderpädagogen	Sie erteilen entsprechend der Behinderung sonderpädagogischen Unterricht zusätzlich für behinderte Schüler und Schülerinnen, unterstützen und begleiten Behinderte in den Klassen, sorgen für Ruheräume und -zeiten und beraten das Lehrerteam
Konstruktion Schulaufsicht	Keine staatliche Schulaufsicht. Verantwortlich für die Schulen sind die Kommunen. Die örtlichen Parlamentarier lassen sich vom lokalen Schoolboard beraten, der mit den Schulen Kontakt hält, aber keine Weisungsbefugnis hat. Laeringssenteret, die staatliche Schulbehörde in Oslo, ist für die Curriculum-Entwicklung und die Berichterstattung gegenüber dem Parlament zuständig.
Schulinspektion	keine

Anzahl Migranten	Regional unterschiedlich. In Oslo bis zu 70% in einigen Stadtvierteln, in kleineren Städten weniger, in Halden z.b. 10-15 %
Curriculare Vorgaben	Schulen erarbeiten im Rahmen schmaler curricularer Vorgaben jährlich eigene Pläne mit Zielvorgaben.
Taktung und Rhythmisierung	gebundene Ganztagsschulen; Mittagessen kostenfrei; Länge der Stunden: 45 bis 60 Minuten, die Kommune entscheidet.
Teamarbeit	Teamarbeit ist in den Schulen unterschiedlich stark ausgeprägt. Meist Kooperation auf Fachebene, um den Unterrichtsstoff dem unterschiedlichen Leistungsvermögen der Schüler und Schülerinnen in den inklusiven Klassen anzupassen.
Zurückstellung, (Nicht-)Versetzung	Nicht vorgesehen
Elternarbeit	Eltern werden regelmäßig über die Vorhaben der Schule informiert und treffen sich mit der Schulleitung, um Entwicklungsfragen zu diskutieren. Sie werden in die Leistungsentwicklung ihrer Kinder einbezogen durch die halbjährlichen Schüler-Eltern-Lehrergespräche
Staatliche Ausgaben	Norwegen gibt 6,9% seines Brutto-Sozialprodukts für die Bildung aus.

Eine Schule ohne Schulaufsicht, eine gemeinsame Schule ohne Noten bis Klasse 8 und ohne Sitzenbleiben, ein gemeinsames Curriculum für alle Schülerinnen und Schüler von Klasse 1 bis Klasse 10, das gerade mal in einem schmalen Buch im DIN-A-4-Format Platz hat, ein Schulgesetz samt Erlassen im Format einer Kladde – Norwegen stellt unsere Vorstellungen von staatlicher Schule auf eine harte Probe. Wie viel diese Schule im internationalen Vergleich leistet, haben die überdurchschnittlichen Ergebnisse in den Untersuchungen TIMSS III und PISA 2000 gezeigt. Zudem gilt:

• Norwegen kennt keine signifikante Kopplung von geografischer oder sozialer Herkunft und Schulerfolg
• Die Bildungsbeteiligung ist hoch, 56 % erreichen die Hochschulreife
• Besonders positiv hebt die OECD die Förderung von Migranten in Norwegen hervor.

Norwegen ist unter den nordischen Ländern noch in einem weiteren Bereich an der Spitze, der in den internationalen Leistungsvergleichen nicht getestet wurde. 1991 wurde die Auflösung der Sonderschulen eingeleitet. Fast alle Kinder mit Behinderungen sind in die allgemeinen Schulen integriert. Weniger als 0,5 % der Behinderten besuchen noch eine Sondereinrichtung.

   Dass die Leistungsergebnisse in PISA 2006 weniger positiv ausgefallen sind, ist in erster Linie Mängeln in der Bildungspolitik zuzuschreiben, folgt man dem Evaluationsgutachten von Haug (2003). Danach hat die Regierung das anspruchsvolle Reformvorhaben, das mit der Curriculumreform von 1997 eingeleitet wurde, nicht angemessen ausgestaltet (Überfrachtung der Curricula, Mangel an Lehrerfortbildung, fehlendes Monitoring), während die kommunale Ebene, die in Norwegen für die Umsetzung von Reformen vor Ort zuständig ist, sich mit sehr unterschiedlichem Engagement und Interesse daran beteiligte.

Die Schulstruktur: Eine Schule wirklich für Alle

Die Schule beginnt für die Schülerinnen und Schüler im Alter von 6 Jahren. Von Klasse 1 bis Klasse 10 ist sie eine Gesamtschule, die alle Schülerinnen und Schüler besuchen. Zurückstellungen vom Schulbesuch gibt es nicht, auch keine Sonderschule für Lernbehinderte, aber Förderung für alle, die Hilfe brauchen. Im Unterschied zu Deutschland investiert Norwegen gerade am Beginn der Schulzeit sehr viel zusätzliche Lehrerzeit, damit durch soziale Herkunft bedingte Ungleichheiten so bald als möglich ausgeglichen werden.

Migranten werden in ihrer Muttersprache alphabetisiert und erhalten zugleich intensiven Norwegisch-Unterricht. Auch im Fachunterricht erfahren sie in ihren Klassen von Anfang an Hilfe in ihrer Muttersprache, falls erforderlich, so dass sich keine Lücken bilden können. Die Förderung in der Muttersprache endet, wenn sie perfekt Norwegisch beherrschen. Alle Einwanderer sind verpflichtet, Norwegisch zu lernen. Englisch wird ab dem 1. Schuljahr unterrichtet.

Behinderte, auch Schwer-Mehrfach-Behinderte, haben das Recht, am Unterricht in den Klassen teilzunehmen. Sie erhalten ein individuelles Lernprogramm für den gemeinsamen Unterricht in den Klassen und spezielle Förderung. Die Lehrpersonen werden von Sonderschullehrkräften und Assistenzlehrkräften unterstützt. Oft haben Behinderte ihren eigenen Betreuer. Über die Unterstützungsmaßnahmen für die Schulen entscheidet ein Pädagogisch-Psychologischer Dienst, der bei den Kommunen angesiedelt ist.

Auf die 7-jährige Grundschule folgt die Mittelstufe („Gesamtschule") vom 8. bis 10. Schuljahr. Hier gibt es zum ersten Mal Noten, es werden Tests geschrieben. Die Mittelstufe schließt mit nationalen Tests in Norwegisch, Englisch und Mathematik ab, eines der drei Fächer wird fremdkorrigiert.

Die Oberstufe gliedert sich in einen 3-jährigen allgemeinen und einen 2-jährigen beruflichen Teil, von dem aus man ebenfalls die Hochschulreife erreichen kann, wenn man ein drittes Jahr anhängt. Seit 2003 entscheiden nicht mehr die Testergebnisse nach dem 10. Jahrgang über den Zugang zur Oberstufe, sondern jeder Schüler, jede Schülerin kann selbst entscheiden, welchen Zweig er oder sie besuchen will. Statt restriktiver Zugangsregelungen wie in Deutschland vertraut Norwegen auf die Selbstverantwortung der Jugendlichen.

> Jeder Schüler, jede Schülerin entscheidet selbst, welchen Zweig der Oberstufe er oder sie besuchen will. Norwegen vertraut auf die Selbstverantwortung der Jugendlichen

In den 1990er Jahren ist das norwegische Schulsystem gründlich mit der Zielrichtung der Inklusion erneuert worden. Im Unterschied zu „Integration" betrifft „Inklusion" die ganze Schule als System und nicht nur einzelne Schülergruppen. Alle haben das Recht auf Zugehörigkeit und Partizipation. Die Curriculumreform von 1997 hat dazu passend das Konzept der „adapted education" eingeführt. Dieses Konzept verlangt den Wechsel von einem hauptsächlich am Lehrerhandeln orientierten Klassenunterricht zum gemeinsamen und individuellen Lernen in größerer Selbstständigkeit und Eigentätigkeit der Schüler und Schülerinnen. Bezeichnend ist, wie das Curriculum „guten Unterricht" definiert: „Guter Unterricht soll die Schülerinnen und Schüler erfahren lassen, dass ihnen ihre Arbeit gelingt, soll ihnen das Vertrauen auf eigene Fähigkeiten geben und das Verantwortungsbewusstsein für das eigene Lernen und das eigene Leben entwickeln" (Curriculum S. 19). Nicht allen Schulen in Norwegen ist es bislang gleich gut gelungen, diesen hohen Anspruch umzusetzen (vgl. Haug 2003). Die Schulen, die wir im Projekt besucht haben, zeigten jedoch großes Engagement und Veränderungsbereitschaft.

> „Guter Unterricht soll die Schülerinnen und Schüler erfahren lassen, dass ihnen ihre Arbeit gelingt, soll ihnen das Vertrauen auf eigene Fähigkeiten geben und das Verantwortungsbewusstsein für das eigene Lernen und das eigene Leben entwickeln"

Erfahrungen aus dem Projekt EU-MAIL (European Mixed Ability and Individualised Learning)

Wir besuchten vier Schulen im süd-norwegischen Halden, zwei Grundschulen und zwei Gesamtschulen. Je eine Schule lag am Stadtrand in eher ländlicher Umgebung, die beiden anderen waren innerstädtische Schulen. Jede Schule wurde von vier Teammitgliedern besucht, und die Besucher beobachteten Unterricht, interviewten Schüler und Schülerinnen, Lehrpersonen und Schulleitungen. Der Leitbegriff für die Ergebnisse war, „Perlen" zu finden, positive Faktoren, die individuelles Lernen in heterogenen Gruppen fördern.

Beobachtungen und Gespräche bei Schulbesuchen

Zwei Begriffe hörten wir immer wieder, wenn wir in Norwegen mit Lehrern und Lehrerinnen über ihren Unterricht und ihren Umgang mit den Schülern und Schülerinnen sprachen: self-esteem und responsibility. Das erste Wort ist nicht ganz einfach ins Deutsche zu übersetzen: Selbst-Wertschätzung. Das zweite ist leichter zu verstehen: Verantwortlichkeit.

Die Schule in Norwegen mutet den Schülern und Schülerinnen zu, für ihr eigenes Lernen Verantwortung zu übernehmen. Damit dies möglich ist, müssen die Lernenden ihr eigenes Lernen und ihre eigenen Fähigkeiten positiv einschätzen können. Die Rolle der Lehrkräfte ist es, diese Selbst-Wertschätzung zu fördern. Wie dies im praktischen Unterricht aussieht, konnten wir in unserer Hospitationswoche beobachten.

Zunächst war alles ganz unspektakulär. Mein schwedischer Kollege und ich sahen eine 7. Klasse, deren Lehrer einige Grammatikregeln zur Zeichensetzung in Norwegisch wiederholte. Dann arbeiteten die Schülerinnen und Schüler für sich an Aufgaben. Der Lehrer ging durch die Klasse und sprach leise mit einzelnen Schülerinnen und Schülern. Auffallend war, dass er nach leisen Gesprächen mit einem sehr guten Schüler nochmals laut Erklärungen für alle gab, dass er den schwächsten Schüler der Klasse ebenso häufig ansprach wie den besten. Schließlich sollten die Schüler und Schülerinnen selbst Sätze mit Kommas bilden – an der Anzahl der Sätze zeigten sich große Unterschiede. Wer eine gewisse Anzahl von Sätzen hatte, konnte ein Buch lesen – eine kleine Klassenbücherei war vorhanden. Schließlich wurden die Sätze vorgelesen. Eine ganz gewöhnliche Grammatikstunde, wie bei uns – nur mit dem Unterschied, dass in dieser Klasse die ganze Bandbreite der Schüler und Schülerinnen unterrichtet wurde, und dass alle in dieser Stunde intensiv an diesem eher drögen Stoff und wenig attraktiven Arbeitsblättern arbeiteten. Und dass der Lehrer Unterschiede machte: Schwächere Schüler wies der Lehrer nicht auf alle Fehler hin, nur auf die wichtigsten, um ihnen ihr Selbstvertrauen nicht zu nehmen. Das erfuhren wir im Lehrerinterview, das der Stunde folgte. Der Lehrer bespricht mit Schülern und Eltern, wie viele Fehler korrigiert werden sollen und wie die Schüler mit der Korrektur dieser Fehler arbeiten sollen. In den verschiedenen Fächern können entsprechende Absprachen getroffen werden.

> Der Lehrer bespricht mit Schülern und Eltern, wie viele Fehler korrigiert werden sollen und wie die Schüler mit der Korrektur dieser Fehler arbeiten sollen.

In einer zweiten 7. Klasse konnten wir beobachten, wie die Aufgabenstellung erfolgte: Die Lehrerin besprach mit den Schülern und Schülerinnen den Wochenplan in Norwegisch, auch hier ging es um Grammatik. Sie wiederholte die Lernziele der vergangenen Woche und schrieb die Lernziele dieser Woche an. Dann erhielten die Schüler und Schülerinnen Aufgaben für die Woche, und diese Aufgaben enthielten in einem gewissen Umfang auch Auswahlaufgaben. Anschließend arbeiteten die Schüler einzeln oder in Paaren an diesen Aufgaben, die Lehrerin ging von einem zum anderen und vergewisserte sich über den Fortschritt.

In beiden Stunden fiel die freundliche, entspannte Atmosphäre auf, die Ruhe und die selbstverständliche Interaktion zwischen Lehrenden und Lernenden. Lehrer und Lehrerinnen sollten mit den Kindern sprechen, nicht über sie, ist einer der Leitsätze der Schule. Ein anderer: Lehrer sollten ständig weiter lernen, voneinander, von anderen, sollen die Schule weiter entwickeln. Sie machen schulbezogene Halbjahrespläne, und jedes Jahr nehmen sie ein neues Element der Schulentwicklung in diese Pläne auf. Das ist das Anliegen der Schulleiterin. Der Staat vertraut den Schulen: In Norwegen erstellen die Schulen ihre eigenen Lehrpläne im Rahmen der landesweiten Curricula.

> Lehrer und Lehrerinnen sollten mit den Kindern sprechen, nicht über sie, ist einer der Leitsätze der Schule.

Es gibt noch keine Noten in der 7. Klasse in Norwegen. Eltern, Lehrer oder Lehrerin und der einzelne Schüler treffen sich zweimal im Jahr und besprechen die Lernentwicklung. Am Ende der Woche steht oft ein Test, der dem Schüler das Ergebnis seines Lernens in dieser Woche zurück meldet. Oder die Schüler schreiben in sog. Logbüchern Briefe an ihre Lehrer darüber, was sie gelernt haben. Diese Logbücher sind oft sehr schön gestaltet. Für das individuelle Lernen sind auch Portfolios wichtig. In Gesprächen wird deutlich, wie viele Formen der persönlichen Interaktion zwischen Schülerinnen und Schülern und Lehrkräften das individuelle Lernen in dieser Schule unterstützen. Da alle Klassen inklusiv unterrichtet werden, es keine eigenen Sonderschulen oder Gruppen mit behinderten Kindern gibt, sind oft zusätzliche Lehrkräfte in der Klasse, die nicht nur den Behinderten, sondern auch Migrantenkindern oder anderen helfen, die gerade Hilfe brauchen. Oder sie nehmen eine Gruppe mit nach draußen. So sahen wir eine kleine Gruppe von Schülerinnen und Schülern an einem runden Tisch vor der Klasse arbeiten – es waren Kinder mit Lernschwierigkeiten, aber auch besonders lernstarke Kinder, die ihrerseits nun den Schwächeren halfen.

> Die Schüler schreiben in sog. Logbüchern Briefe an ihre Lehrer darüber, was sie gelernt haben.

Teamarbeit ist selbstverständlich. Die Lehrkräfte, die den Unterricht zusammen planen und über die Entwicklung der Schüler beraten, arbeiten eng zusammen.

Die Zusammenarbeit mit den Eltern wird ernst genommen. Sie erhalten eine Kopie des Wochenplans, ebenso wie die Schulleiterin. In ganz besonderer Weise bemühte sich die Schulleiterin der von uns besuchten Grundschule um die Eltern. Sie hat ein dänisches Konzept der Familiengruppen eingeführt: 4 Kinder und ihre Eltern bilden eine Familiengruppe – möglichst Kinder mit unterschiedlichem sozialen Hintergrund. In dieser Gruppe können Hausaufgaben gemacht werden, die Gruppe kann etwas zusammen unternehmen, es könne aber auch einzelne Eltern reihum die vier Kinder betreuen.

Alle vier Schulen entwickeln ihre eigenen Programme, individuell auf die Bedürfnisse der Kinder abgestimmt, und den Schülerinnen und Schülern wird Eigenverantwortung zugemutet: z.B. durch die von uns beobachteten Logbücher, durch Auswahlaufgaben im Wochenplan, durch die Gestaltung von Portfolios. Auch Unterrichtseinheiten, z.B. in Englisch, werden so konzipiert, dass Schüler und Schülerinnen aus Lese- und Schreibaufgaben auswählen können. Einen hohen Stellenwert hat Projektarbeit mit offenen Aufgaben, auch in der Oberstufe. Bereits die Bücher sind projektorientiert konzipiert.

Freude an der eigenen Leistung und der Leistung anderer

Die Leistungsbewertung ist stimmig in diese Lernkultur integriert, ist selbst Teil dieser Lernkultur. Die Bewertung der Schülerleistungen vermeidet Diskriminierung. In den Klassen 1 bis 7 gibt es keine Noten, statt dessen erhalten die Eltern mündliche und schriftliche Berichte der Lehrkräfte über den Lernfortschritt, die mit Eltern und Kindern besprochen werden. Konkurrenzsituationen sollen laut Curriculum vermieden werden, im Gegenteil, die Schule soll bei den Schülern „Freude an den Leistungen anderer wecken" (Curriculum S. 5).

Ab der 8. Klasse werden Ziffernnoten gegeben. Zahl und Art der Klassenarbeiten sind nicht vorgeschrieben, sondern werden in der Schule verabredet. Nur in Norwegisch, Englisch und Mathematik gibt es nationale Tests, die sich an Standards orientieren und die von den Lehrern und Lehrerinnen korrigiert werden. Es gibt auch nationale Tests im Lesen für die 4. und 7. Klasse, doch die Schulen können selbst entscheiden, ob sie sie einsetzen. Die Ergebnisse bleiben in der Schule, dienen aber der Selbstvergewisserung, ob die Schüler und Schülerinnen auf dem national gewünschten Stand sind. Sie haben keinen negativen Einfluss auf die Zeugnisnoten, können diese nur verbessern. Eine Gauss'sche Normalverteilung – heilige Kuh der Deutschen – ist in Norwegen unbekannt, ebenso wie die Wiederholung einer Klasse bei schwachen Leistungen.

> Die Schule soll bei den Schülern „Freude an den Leistungen anderer wecken"

An dieser Stelle wird die Philosophie des norwegischen Systems erkennbar. Norwegen hat klare Zielvorgaben auf allen Ebenen, die im Curriculum von 1997 formuliert sind. Der Lehrerblick auf das einzelne Kind ist entscheidend. Jeder Mensch ist wichtig, auch wenn er nicht so viel leisten kann. Statt auf Konkurrenz wird auf individuelle Förderung gesetzt. Dieser Trend hat sich in den letzten Jahren noch verstärkt. Wie in Schweden erhalten seit 2004/05 alle Schüler, nicht nur die Behinderten, individuelle Lernentwicklungspläne, die sie durch ein Schulleben begleiten. Am konsequentesten lässt sich die den Kindern zugewandte Philosophie der norwegischen Schule bei der Arbeit mit Behinderten beobachten. Es ist eindrucksvoll, mit welcher Liebe und Offenheit sich die Lehrkräfte um behinderte Kinder kümmern. Das staatliche Ziel der Inklusion, der Einbeziehung aller, wirkt richtungsweisend.

> Es ist eindrucksvoll, mit welcher Liebe und Offenheit sich die Lehrkräfte um behinderte Kinder kümmern. Das staatliche Ziel der Inklusion, der Einbeziehung aller, wirkt richtungsweisend.

Lehrer und Lehrerinnen werden sehr praxisnah ausgebildet. Sie beginnen mit der Ausbildung an einem pädagogischen Institut, begleiten während eines ganzen Jahres eine Klasse, arbeiten in Teams und studieren erst dann ihre Fächer. Alle Lehrkräfte erhalten dasselbe Gehalt, Grundschullehrer ebenso wie Lehrer an der gymnasialen Oberstufe.

Fazit

Am Beispiel Norwegens lässt sich sehr gut erkennen, dass die erfolgreiche Inklusion Behinderter und die Integration von zugewanderten Kindern auf einem Schulsystem aufbaut, das sich am einzelnen Kind orientiert und nicht an homogenen Leistungsgruppen, „begabungsgerecht" gegliederten Schulen und Aussortierung der Schwächeren. Das Schlüsselwort ist „adapted education" –Unterricht und Erziehung müssen sich an die Kinder anpassen, auch an Kinder mit Behinderungen, auch an Kinder, die wegen ihrer Herkunft Lernschwierigkeiten haben. Deutschland fördert seine zugewanderten Kinder schlechter als jedes andere Land in Europa, und im gegliederten auslesenden Schulsystem kommt die Inklusion Behinderter nicht voran, über 90 % müssen noch immer auch gegen ihren Willen Sonderschulen besuchen.

Norwegen folgt in vielen Dingen dem Nachbarland und Konkurrenten Schweden, hat zugleich aber das inklusivste Schulsystem der nordischen Länder entwickelt. Eindrucksvoll sind die kleinen Dinge, die Sorgfalt, mit der die Lehrkräfte auf das Selbstwertgefühl und die Bedürfnisse des einzelnen Kindes achten, die präzise individuelle Differenzierung durch differenziertes Lernmaterial.

Diese Elemente sind Teil eines Bildungsverständnisses, das in seiner wissenschaftlichen und ethischen Ausrichtung großen Rückhalt in der Bevölkerung zu haben scheint. Der letzte Satz des Curriculums fasst dieses Konzept zusammen: „Durch die Erziehung muss sich ein deutlicher „roter Faden" ziehen: die Verbindung von mehr Wissen, mehr Verstand und mehr Fähigkeiten mit sozialen Ansprüchen, ethischer Orientierungsfähigkeit und Sinn für Ästhetik...Oberstes Bildungsziel ist die Motivierung des Einzelnen sich in einer Art und Weise zu verwirklichen, die der Gemeinschaft zugute kommt – also die Erziehung zu Menschlichkeit in einer sich ständig weiterentwickelnden Gesellschaft." (Curriculum S. 40).

Literatur

Andresen, Ragnhild: Reports from Norwegian Schools. In: Dimenäs,J./Andresen, R./ Cruickshank, M./Ojala, J./ Ratzki, A. (Hrsg.) (2006): Our Children – How can they succeed in school? Jyväskylä: University Press, S. 95-112

Haug, Peder (2003): The Evaluation of Reform 97: key findings. Oslo

Kgl. Norwegisches Ministerium für Bildung, Wissenschaft und kirchliche Angelegenheiten (Hrsg.) (1995): Curriculum für den Primarbereich, die Sekundarbereiche und die Erwachsenenbildung. Allgemeiner Teil. Oslo.

Reports on Finland, www.eu-mail.info

Anne Ratzki

Denkpause

Schweden: Geteilte Verantwortung in einer individualisierenden Lernkultur

Heidemarie Schäfers

Schulform(en)	Schwedische Schülerinnen und Schüler gehen vom siebten bis zum fünfzehnten Lebensjahr gemeinsam in eine Gesamtschule, genannt Grundschule (grundskolan). Diese Schulen sind horizontal je nach der Situation vor Ort unterschiedlich gegliedert. Häufig finden sich Schulen, die das 1. bis 6. Schuljahr oder das 7. bis 9. umfassen. Danach gehen fast alle Schüler/Schülerinnen in eine dreijährige Oberstufe (gymnasiet) mit unterschiedlichen Bildungsgängen, die alle zum Hochschulzugang führen können.
Schulgröße	unterschiedlich
Klassenbildung	Entscheidung der Schule; teilweise jahrgangsübergreifend
Klassengröße	Unterschiedlich; durchschnittlich 21-27 Schülerinnen/Schüler Lehrer-Schüler-Relation unterschiedlich je nach Kommune
Pädagogisches Personal	Neben den Lehrerinnen und Lehrern auch Sozialpädagogen, Schulpsychologen, Krankenschwestern
Rolle Sonderpädagogen	Wichtige Beraterrolle im Lehrerteam; Unterrichtseinsatz auch in heterogener Lerngruppe
Konstruktion Schulaufsicht	Seit den frühen 90er Jahren sind die Schulen kommunalisiert. Seitdem liegt die Schulentwicklung bei den 289 Kommunen. Die Schulen verfügen über ein hohes Maß an pädagogischer Selbstständigkeit und über ein eigenes Budget. Seit 2003 berät eine Nationale Agentur für Schulentwicklung (Schulverbesserung) die Kommunen und die Schulen und bietet Fortbildungen an.
Schulinspektion	Seit 2003 Untersuchungsfelder: *Ergebnisse:* Vermittlung von Werten und Normen, Wissen *Aktivitäten* zur Vermittlung von Werten und Normen, Unterrichtsentwicklung, Steuerung, Management und Qualitätsentwicklung

	Bedingungen: Zugang zu Informationen und Bildung; Umgang mit Ressourcen
Anzahl Migranten	Regional unterschiedlich. Konzentration in Stockholm, Göteborg und Malmö
	2004/05 hatten insgesamt 16,7% der Schülerinnen und Schüler einen Migrationshintergrund
Curriculare Vorgaben	Nationale und kommunale Vorgaben werden in ein Schulcurriculum umgesetzt. Schulen erarbeiten im Rahmen schmaler nationaler Vorgaben des zentralen Skolverket in Stockholm und des lokalen Schulplans jährlich eigene Zielvorgaben und berichten über die Zielerreichung jährlich dem örtlich zuständigen Schuldezernenten, der wiederum an die Zentrale in Stockholm berichtet. Diese Berichterstattung soll der Entwicklung der Arbeit dienen.
Taktung und Rhythmisierung	Ganztagsschulen; Mittagessen kostenfrei; Betreuungsangebote vor Schulbeginn und nach Unterrichtsschluss
	Hohe Flexibilität bei der Dauer der Unterrichtsstunden von 30-100 Minuten
Teamarbeit	Dezentralisierung ist innerhalb der Schulen ein wichtiges Prinzip. Lehrerteams entscheiden selbstständig über die Unterrichtsorganisation und Inhalte der Arbeit, setzen sich selbstständig Ziele und evaluieren ihre Arbeit regelmäßig
Zurückstellung, (Nicht-)Versetzung	Nicht vorgesehen
Elternarbeit	Konzentration auf den individuellen Entwicklungsplan des Kindes; enge Zusammenarbeit Lehrer(in) – Eltern – Schüler(in)
Anteil der Bildungsausgaben am BSP	7,4% im Jahr 2006; OECD Durchschnitt: 5,4%
Bildungserfolg	98% Übergangsquote ins Gymnasium: 75% absolvieren das Gymnasium innerhalb von 4 Jahren erfolgreich.
Lehrerfortbildung	verpflichtend

Die Besuche in schwedischen Schulen eröffneten insbesondere den Projekt-Mitgliedern aus Nordrhein-Westfalen und England neue Perspektiven.

Es konnte beobachtet werden, wie die Vorstellung eines eng angeleiteten fachlichen Lernens im Rahmen eines für alle Lernenden verbindlichen Tagesplans und Stundenrasters ersetzt werden kann durch Freiräume und verantwortungsvolle Planung des eigenen Lernens.

Es wurde deutlich, wie eine individualisierende Lernkultur im Schulalltag realisiert werden kann und scheinbar unüberwindliche organisatorische Zwänge an Bedeutung verlieren.

# I	Prinzipien schwedischer Bildungspolitik

Grundlage des breiten bildungspolitischen Konsenses in Schweden ist die Einschätzung, dass der Schule in einer Demokratie die Bildung verantwortungsbewusster Bürgerinnen und Bürger und die Einübung demokratischer Werte, Normen und Aktivitäten obliegt.

Schule dient zu allererst der Entwicklung und Förderung jedes Mitglieds der Gesellschaft. Von der Vorschule bis zum zweiten Bildungsweg geht es darum, zu fördern und zu entwickeln, keine Sackgassen entstehen zu lassen, immer Wege für lebenslanges Lernen offen zu halten.

Im Bildungsgesetz heißt es, dass schulische Bildung den Schülerinnen und Schülern in Zusammenarbeit mit den Elternhäusern Wissen vermitteln und ihre harmonische Entwicklung zu verantwortungsvollen Menschen und Mitgliedern der Gesellschaft befördern soll. Schülerinnen und Schüler mit besonderem Förderbedarf müssen besonders beachtet werden.

Allen Lernenden muss Gelegenheit gegeben werden, die nationalen Bildungsziele und eine möglichst optimale persönliche Entwicklung in Abhängigkeit von ihren Bedingungen und Bedürfnissen zu erreichen.

Dabei muss den Lernenden Einfluss bei der Wahl von Unterrichtsinhalten und Methoden eingeräumt werden, denn die Einübung demokratischer Verhaltensweisen, die Übernahme von Verantwortung und Wahlmöglichkeiten soll schon in den Schulen praktisch erfahren werden (Democracy and Fundamental Values, skolverket).

Der Baum des lebenslangen Lernens

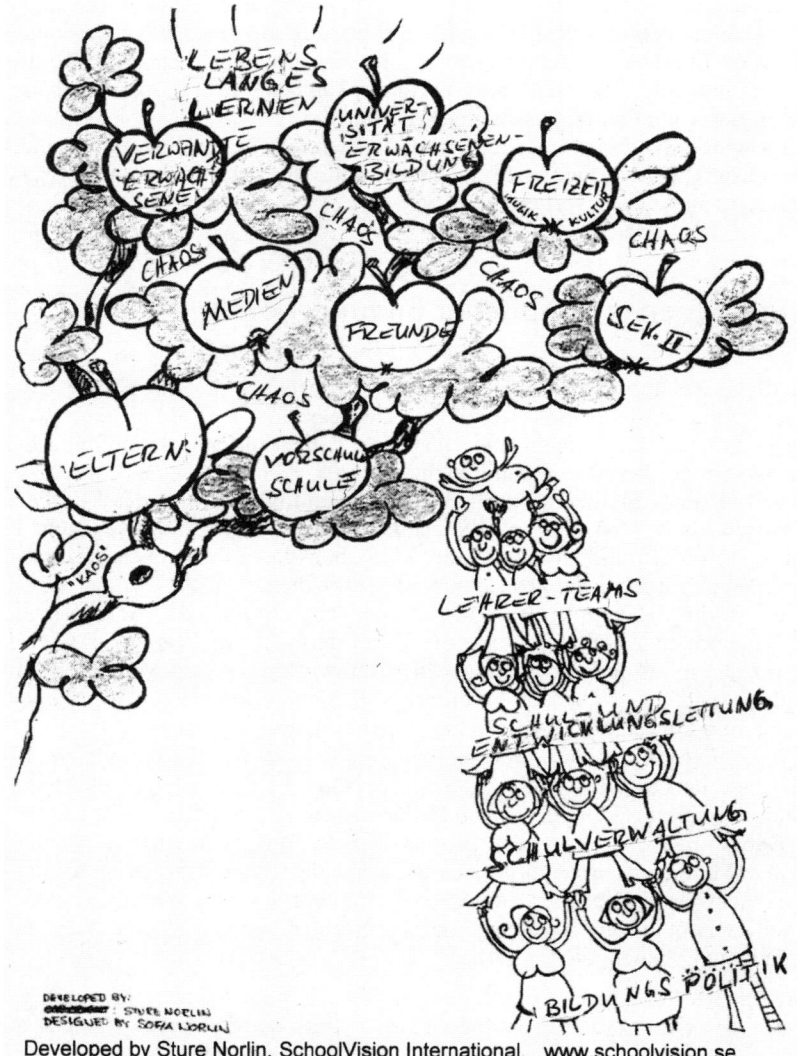

Developed by Sture Norlin, SchoolVision International, www.schoolvision.se

Die Überzeugung, dass alle Menschen – in unterschiedlicher Weise – gebildet werden können, wenn sie systematische Unterstützung und Förderung er-

halten, hat zur Konsequenz, dass es in Schweden nicht darum geht, Eliten durch Aussonderung mittelmäßiger oder schwacher Schülerinnen und Schüler zu gewinnen sondern darum, möglichst allen Begabungen gerecht zu werden, möglichst viele Menschen möglichst lange und intensiv im lebenslangen Lernprozess zu halten.

Die Heterogenität der Schülerinnen und Schüler soll zu einer ertragreichen Ressource im Lernprozess gemacht werden.

Konsequenterweise setzte die sozialdemokratische Regierung in den letzten Jahren in Schweden folgende Bildungsziele: ca. 90% aller Schülerinnen und Schüler sollten nach dem neunten Jahr in der Grundschule in die Bildungsgänge des Gymnasiums übergehen können und ca. 50% der Absolventen des schwedischen Gymnasiums sollten in Studiengänge in Hochschulen und Universitäten eintreten.

Der Inspektionsbericht weist real für das Schuljahr 2004/2005 Übergänge in die Bildungsgänge der Oberstufe: von knapp 80 % aus (Educational Inspection 2005 S. 17), die Übergänge in den tertiären Sektor beziffert der OECD-Bericht von 2005 mit nahezu 50% (Equity in Education 2005 S. 39).

Schulstruktur als Grundlage einer individualisierenden Lernkultur

Die Schulen sind seit den frühen 90er Jahren kommunalisiert. Seitdem liegt die Schulentwicklung bei den 289 Kommunen. Die Schulen erstellen im Rahmen der nationalen und kommunalen Zielvorgaben Arbeitspläne und berichten der Kommune jährlich über ihre Arbeit. Diese wiederum erarbeitet den Bildungsbericht der Kommune für das „Skolverket" in Stockholm. Die zentrale Steuerung des Bildungswesens basiert unter anderem auf diesen Berichten.

Selbstständigkeit, Selbstevaluation und Verantwortung sind Leitbegriffe schwedischer Bildungspolitik.

Da alle Schülerinnen und Schüler die „Grundskolan" gemeinsam bis zum 9. Schuljahr besuchen, entfallen frühzeitige Kategorisierungen der Lernenden.

Leistungsbewertung in Form von Zeugnisnoten gibt es erst ab dem achten Schuljahr. (Die konservative Regierung hat seit 2006 neue Regeln eingeführt. Jetzt werden bereits seit dem sechsten Schuljahr Noten vergeben.) Nationale Tests im fünften Schuljahr dienen nicht der Selektion sondern als Maßstab für die Lehrerinnen und Lehrer, inwiefern sie mit ihren Lerngruppen die nationalen Standards erreichen. Auch im neunten Schuljahr fließen sie nur zum Teil in die Leistungsbewertung der Schülerinnen und Schüler ein.

Es entfallen auch Reibungs- und Energieverluste durch Schulformkonkurrenzen. Die meisten Eltern wählen eine Schule in der Nachbarschaft, allerdings haben sie auch das Recht, ihr Kind auf eine andere städtische Schule oder eine Privatschule zu schicken.[1]

Es ist eine Selbstverständlichkeit für alle Lehrenden, dass sie für jeden Schüler und jede Schülerin in vollem Umfang verantwortlich sind. Eine Abschulung findet nicht statt. Schülerinnen und Schüler mit Behinderungen werden in Abhängigkeit von ihrem Förderschwerpunkt in die Regelschulen integriert. Sonderpädagogen sind dabei gefragte Ratgeber, die für alle Kinder zuständig sind, und deren besondere diagnostische Kompetenzen im Team zum Einsatz kommen.

Schulorganisation erfolgt pragmatisch in Abhängigkeit von Gebäuden und Schülerzahlen. Häufig sind die Jahrgänge 1 bis 6 in einem Gebäude untergebracht.

Die 2003 eingeführte nationale Schulinspektion betrachtet ihre Arbeit nicht als Schritt zurück zu zentraler Steuerung sondern als Instrument zur Weiterentwicklung der kommunalen Qualitätsarbeit. Damit sollen die Kommunen Unterstützung bekommen für eine kontinuierliche Förderung ihrer Schulen.

Schulentwicklung

Der Schulleiter oder die Schulleiterin haben in schwedischen Schulen eine eindeutige Vorgesetzten-Funktion. Sie verfügen über ein eigenes Budget, stellen das Personal ein und entscheiden im Rahmen staatlicher Vorgaben über die Gehälter der Lehrerinnen und Lehrer in Abhängigkeit von der erbrachten Leistung.

Trotz umfangreicher administrativer Aufgaben wird die pädagogische Führungsaufgabe des Schulleiters/der Schulleiterin besonders betont und steht im Mittelpunkt des staatlichen Schulleitungs-Trainings.

Auch die im Kontext des EU-MAIL-Projektes entstandenen und teilweise in Filmen dokumentierten Interviews mit Schulleiterinnen belegen, dass pädagogische Zielsetzungen, die Schaffung einer sicheren Lernumgebung und die Ermutigung und kontinuierliche Förderung der Schülerinnen und Schüler dem Leitungshandeln eine klare Orientierung vorgeben.

> „Vertrauen, Respekt und Verantwortung: Alle in der Schule fühlen sich verantwortlich dafür an der Implementierung dieser Werte zu arbeiten. Das merkt man, wenn man durch die Klassenräume geht, Unterrichtsstunden besucht und mit Kindern und Erwachsenen spricht. Und alle wissen, dass sie daran arbeiten müssen, diese Grundwerte in ihren Schulalltag zu integrieren." (Interview mit der Schulleiterin der Hestra Midgard Schule in Boras, www.eu-mail.info)

---

1   2002 besuchten 5,7 % der Schülerinnen und Schüler in Schweden eine private Schule: s. OECD S. 19.

Die Zentrale Bildungsverwaltung in Stockholm versucht systematisch, die Eigeninitiative der Schulen und deren Eigenverantwortlichkeit zu fördern. Gleichzeitig wurden bestimmte Rahmenvorgaben mit großer Nachhaltigkeit implementiert und deren Umsetzung evaluiert. Dies betraf über Jahrzehnte hinweg die Entwicklung einer individualisierenden Lernkultur in den heterogenen Lerngruppen der neunjährigen Grundschulen.

Über verpflichtende Fortbildungstage für jeden Lehrer und jede Lehrerin (10-16 pro Schuljahr) wurden zentrale Elemente wie die Gestaltung von Eltern-Lehrer-Schüler-Gesprächen als Lernentwicklungs-Gespräche implementiert, wissenschaftlich begleitet und evaluiert und auf dieser Grundlage Vorgaben für die Schulen entwickelt (s. auch Ulf Blossing 2006).

Die Schulen wurden verpflichtet, kontinuierlich Aktionspläne gegen Mobbing zu entwickeln und deren Umsetzung zu evaluieren.

Entsprechendes gilt für die kontinuierliche Verbreitung von grundlegenden Erkenntnissen der Hirnforschung für den Lernprozess. Forschungsergebnisse über die Bedeutung der Motivation des Lernenden, über Anknüpfungsmöglichkeiten an Vorwissen, über die Lernumgebung, über die Bedeutung der Lernzeit sowie konstruktivistische Lerntheorien wurden systematisch in die Schulen gebracht.

Das vorläufige Ende dieses langen Entwicklungsprozesses in den Schulen stellt das Gesetz zum individuellen Entwicklungsplan dar. Seit dem Januar 2006 muss ein solcher Plan für jede Schülerin und jeden Schüler für die gesamte Schulzeit erstellt werden.

II Beobachtungen in den Schulen[2]

Insgesamt wurden vier Schulen in der Umgebung von Boras besucht: Eine städtische Grundschule in einer Oberschichten-Wohngegend mit 340 Schülerinnen und Schülern der Jahrgangsstufen 1-6, eine ländliche Schule mit 300 Schülerinnen und Schülern der Jahrgangsstufen 7-9, eine weitere Grundschule mit 350 Schülerinnen und Schülern in den Klassen 1-6 sowie eine innerstädtische Schule mit 850 Schülerinnen und Schülern in den Jahrgangsstufen 1-9.

Philosophie

Alle Besucher heben übereinstimmend hervor, dass sie in den nach Größe, Struktur, Gebäude und Schulprogramm unterschiedlichen Schulen eine Einstellung angetroffen haben, die den Schüler/die Schülerin in den Mittelpunkt stellt. Die Aussage: „Wir unterrichten Schülerinnen und Schüler nicht Fächer" macht

---

2   vgl. die Berichte zu den Schulbesuchen in Schweden.

die Philosophie, die das Alltagshandeln schwedischer Lehrerinnen und Lehrer leitet, deutlich. Die ruhige und gelassene vertrauensvolle Zusammenarbeit zwischen Lehrenden und Lernenden basiert auf gegenseitigem Respekt, Vertrauen und Verantwortung für das eigene Tun. Die Lehrerinnen und Lehrer fühlen sich in besonderer Weise dafür verantwortlich, ihren Schülerinnen und Schülern eine sichere, angstfreie Lernumgebung zu schaffen, ihr Selbstbewusstsein zu fördern, ihre Stärken zu entdecken und zu entwickeln. Im Folgenden sind Äußerungen aus Interviews mit Lehrerinnen und Lehrern und Schülerinnen und Schülern angeführt, die die beschriebenen Grundeinstellungen verdeutlichen.

Fehler werden als wichtige Stolpersteine im Lernprozess genutzt und nicht ständig zur Grundlage von Leistungsbewertung gemacht. Es ist nicht Ziel, alle Fehler der Schülerinnen und Schüler zu finden und zu korrigieren, sondern herauszufinden, an welchen Fehlern zuerst intensiv gearbeitet werden sollte. Beispielhaft für diesen Umgang mit Fehlern ist folgende Äußerung eines Mathematiklehrers:

„Erkläre, wie Du gedacht hast, damit ich verstehen kann, warum Du diesen Fehler gemacht hast." (Höhmann, Luhtala)

Schülerinnen und Schüler übernehmen die Verantwortung für ihr eigenes Lernen und akzeptieren ihre Lehrerinnen als Lernberater, bei denen sie jederzeit Hilfe und Unterstützung bekommen können.

Schüleräußerung: „Es ist nie peinlich, Fehler zu machen oder um Hilfe zu bitten. Unsere Lehrerin sagt, dass dies eine Schule ist, und wir das Recht haben, Fehler zu machen. Wir lernen aus unseren Fehlern, und weil es in der Klasse keinen Druck von der Lehrerin gibt, fühlen wir uns sicher." (Frowein/Lindstrand)

Diese Grundeinstellung im Umgang mit dem Lernen der Schülerinnen und Schüler erscheint als Schlüssel zum Erfolg der Arbeit in schwedischen Schulen.

Lehreräußerung: „Um ein guter Lehrer zu sein und individualisierendes Lernen zu praktizieren, muss man ein allgemeines Interesse an jungen Menschen haben und sich um ihre individuelle Entwicklung kümmern. Und es macht jeden Tag Spaß!" (Frowein/Lindstrand)

„Individualisierung ist keine Methode, sondern Teil dieser Einstellung. Individualisierung ist auch kein methodischer Trick, sondern ein Prinzip, das auf allen Ebenen demonstriert wird" (Höhmann, Luhtala).

Auf der Grundlage der beschriebenen Einstellung arbeiten die Schulen gemäß der Maxime: Die Antwort auf die Frage „Wie?" lautet „Ja!" (vgl. Block 2002). Das heißt, es gibt kein flächendeckendes Methodentraining. Jede Schule, jedes Lehrerteam entwickelt eigene Schwerpunktsetzungen, Instrumente und Methoden im Umgang mit ihren heterogenen Lerngruppen. In einer der besuchten Schulen wurde beispielsweise daran gearbeitet, für jeden Schüler und jede Schülerin Interessensgebiete zu identifizieren, um wirkliche Motivation zu nutzen. Ziel sollte es sein, Lernfreude und Durchhaltevermögen anknüpfend an dem, was die Schülerin/der Schüler kann, zu entwickeln und nicht in erster Linie auf die Schwächen zu fokussieren (Frowein, Lindstrand).

Lernorganisation

Insbesondere für Lehrerinnen und Lehrer aus den großen straff organisierten Gesamtschulsystemen in NRW war die sehr flexible und pragmatische Organisationsstruktur der besuchten schwedischen Schulen verblüffend. Sie basiert auf der Arbeit von Teams und einer systematisch entwickelten Lern- und Arbeitskultur, in der alle Beteiligten die Regeln kennen und einhalten.

Die Zusammenarbeit an einer der besuchten Schule war folgendermaßen organisiert: regelmäßige Treffen der Fachlehrer in jedem Fach des Jahrgangsteams, wöchentliche Konferenzen aller Lehrer und Lehrerinnen einer Stufe, in denen alle Themen die Stufe betreffend besprochen werden. Es gibt auch Klassenversammlungen mit allen Lehrer und Lehrerinnen der Klasse. Die Schule hat eine „Ideenbank" eingerichtet, in der Lehrer und Lehrerinnen Ideen für Projekte, Unterrichtsstunden, Texte und Tests sammeln (Frowein, Lindstrand).

Stundenpläne können sich von Woche zu Woche ändern, entsprechend den Verabredungen in den Teams, aber auch entsprechend den Verabredungen mit den Schülerinnen und Schülern, deren Beteiligung an der Gestaltung der Arbeitspläne, von Inhalten und Methoden gesetzlich garantiert ist.

Ein Wochenplan einer schwedischen Schülerin könnte folgendermaßen aussehen (nach Sture Norlin):

Montag	Dienstag	Mittwoch	Donnerstag	Freitag
Planungsstunde	Einführung Englisch	Chemie	Freie Arbeit	Sport
Sport	Freie Arbeit	Freie Arbeit	Einführung Mathematik	Freie Arbeit
Sport	Freie Arbeit	Einführung Deutsch	Musik	Freie Arbeit
Freie Arbeit	Einführung Schwedisch	Schwedisch	Musik	Einführung Geografie
Mittagspause	Mittagspause	Mittagspause	Mittagspause	Mittagspause
Freie Arbeit	Technik	Freie Arbeit	Kunst	Freie Arbeit
Freie Arbeit	Technik	Sport	Freie Arbeit	Freie Arbeit
Physik		Freie Arbeit	Freie Arbeit	Evaluation/Mentor
Physik		Kunst		

Neben gesetzten Instruktions- oder Einführungsstunden in Fachinhalte oder Stunden, in denen Fachräume genutzt werden, steht den Schülerinnen und Schülern viel Zeit für selbstständige Arbeit an den individuell vereinbarten Zielen zur Verfügung. In dieser Zeit arbeiten sie in der Schule alleine, zu zweit oder in einer Gruppe und erhalten bei Bedarf Beratung und Hilfestellung von den Lehrer und Lehrerinnen.

Ein solcher Stundenplan ändert sich nach Bedarf von Woche zu Woche. Interessen von Schülerinnen und Schüler – aber auch deren individueller Lernbedarf können in hohem Maße berücksichtigt werden. Natürlich variieren solche Pläne von Schule zu Schule stark. Unserer Beobachtung nach finden sich vor allem in den gymnasialen Oberstufen und in Abhängigkeit von der Größe der Schule auch Pläne mit deutlich umfangreicherer vorgegebener Stundenabfolge.

Lerneinheiten im Klassenverband werden zeitlich nach Bedarf variiert. Die beobachtete Spannbreite reicht von 30 Minuten bis zu 100 Minuten-Unterrichtsstunden. In keiner der besuchten Schulen wurde der Übergang von einer Stunde zur anderen durch einen Gong oder ein Klingelzeichen geregelt.

Dieser zeitlichen Flexibilität entspricht ein Raumkonzept, in dem es neben den Klassenräumen eine Vielzahl kleiner Räume gibt, die zur Arbeit an PCs, zur Gruppen- oder Einzelarbeit geeignet sind. Dazu gehören auch Räume mit Sofas und Sesseln zum Lesen in entspannter Haltung, zum Reden oder zum Ausruhen.

Entsprechend wohnlich sind auch die Lehrerräume eingerichtet.

Dabei kann in vielen der besuchten Schulen nicht von einem üppigen Raumangebot gesprochen werden. Vielmehr wird jede Nische und auch Flure genutzt – beispielsweise zur Arbeit mit Computern.

Alle besuchten Schulen verfügen über Bibliotheken, die auch für die Bewohner des Stadtteils zugänglich sind.

Ebenso haben alle besuchten Schulen selbstverständlich eine Mensa oder Cafeteria. Ein warmes Mittagessen ist für Schülerinnen und Schüler und für das Personal der Schule kostenfrei und dient auch der Erziehung zu einem gesunden Essverhalten.

Die Arbeitszeit der Lehrerinnen wird nicht mehr nach Unterrichtsstunden bemessen sondern entspricht der Wochenarbeitszeit im öffentlichen Dienst. Sie umfasst alle Tätigkeiten des Lehrberufs und erfordert eine von Schule zu Schule leicht unterschiedlich geregelte Präsenz aller Lehrerinnen und Lehrer an der Schule. Dies ist eine inzwischen von den Kollegien außerordentlich geschätzte Grundlage für die kontinuierliche Zusammenarbeit im Team bei der Unterrichtsplanung, -durchführung und -evaluation. Selbstverständlich haben alle Lehrerinnen und Lehrer einen eigenen Arbeitsplatz mit PC in der Schule.

Die Lehrerinnen und Lehrer werden durch Sonderpädagogen und nicht lehrendes Personal unterstützt. Dazu gehören in aller Regel: Studentinnen, Krankenschwestern, Schulpsychologen.

Unterricht und Lernen

„Der Unterricht, den wir gesehen haben, war durch folgende Aspekte gekennzeichnet: klar definierte Ziele, Zielorientierung, Klarheit der Arbeitsanweisungen, gut organisierte Lernumgebung, Konzentration und schnelle Lernabfolgen" (Höhmann, Luhtala).

Dominierend erscheinen Gruppenarbeiten, projektorientiertes Lernen und Lernen mit Hilfe von Lehrbüchern, Arbeitsblättern oder Instruktionsstunden, die die Lehrerin/der Lehrer gestaltet.

Immer geht es dabei darum, dass die Schülerinnen und Schüler individuellen Lernplänen folgen, ihre Lernziele für die Woche oder andere Zeiteinheiten kennen, ihren Lernprozess und -erfolg in Portfolios oder Lerntagebüchern dokumentieren und dabei die Zeit beanspruchen dürfen, die sie brauchen.

„Was sind Deine Lieblingsfächer? Definitiv Lesen. Wir können unsere eigenen Bücher aussuchen und es ist ruhig im Klassenraum, wenn wir lesen. Wir lernen neue Wörter und neue Wege, uns auszudrücken. Wir haben verstanden, dass wir durch besseres Lesen besser schreiben werden. Lesen bringt kreative Fähigkeiten hervor."

Die Lehrbücher erlauben Arbeit auf unterschiedlichen Niveaus und von unterschiedlicher Komplexität. Diagnosetests ermöglichen den Schülern und Schülerinnen dabei die Selbstkontrolle ihrer Arbeit und unterschiedliche Lerntempi. Entgegen einer weit verbreiteten Praxis in Nordrhein-Westfalen oder auch in den von uns besuchten englischen Schulen sind es nicht die Lehrerinnen und Lehrer, die die Schülerinnen und Schüler bestimmten Leistungsniveaus (Frowein, Lindstrand) zuweisen und damit eine innere Differenzierung vornehmen. Die Schülerinnen und Schüler entscheiden selbst. Die Lehrerinnen und Lehrer sind nur ihre Ratgeberinnen.

Arbeitsblätter sind in der Regel nicht in unterschiedlicher Weise für jeden Schüler und jede Schülerin konzipiert, ermöglichen aber Ergebnisse auf unterschiedlichem Niveau.

Die fachliche Zusammenarbeit im Team sichert einen Fundus an Material und komplexen Aufgaben, auf den die Lehrerinnen und Lehrer zurück greifen können und der den Schülerinnen und Schülern eine Auswahl ermöglicht, die ihren Interessen und Fähigkeiten entspricht.

Voraussetzung für die konzentrierte und ruhige Arbeitsatmosphäre, die von allen Beobachtern im Unterricht wahrgenommen wurde, ist ein anderer Umgang mit Disziplinfragen und eine systematische Einübung von Arbeitstechniken (beispielsweise mind-mapping), die es den Schülerinnen und Schülern ermöglichen, ihre Arbeit selbstständig anzugehen. Kontinuierliche Dokumentation, kontinuierliche Selbstevaluation der eigenen Arbeit und regelmäßige Präsentation der Arbeitsergebnisse bilden die überall zu beobachtende Grundlage selbstständigen Lernens.

„Die Lehrer/innen disziplinieren fast nie und Gründe für Disziplinierung sind kaum vorhanden. Es gibt eine große Toleranz gegenüber Verspätungen. Schüler/innen, die zu spät kommen, verhalten sich ruhig und gehen auf ihren Platz und die Lehrer/innen fahren gewöhnlich mit dem Unterricht fort, als ob nichts geschehen wäre. Verhalten wird nur in der Klasse besprochen, wenn andere Schülerinnen sich dadurch gestört fühlen, ansonsten wird es in einem Treffen von Lehrer/in, Schüler/in und Eltern besprochen." (Höhmann/Luhtala)

Instrumente der Individualisierung

Der Blick auf die vergleichende Leistungsbewertung der Schülerinnen und Schüler in der jeweiligen Lerngruppe spielt eine deutlich geringere Rolle als in unserem auf Auslese ausgerichteten System, das immer noch von der Fiktion eines Lernens im Gleichschritt ausgeht. Im Mittelpunkt des Interesses steht der individuelle Lernfortschritt.

Stufen der Lesekompetenz (Klasse 1-5)

1	2	3	4	5
Erkennt unterschiedliche Formen	Erkennt ihren/seinen Namen	Liest das Wort als Bild	Kann kurze oder bekante Worte aus Lauten aufbauen	Kann kleine Worte direkt lesen
		Versteht, dass ein Buchstabe einen Laut hat		

6	7	8	9	10
Kann einen einfachen Text (mit einem für den Leser relevanten Inhalt) lesen	Kann zusammengesetzte Buchstaben und Worte im Inhalt erschließen	Kann längere und unbekannte Worte aus Lauten erschließen	Liest flüssig, macht aber noch Fehler	Versteht Beschreibungen und Anweisungen
Kann eine Kommunikations-Situation verschriftlichen		Erkennt immer mehr Worte sinngemäß		
		Kann verständnisvoll lesen		

11	12	13	14	15
Kann flüssig und sinnentnehmend lesen	Versteht einen Spielfilm mit Untertitel	Kann Texte zusammenfassen	Kann verschiedene Textarten erkennen	Kann Texte sinnentsprechend vortragen
Kann wichtige Informationen aus einem Text entnehmen	Liest viel , u.a. Texte aus Zeitungen			

(Sture Norlin, SchoolVision International, Schweden, Übersetzung und Gestaltung Heide Koehler, EU-MAIL)

Ein wichtiges Instrument zur Steuerung des Lernens sind fachspezifische *Kompetenztableaus*, die in den Schulen auf der Grundlage der nationalen curricularen Vorgaben entwickelt werden. Mit ihrer Hilfe werden die Lernfortschritte jedes Schülers und jeder Schülerin in ihrer zeitlichen Abfolge und Komplexität dokumentiert, und die nächsten Lernziele vorgegeben. Sie sind eine wichtige Grundlage des Eltern-Lehrer-Schüler-Gesprächs, in dem der jeweilige Lernstand des Schülers/der Schülerin besprochen und neue Lernziele vereinbart werden.

Beispielsweise im Bereich des Erwerbs der als besonders zentral eingeschätzten Lesekompetenz könnte ein solches Kompetenztableau wie oben abgebildet aussehen:

Im Gespräch mit den Eltern und dem Schüler oder der Schülerin wird jeweils mit Datum vermerkt, welche Kompetenz bereits erworben wurde, welche nächsten Schritte geplant sind, wer welche Unterstützung geben wird und wann das Ergebnis erneut evaluiert wird (s. Norlin, Sture/Norlin, Stina). Dabei nutzen Schulen beispielsweise folgenden Bogen zur Fixierung der erzielten Vereinbarungen.

Individueller Entwicklungsplan

Name: **Klasse:**   **Datum:**

Lernbereich	Meine gegenwärtige Situation	Meine Ziele (Was will ich erreichen?)	Der Weg (Wie kann ich meine Ziele erreichen?)	Die Überprüfung (Habe ich meine Ziele erreicht? Welche? Wenn nein, warum nicht?)

Unterschrift:
Eltern_____ Lehrer/in_____

Schüler/in_____

Dem *Entwicklungsgespräch* zwischen der Schülerin/dem Schüler, den Eltern und der Lehrerin/dem Lehrer kommt eine Schlüsselrolle im Lernprozess zu.

Alle drei Parteien teilen sich die Verantwortung. Das Gespräch, das mindestens halbjährlich ggf. auch öfter stattfindet, wird von allen vorbereitet. Als Grundlage des Gesprächs dienen neben den Kompetenzrastern, Lerntagebücher, Wochenarbeitspläne, Portfolio, Selbstevaluationsbögen und der verabredete Entwicklungsplan. Die Gesprächsführung liegt beim Schüler, der Schülerin. Kein Beteiligter darf in diesem Gespräch Vorwürfe gegen eine der anderen Parteien erheben. Ziel ist eine realistische und gründliche gemeinsame Einschätzung des aktuellen Lernstandes. Darauf aufbauend werden die nächsten Lernziele formuliert und vereinbart, wie diese Ziele erreicht werden sollen, welche Hilfe der Lernende in diesem Prozess von wem bekommen kann und wann die Ergebnisse überprüft werden sollen.

Schülerinnen und Schüler sollen auf diese Weise ihr Lernen reflektieren, zunehmend Verantwortung übernehmen und in die Lage versetzt werden, selbstständig Lerninhalte zu erschließen und eigene Schwerpunkte zu setzen.

Das Lehrpersonal ist über Jahre hinweg systematisch fortgebildet worden, um diese Gespräche konstruktiv, professionell und auf gleicher Augenhöhe mit den Lernenden und deren Eltern führen zu können. Den Eltern wird auf diese Weise eine aktive und verantwortungsvolle Rolle im schulischen Ausbildungsprozess ihrer Kinder zuteil.

Seit 2006 ist das Gesetz zur Erstellung *eines individuellen Entwicklungsplans* für jedes Kind vom Schuleintrittsalter bis zum Abschluss der „Grundskolan" in Kraft. Ziel ist es, während der gesamten Schulzeit die Entwicklung der Persönlichkeit, eine möglichst optimale fachliche Ausbildung und die Förderung von Begabungen in geteilter Verantwortung zwischen der Schülerin/dem Schüler, den Eltern und der Schule langfristig zu planen, zu begleiten und zu dokumentieren.

III Individualisierung als System

Zusammenfassend kann gesagt werden, dass in schwedischen Schulen eine individualisierende Lernkultur über lange Zeit systemisch entwickelt wurde auf der Grundlage einer Philosophie, die die Gleichwertigkeit eines jeden Individuums in einer demokratischen Gesellschaft zum Maßstab der Dinge macht und Differenz wertschätzt und akzeptiert.

Individualisierung in Schweden bedeutet ein komplexes System, in dem das Berufsethos der Lehrenden, die Teamstruktur in den Kollegien, der Umgang mit der Lernzeit, die Raumgestaltung der Schulen, die Arbeit mit kompetenzorientierten Lehrplänen, die systematische Entwicklung selbstständiger Lernformen und die Einbeziehung der Eltern in die Arbeit mit individuellen Lern- und Entwicklungsplänen eng miteinander verwoben sind.

Dies soll durch die eingefügte Grafik verdeutlicht werden.

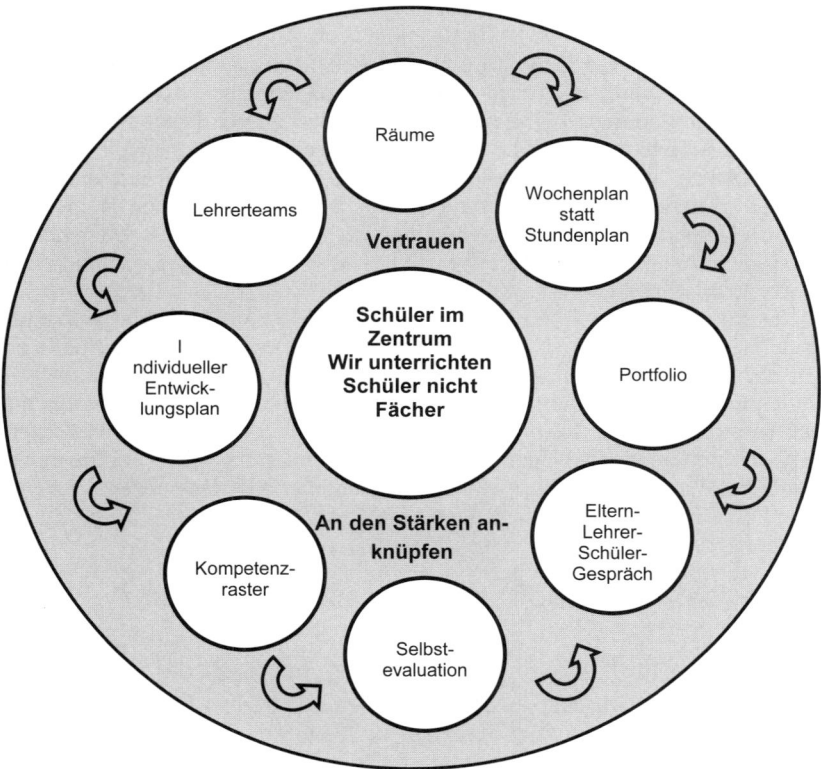

Individualisierung nach schwedischem Muster basiert auf Werten und Einstellungen, die uns in überzeugender Weise in allen Schulen begegnet sind. Sie prägen das Rollenverständnis der Lehrerinnen und Lehrer. Wenn das Kind im Mittelpunkt der Lernorganisation steht, dann erfordert dies Lernumgebungen, in denen angstfrei gelernt werden kann, Zeiteinteilung, die den wechselnden Bedürfnissen der Lerner angepasst sind, viele Gespräche auf Augenhöhe mit dem Lernenden, den Eltern und professioneller Dialog im Team. Individualisierung bedeutet in diesem Kontext, Lernen im eigenen Tempo und an interessierenden Inhalten. Um möglichst alle Schülerinnen und Schüler zu einem erfolgreichen Abschluss der „Grundskolan" zu bringen, bedarf es bestimmter Instrumente wie kompetenzorientierter Lernpläne und Methodenkenntnis bei den Schülerinnen und Schülern, um ihre Arbeit zunehmend selbstständiger planen und durchführen zu können. Durch kontinuierliches Training werden sie mit Formen der Selbstbeurteilung und der

Dokumentation ihres Lernens in Lerntagebüchern, Logbüchern oder Portfolios vertraut gemacht.

Im Kontext dieser anderen Lernkultur gewinnen dann die im Klassenverband erteilten lehrerzentrierten Unterrichtsstunden eine wichtige Funktion zur Einführung in neue Lerninhalte, zur Präsentation von Ergebnissen selbstständigen Arbeitens und zur Festigung und Sicherung erworbenen Wissens.

Ihr Ablauf war bei den Schulbesuchen wenig spektakulär und entsprach der bei uns geübten Praxis. Unserer zunächst eng eingegrenzten Suche nach Unterrichtsmethoden und Möglichkeiten der Realisierung von Binnendifferenzierung im lehrerzentrierten Unterricht war in den besuchten Schulen kein großer Erfolg beschieden.

Dafür eröffnete sich uns das faszinierende Feld einer anderen Lernkultur, in deren Kontext die Rolle der Lehrenden und Lernenden neu definiert ist. Für die Lehrenden steht nicht mehr die Planung von Unterrichtsstunden im Mittelpunkt, sondern die Planung von Lernangeboten und die begleitende Lernberatung. Für die Lernenden geht es immer weniger um passive Rezeption von in kleinen Häppchen dargereichtem Lernstoff sondern um die eigenverantwortliche, aktive Erarbeitung von Inhalten und Kompetenzen.

IV Neue bildungspolitische Herausforderungen

Die Schulbesuche zwischen 2002 und 2006 in Schweden ermöglichten uns, Schulen in der praktischen Arbeit zu erleben, die bereits lange das Ziel der Entwicklung einer individualisierenden Lernkultur verfolgen. Dennoch sieht die schwedische Inspektion Entwicklungsbedarfe.

Das Schulgesetz postuliert wirklichen Einfluss der Lernenden auf die Gestaltung des Unterrichts. Dies sei in einer demokratischen Lernkultur unverzichtbar. Dieser Einfluss soll mit dem Alter der Schülerinnen und Schüler kontinuierlich wachsen. Die schwedische Inspektion fordert die Schulen auf, diesem Entwicklungsaspekt noch mehr Beachtung zu widmen. Die erfolgreiche Umsetzung dieser Zielsetzung erscheint im Inspektionsbericht von 2005 noch nicht in allen Schulen – vor allem nicht in den „Gymnasien" für die Jahrgänge 10-12 wirklich gesichert.

Deshalb werden die folgenden Voraussetzungen für weitere Entwicklungsschritte genannt: Lehrerinnen und Lehrer müssen fachlich qualifiziert sein und die curricularen Vorgaben gut kennen, damit sie mit den Lernenden klare Ziele erarbeiten können. Sie brauchen Ideen und gutes Material. Sie müssen den Lernprozess der Gruppen und der einzelnen Schülerinnen und Schüler stets verfolgen und genau beobachten. Sie müssen zum Durchhalten ermutigen und Denkanstöße geben. Sie müssen Hilfen geben und den Lernerfolg evaluieren und dabei stets die unterschiedlichen Bedürfnisse ihrer heterogenen Schülerschaft im Auge behalten. Es erscheint dem Inspektionsteam außerordentlich wichtig, dass die Schulen in einer kontinuierlichen pädagogischen Diskussion bleiben. (Educational Inspection 2004, S. 31f.)

Die große Selbstständigkeit der Schulen und die von Kommune zu Kommune unterschiedlichen bildungspolitischen Ambitionen haben auch zu Problemen geführt. Dazu zählt in einigen Schulen eine Reduzierung des Fächerangebots. Die Inspektion beklagt eine zu starke Fokussierung insbesondere lernschwächerer Schüler und Schülerinnen auf Schwedisch, Mathematik und Englisch.

Eines aber scheint den schwedischen Schulen in hohem Maße gelungen zu sein:

In 34 Kommunen mit insgesamt 846 Gesamtschulen und Gymnasien stellte die Inspektion 2004 eine „überwältigend gute Lernatmosphäre" fest, geprägt von gegenseitigem Vertrauen, Respekt und Sicherheit. Dies erscheint als sehr solides Fundament für eine Weiterentwicklung, die den Bedürfnissen jedes einzelnen Lerners noch mehr Rechnung trägt.

Literatur

Block, Peter: The answer to How is Yes – Acting on what matters, San Francisco 2002.

Blossing, Ulf: Von der Elterninformation zum individuellen Entwicklungsplan, Pädagogik 9/06.

Democracy and Fundamental Values, www.skolverket.se.

Dimenäs, Jörgen et al.: Our Children – How can they succeed in school? Jyväskylä 2006.

Educational Inspection 2004 – Summary of inspection results, Stockholm 2006, www.skolverket.se.

Equity in Education – Thematic Review: Sweden – country note 2005, OECD.

Ekholm, Mats: Bildung und Lernen in Schweden, Vortrag in der Akademie Mont-Cernis, Herne 10.10.2003.

Norlin, Sture/Norlin, Stina: „Individualized Learning in Theorie und Praxis aus schwedischer Perspektive" in: Bildungsforschung Bd. 21, Bonn, Berlin 2008.

Höhmann,K./Luhtala, M.: Bericht über Schulbesuche in Schweden 2004 im Rahmen des EU-MAIL–Projektes; www.eu-mail.info/results.

Kähkönen, K./Bradshaw, L.: Bericht über Schulbesuche in Schweden2004 im Rahmen des EU-MAIL–Projektes; www.eu-mail.info/results.

Lindstrand, A/Frowein, M: Bericht über Schulbesuche in Schweden 2004 im Rahmen des EU-MAIL–Projektes; www.eu-mail.info/results.

McIntosh, J./Wennevold, St.: Bericht über Schulbesuche in Schweden 2004 im Rahmen des EU-MAIL–Projektes; www.eu-mail.info/results.

Denkpause

Individueller Lernentwicklungsplan: Lehrerin, Mutter und Schülerin im Gespräch.

Nordrhein-Westfalen: Lehrerinnen und Lehrer gestalten Lernprozesse

Heide Koehler

Lehrergesteuerte Lernprozesse

Die Berichte und Stellungnahmen der Besucher aus den nordischen Ländern und England in vier Gesamtschulen in NRW im Januar 2005 machen deutlich, wie sehr das deutsche Schulsystem immer noch von der Idee beherrscht wird, dass Lehren und Lernen in homogenen Gruppen der Weg zum Erfolg ist. Das gilt in der Wahrnehmung der Beobachter eben auch für Gesamtschulen, solange sie „gute" und „schlechte" Lerner in Erweiterungs- und Grundkurse einteilen. Wie sich in den Interviews zeigte, wünschen sich auch in dieser Schulform eine Vielzahl der Lehrerinnen und Lehrer eine Verringerung der Heterogenität. Auf Grund eigener Schulerfahrung und ihrer Ausbildung glauben sie, dass man am besten lernt, wenn die Gruppe möglichst homogen ist.

Evident wurde zugleich auch ein anderer deutlicher Unterschied zu den Partnerländern: Während dort Arbeiten und Austausch im Team selbstverständlich sind, verstehen sich Lehrerinnen und Lehrer hier als Einzelkämpfer. Von der Unterrichtsvorbereitung bis zur Beratung und Bewertung fühlen sie sich allein gelassen und überlastet. Und noch ein anderer Akzent wird deutlich: wo insbesondere in den nordischen Ländern im Zentrum des Lehrens und Lernens die einzelne Schülerpersönlichkeit steht, geben hier immer noch fachliches Lernen und die für alle gleichermaßen verbindliche Zielerreichung im Unterricht den Weg vor. Inwieweit diese Methode individuelle Lernfortschritte zu befördern vermag, wurde allerdings in Frage gestellt. Überspitzt formuliert zeichnet sich in den Berichten der Partner das Bild von Lehrerinnen und Lehrern ab, die in isolierter individueller Anstrengung mit ihren Lerngruppen fachliche Lernziele im Gleichschritt anstreben.

Aber immerhin zeigen die Berichte der Beobachter für die Gesamtschulen durchaus positive Elemente auf dem Weg zu individualisierendem Lehren auf, wenn auch noch keinen wirklich produktiven Umgang mit Heterogenität.

Darzustellen ist daher, was von unseren Partnern – mit Einschränkungen – gut geheißen wird, begleitet von dem Aspekt: *Wo gibt es Stärken, die weiterentwickelt werden sollten?*

Arbeitsbedingungen in den besuchten Schulen

Klassenräume

Den Besuchern erschienen die Klassenräume in den vier Gesamtschulen für die 30er Klassengrößen zu klein. Sie stellten aber positiv fest, dass häufig zusätzliche Lernorte wie Bibliothek oder Selbstlernzentrum und sogar Flure einbezogen werden, um dort kleine Lerngruppen während der Unterrichtszeit oder in Pausen arbeiten zu lassen.

Außerordentlich positiv bewertet wird das Arrangement von stabilen Vierereinheiten an entsprechenden Tischgruppen. Die Zusammensetzung von heterogenen Kleingruppen über einen längeren Zeitraum wurde als Anregung aufgenommen. Dabei setzten die Besucher allerdings voraus, dass diese in allen Fächern als Arbeitsbasis genutzt werden. Häufig fanden die Besucher aber Tischordnungen in Reihen oder L-Form vor, die ihres Erachtens Gruppenarbeit unmöglich machen.

An den einzelnen Schulen erlebten sie unterschiedliche Nutzungschancen der neuen Technologien im Unterricht. Die Spannbreite reichte von sogenannten Laptop-Klassen bis zu einer mangelhaften Ausstattung mit modernen Rechnern.

Klassengröße

Die Partner aus den Ländern der Projektteilnehmer kritisierten übereinstimmend die Größe der Klassen mit 30 Schülerinnen und Schülern und darüber hinaus den hohen Anteil von Kindern unterschiedlicher ethnischer Herkunft. (An einer Schule waren insgesamt 29 Nationalitäten vertreten.) Sie stellten mit Nachdruck fest, dass die Klassengröße 25 Teilnehmer nicht überschreiten sollte, wenn Individualisierung und Binnendifferenzierung ermöglicht werden sollen.

> **Nur in einer Klasse bis maximal 25 Lernern**
> **kann man wirklich individualisieren und differenzieren.**

Multikulturelle Vielfalt

Die multikulturelle Schülerschaft wurde als eine große Herausforderung für die Lehrerinnen und Lehrer erkannt, zumal viele Kinder mit ausländischer Herkunft unzureichende Deutschkenntnisse im Lesen und Schreiben haben.

Eine individuelle Förderung erachteten sie unter diesen Umständen als besonders schwierig und kaum durchführbar. Ihrer Meinung nach verfügten die Schulen nicht über genügend Ressourcen, um mit der komplexen Vielfalt an kulturell bedingten Unterschieden und divergierenden sprachlichen Fähigkeiten fertig zu werden. Insbesondere fehlten ihres Erachtens hier begleitende und unterstützende Personen und mehr Sonderpädagoginnen oder Sonderpädagogen.

> „Wie schafft man es, sich zu bilden und sich der Gesellschaft anzupassen, wenn man kein Sprachbewusstsein hat?"

Einige von ihnen hätten zumindest Zusatzunterricht in der deutschen Sprache nach dem Unterricht oder ergänzende Lehr- und Nachschlagewerke für Migranten mit sprachlichen Problemen erwartet. Für eine finnische Kollegin war es unverständlich, wie man es schaffen soll, sich zu bilden und sich in die Gesellschaft zu integrieren, wenn man kein Sprachbewusstsein hat.

Schulklima

Die Besucherteams hoben demgegenüber umso mehr die deutlich spürbare Akzeptanz und gegenseitige Unterstützung der Schüler und Schülerinnen untereinander als „herausragendes Merkmal" hervor, da diese hohe soziale Kompetenz den Unterricht in heterogenen Gruppen erleichtere.

Die Förderung dieser Solidarität und Verantwortung für das soziale Leben sehen sie angelegt in der Praxis, dass ältere jüngeren Mitschülerinnen und Mitschülern helfen, Konflikte zu lösen (z.b. Patenmodell, Streitschlichter, Schulsanitäter, Nachhilfe, Mittagsangebote) und in der gemeinsam getragenen Verantwortung für die Einhaltung der Regeln im Umgang miteinander (Schulordnung, Ordnungsdienste). Sie waren beeindruckt von den in nahezu allen Klassen ausgehängten Postern mit selbst formulierten Verhaltensregeln im Unterricht.

In diesem Zusammenhang wird der vorbildgebende freundliche und respektvolle Umgang der Lehrkräfte mit den Schülerinnen und Schülern im Unterricht und in den Pausen angeführt: *„Sie behandeln die Kinder mit Höflichkeit, haben aber hohe Erwartungen an das Verhalten".*[1]

Betont wird in dieser Hinsicht auch die hohe Präsenz von Eltern im Ganztagsbereich, deren freiwillige Mitarbeit sowohl als praktische Unterstützung wie als inhaltliche Bereicherung erachtet wird. Die Interviews mit den Schülerinnen und Schülern zeigten ihnen, dass diese wissen und schätzen, dass ihnen dadurch mehr Aktivitätsgelegenheiten zur Verfügung stehen. Die Eltern ermöglichen ihnen in Arbeitsstunden, Arbeitsgemeinschaften und Pau-

---

1 Beobachter aus GB und SE.

senbereichen außerdem Kontakte auf persönlicher Ebene. Wie die Lehrerinnen und Lehrer geben sie den Schülerinnen und Schülern das Gefühl, dass sie ernst genommen und mit Respekt behandelt werden.

Die Schülerinnen und Schüler waren für die Beobachter erkennbar glücklich an ihren Schulen, weil sie dort ihre Freunde haben, ohne Druck lernen können und zumeist stolz darauf sind, eine Gesamtschule zu besuchen. Das gute Verhältnis untereinander und das zu den Lehrerinnen und Lehrern hat ihres Erachtens einen sehr positiven Einfluss auf das Lernen.

> **Alle befragten Lehrerinnen und Lehrer betrachteten das gute Klima im Klassenraum als ein wesentliches Element effektiven Lernens.**

Unterricht

Im Unterricht wurden immer wieder – nicht nur in Gruppenarbeitsphasen – viele Beispiele für gute Zusammenarbeit und gemeinsames Voneinander-Lernen beobachtet. In den Berichten wird betont, dass die Schülerinnen und Schüler bestrebt waren, an allen Lernaktivitäten teilzunehmen und *„begeistert Fragen beantworten wollten im Vertrauen, dass eine falsche Antwort nicht zu Kritik führen würde.“*[2]

„Wenn sie eine Aufgabe erhielten, begannen sie sofort, die Aufgabe zu bearbeiten. Sie verhandelten, übernahmen verschiedene Rollen, teilten ihre Aufgabe in kleinere Unteraufgaben ein, unterstützten einander und zeigten gleichzeitig sowohl Disziplin als auch Engagement.[3]

Die Besucher hatten den Eindruck, dass die Schülerinnen und Schüler diese Art des Lernens gewohnt waren und ihre Arbeit gegenseitig konstruktiv bewerten konnten. Vor allem aus dem alltäglichen Leben kommende Aufgaben motivierten sie.

Die Gäste erfuhren, dass Gruppen und Paare bewusst aus Partnern mit unterschiedlichen Fähigkeiten gebildet werden und mindestens ein Gruppenmitglied in der Lage sein sollte, die anderen zu unterstützen, ohne aber deren Aufgabe zu übernehmen. Die gut eingeübte Gruppenarbeit in stabilen Kleingruppen als Mittel zum Umgang mit Heterogenität beeindruckte die Besucher. Dieses Helfersystem wird einerseits positiv bewertet, weil die Lernenden sich offensichtlich gegenseitig Verantwortung je nach Befähigung geben und die Rückmeldung durch Mitschüler sie inspiriert.[4]

Andererseits wird dieses Vorgehen aber auch kritisiert. Vor allem die englischen Gäste meinten, dass die Lehrenden diesem Aspekt zu viel Ver-

---

2   Beobachterin aus GB und SE.
3   Beobachterin aus GB.
4   NO und FI.

trauen schenkten und glaubten, damit einen Beitrag zu individualisierendem Lernen in ihrer heterogenen Gruppe zu leisten.

In der häufig angewandten Teamarbeit durch Gruppen oder Paare in verschiedenen Fächern sahen die Beobachterinnen und Beobachter übereinstimmend, dass sich dadurch den Lehrerinnen und Lehrern die Chance eröffnet, zu beobachten, wie die Einzelnen mit der Aufgabe fertig werden. So finden sie auch Gelegenheit, sich Teilgruppen oder Einzelnen zuzuwenden und ihnen „nahe zu sein". Angesichts der Klassenstärken schien ihnen dies ein wichtiger Aspekt zu sein.

Negativ fiel den Beobachtern auf, dass die Kolleginnen und Kollegen Teamarbeit in ihren Klassen zwar schätzen und fördern, selbst aber in ihren Fächern kaum zusammenarbeiten und sich wenig Zeit nehmen, um über gemeinsam unterrichtete Schüler und Schülerinnen zu sprechen. Nicht verstehen konnten sie ebenfalls, dass die Fachlehrerteams keinen regelmäßigen Austausch von Materialien und Büchern pflegen.

> Im Gleichschritt marsch zum angestrebten Lehrziel.

Allerdings bescheinigten die internationalen Partner ihren deutschen Kolleginnen und Kollegen eine besonders hohe fachliche und methodische Kompetenz, bemängelten aber einen offensichtlich standardisierten Stundenablauf, in dem zuweilen den Aufgaben für die gesamte Klasse der Herausforderungscharakter fehle. Die Lernziele des Unterrichts waren den Schülerinnen und Schülern selten transparent. Besonders kritisierten sie, dass die Lerner daher ihren Lernweg nur selten und in geringem Maße mitbestimmen können. Zeit, um Probleme zu durchdenken, wurde ihres Erachtens nur selten gegeben. Explizit vermissten sie ein Vorausschauen auf die Ziele des Unterrichts. Gerade aus Sicht der skandinavischen Partner haben die deutschen Schülerinnen und Schüler zu wenig Möglichkeit zu Eigeninitiative im Unterricht, geschweige denn zur Mitgestaltung des Unterrichtsverlaufs. In den Partnerländern geht es darum, die Lernenden im gemeinsamen Prozess ernst zu nehmen und diese gemeinsame Verantwortung für erfolgreiche Lernfortschritte auch einzufordern. Ebenso meinten die englischen Partner, dass die Einzelnen deutlich stärker durch individuelle Aufgabenstellungen gefordert werden müssten statt im Gleichschritt mit den Mitschülerinnen und Mitschülern nivellierte Lernergebnisse anzusteuern.

Was alle vermissten, war eine Differenzierung durch Materialien oder unterschiedliche Zielsetzungen. Allein durch unterschiedliche Fragestellungen werde eine „gewisse Differenzierung" angestrebt. Aber eine konsequente Individualisierung durch zur Verfügung stehende Mittel wie unterschiedliche Lehrbücher oder Arbeitsmaterialien konnten sie nicht feststellen.

Kritisch merkten sie an, dass die Lehrkräfte mehrheitlich dazu neigen, Fehler laufend zu verbessern oder Fehlverhalten ständig zu reglementieren.

Selten sahen sie dagegen, dass Einzelne präzise Hinweise von der Lehrkraft erhielten, wie sie sich verbessern könnten.

Allerdings trafen sie auch auf Lehrkräfte, die durch freundliche und humorvolle Rückmeldungen Schülerinnen und Schüler bei unzureichenden Äußerungen „auffingen". Diese aktive Einstellung der Unterrichtenden, den Bedürfnissen der Schülerinnen und Schüler gerecht zu werden, bewerteten sie einerseits positiv, weil sie ihnen so das Gefühl vermittelten, von ihnen ernst genommen zu werden. Andererseits sahen sie darin aber auch einen Grund für den von den Lehrkräften geäußerten Stressfaktor im Umgang mit Heterogenität. Den Beobachterinnen und Beobachtern wurde klar, dass die Lehrkräfte jede Aufgabe mit dem Ziel verbinden, dass alle Schüler und Schülerinnen möglichst annähernd gleiche Ergebnisse erreichen. Selbst mit Langzeitaufgaben oder Projekten, die von ihnen als Maßnahmen zur „Binnendifferenzierung" angeführt wurden, verfolgten sie diese Erwartung.

Unterrichtsmethoden

Hinsichtlich der Unterrichtsmethoden stellten die Besucherteams übereinstimmend fest, dass in allen besuchten Schulen kooperative Lernformen in unterschiedlicher Ausprägung praktiziert werden. Dies könne jedoch nicht darüber hinweg täuschen, dass insgesamt eher lehrerzentrierter Frontalunterricht stattfindet, in dem der Lehrer alles bestimmt, was im Unterricht zu geschehen hat. Der Einsatz kooperativer Methoden mit vom Lehrenden vorgegebenen Inhalten und Teilaufgaben entspreche noch nicht den Vorstellungen wirklich individueller Förderung.

Arbeitsstunden

Die Beobachterteams stellten die Arbeitsstunden als ein besonders gutes Beispiel für individualisiertes Lernen heraus. Über die Tatsache hinaus, dass die Schülerinnen und Schüler ihre Aufgaben während des Schultags in der Schule erledigen können, wird von ihnen einheitlich diese Einrichtung als solche positiv bewertet.

> Arbeitsstunden
> Beaufsichtigte Aufgabenzeit:
> 2-3 Stunden pro Woche je
> nach Schule oder Jahrgang

Sie bemerkten lobend, wie intensiv einzeln oder in Paaren in verschiedenen Teilen des Klassenraumes und außerhalb des Klassenraumes mit minimaler

Aufsicht selbstständig gearbeitet wurde – aber bei Bedarf auch individuelle Hilfestellungen von den Lehrkräften gegeben wurden.

Umgang mit Heterogenität

Auch in den Interviews mit den Lehrerinnen und Lehrern widmeten die Projektpartner ihre besondere Aufmerksamkeit dem Umgang mit Heterogenität. Ihnen fiel auf, dass neben intellektuellen Fähigkeiten häufig Anpassung und Wohlverhalten eine vorrangige Rolle in der Beurteilung der Schülerinnen und Schüler zu spielen scheint. Vor allem den englischen Gästen, für die die Erhebung aller Leistungsdaten eines Schülers die Norm ist, war es unverständlich, dass es keine verbindliche Darlegung der Lernvoraussetzungen und Lernergebnisse gibt. Aber auch die Kolleginnen und Kollegen aus den nordischen Ländern monierten die mangelnden Detailkenntnisse der Lehrerinnen und Lehrer über die Lernstände der von ihnen zu unterrichtenden Kinder. Bestenfalls Klassenleiterinnen und -leiter schienen über ihre Schüler und deren Lernvoraussetzungen informiert zu sein. Aber auch für sie schien der Umgang mit Verhaltensproblemen wichtiger zu sein als das Eingehen auf unterschiedliche Leistungsvoraussetzungen. Insgesamt konnten die Lehrerinnen und Lehrer kaum Wege und Möglichkeiten des individualisierenden Lehrens benennen oder gaben an, dass dieses in ihren großen Klassen schwer sei und sie dafür keine Zeit hätten. Häufig verwiesen sie auf die Gruppenarbeit in heterogener Zusammensetzung, auf differenzierte Aufgabenstellungen oder Zusatzaufgaben für Lernstärkere. Alle schienen davon überzeugt zu sein, mit besonderen zusätzlichen Angeboten in Form von Förderunterricht den unterschiedlichen Bedürfnissen der Lernenden gerecht zu werden.

Die Partner stellten mit Unverständnis fest, dass die Mehrzahl der interviewten Lehrkräfte davon überzeugt zu sein schien, Lehren und Lernen sei besonders erfolgreich in homogenen Lerngruppen. Angesichts des Projektzieles war dies Anlass für eine intensive Diskussion am Ende des fünftägigen Austausches. Den ausländischen Teilnehmern war deutlich geworden, dass ihre deutschen Kolleginnen und Kollegen vornehmlich davon ausgingen, ihre Unterrichtsgruppen – ob Klasse oder Fachleistungsgruppe – müssten gemeinschaftlich und gleichzeitig das von ihnen vorgegebene Stundenziel erreichen. Es war ihnen kaum zu erklären, dass diese Einstellung auf einer tradierten schulformbezogenen Lehrerausbildung und dem Glauben beruht, dass Unterricht umso erfolgreicher ist, je ähnlicher sich die Lernenden in ihren Fähigkeiten und Begabungen sind. Während die englischen Kollegen vorübergehend ähnliche Prinzipien verfolgten, widersprachen unsere nordischen Partner dieser Einstellung. Sie haben seit langem jegliche äußere Fachleistungsdifferenzierung abgeschafft und die Wertschätzung individueller Unterschiede zum Zentrum des Lehrens und Lernens erhoben. Auf diese Weise glauben sie, den Anspruch auf Chancengleichheit für alle zu gewährleisten. Dadurch unterscheidet sich ihre förderliche Begleitung individueller Lernprozesse von der in England und ebenso von der in nordrhein-westfälischen Gesamtschulen. Die Grundannahme, dass Jede und Jeder etwas kann und erfolgreich lernen will, bewirkt in Finnland, Norwegen und Schweden die Anerkennung der Heterogenität und der Vielfalt in der Gemeinsamkeit. Das erklärte Ziel ist dort die Wertschätzung und individuelle Förderung der Potenziale und Interessen im Lernprozess jeder einzelnen Schülerpersönlichkeit. Ihr gemeinsames Ziel ist das selbstgesteuerte und eigenverantwortliche Lernen jedes einzeln Kindes und Jugendlichen. Damit rückt der Blick auf das einzelne Kind und nicht die Fachlichkeit in das Zentrum ihres Denkens und Handelns. Vor diesem Hintergrund brandmarkten die nordischen Partner die selektive Zuordnung der Schülerinnen und Schüler zu Schulformen, die einem überkommenen Ständedenken und plakativen Homogenitätsideal entspringen. Dieser Aspekt kulminierte schließlich in der gemeinsamen Feststellung: Da in der Schule folgenreiche Eingriffe in das Leben und die Lebensplanung der Kinder und Jugendlichen stattfinden, müsse die Beurteilungs- und Reflektionskompetenz der Lehrer und Lehrerinnen besonders hoch entwickelt sein. Bildungsentscheidungen dürfen ihres Erachtens nicht von der sozialen Herkunft bestimmt oder der Willkür von Vorurteilen überlassen bleiben.

Unsere Partner bemängelten aber gerade in dieser Hinsicht die Lehrerausbildung. Von Pädagogen erwarten sie, dass sie alltägliches und wissenschaftliches Wissen in den Schulen so in Beziehung zu den Interessen und

Bedürfnissen der Schülerinnen und Schüler setzen, dass es von diesen produktiv angeeignet und weiterentwickelt werden kann.[5]

Für derartige Aufgaben sollten Lehrerinnen und Lehrer pädagogische Experten sein. Wichtig war unseren Beraterinnen aus den Partnerländern, dass Lehrerinnen und Lehrer über die Fähigkeit verfügen, das soziokulturelle Umfeld der Schulen sensibel einschätzen zu können und auf Störungen und Veränderungen sensibel zu reagieren.

---

5   vgl. Jorma Ojala; Educational reconstruction model; Jyväskylä (FI), 2004.

Leistungsbewertung

Die Leistungsbewertung wurde als zu subjektiv erachtet. Wegen fehlender vereinbarter Standards konnten die Beobachter keine Grundlinie als Basis für die Messung von Fortschritten erkennen. „Noten konnten bei verschiedenen Lehrern unterschiedliche Bedeutung haben."[6] Hier würden sich insbesondere die nordischen Partner mehr Austausch, kommunikatives Feedback und die Praxis der Selbstbeurteilung wünschen. Ihnen fiel auf, dass die mündlichen und schriftlichen Rückmeldungen an die Schülerinnen und Schüler zu wenig personenbezogen sind.[7] Allerdings empfanden einige von ihnen es als ein Zeichen besonderer Fürsorge und Verantwortung, dass einzelne Lehrkräfte ihren Bewertungen durch Zensuren individuelle Kommentare hinzufügten.

Was können wir von unseren Partnern lernen?

Erfolgreiche Ansätze zur Individualisierung

Die Interviews und insbesondere der intensive Austausch haben gezeigt, dass die Gesamtschulen auf dem richtigen Weg sind. Sie werden sich mehr und mehr der Notwendigkeit bewusst, ihre Schülerschaft nur durch individualisierendes Lehren und individualisiertes Lernen erreichen und fördern zu können. So hatten die Besucher als besonders effektive Ansätze auf dem Weg zu mehr Individualisierung folgende Maßnahmen entdeckt:

- Das „Drehtür-Modell", das besonders Begabten ermöglicht, früher mit einer zweiten Fremdsprache im nächsthöheren Jahrgang zu beginnen oder außerhalb des Klassenverbandes – z.B. in der Bibliothek – an einem selbst gewählten Thema zu arbeiten, um es später der Klasse, den Eltern oder dem Jahrgang zu präsentieren.
- Förderung und Forderung von schwächeren wie stärkeren Lernern in eigens für sie eingerichteten mindestens halbjährlichen Kursen außerhalb des Unterrichts.
- „Lernen lernen" in Arbeitsstunden oder Freiarbeitsstunden (alternative Regelungen der Schulen) und als Training in zeitlich begrenzten Kursen.

Die Projektpartner rieten eindringlich – über solche speziell ausgewiesenen Projekte hinaus – vor allem im „normalen" Unterrichtsgeschehen gezielter auf die individuellen Bedürfnisse der Schülerinnen und Schüler einzugehen.

---

6   John Grue (GB).
7   GB und SE.

Das bedeutet zugleich, ihnen Gelegenheit zur Partizipation zu geben, d.h. Teil zu haben an der Unterrichtsplanung und das Unterrichtsgeschehen aktiv und mitgestaltend zu beeinflussen. Das schließt ein, häufiger anspruchsvolle Aufgaben zu stellen, um die Herausforderungen für die Einzelnen zu steigern.

Begleitend ist es notwendig, die Kinder und Jugendlichen zu befähigen, selbstständige und selbsttätige Lerner werden. Die Erfahrungen aus den nordischen Ländern machen uns deutlich, wie lernförderlich es ist, wenn Schülerinnen und Schüler selbstständig und selbstkritisch eigene Lernziele setzen.

Unterrichtsformen, in denen die Schülerinnen und Schüler stärker eigenständig nach eigener Zeiteinteilung arbeiten, erfordert auf Seiten der Lehrerinnen und Lehrer allerdings eine positive Erwartungshaltung im Sinne Jorma Ojalas, dass Kinder lernen wollen.[8]

Unterricht muss die Heterogenität akzeptieren und didaktisch darauf reagieren.

Aber die Lehrerinnen und Lehrer vermissen Raum und Zeit, ihren Unterricht entsprechend zu entwickeln. Sie haben dies in ihrer fachbetonten Ausbildung nicht gelernt und vor der Weiterbildung im Beruf sind sie zunächst zur Abdeckung ihres Unterrichts verpflichtet. In den nordischen Ländern dagegen besteht eine Verpflichtung zur regelmäßigen mehrtägigen Fortbildung. Außerdem verfügen sie über schulische Präsenzen, in denen sie sich durch Austausch und Kooperation im Team unterstützen. Sie pflegen einen schülerbezogenen Datenaustausch zur Erhebung der individuellen Lernvoraussetzungen und als gemeinsame Grundlage zur Lernberatung.

Eine Veränderung hin zu einem individualisierenden Unterricht macht eine grundlegende Unterrichtsentwicklung notwendig. Gerade in einer solchen aufwendigen Umstellungsphase würde ein systematischer Austausch von fachlichen Materialien und Methoden unter Kolleginnen und Kollegen sehr hilfreich sein. Ganz sicher braucht sie aber eine Unterrichtsentwicklung, die die Heterogenität der Lerngruppen ernst nimmt.

Literatur

www.eu-mail.info: Reports on Germany
Sue Gardiner (U.K.), Hans Johansson (SW)
Ranghild Andresen (NO), Joana Uksulainen (FI)
Torrun Meyer Melin (NO), Pirkko Pollari (FI)
Jorgen Dimenas (SW), John Grue (UK)

---

8   Jorma Ojala im Interview anlässlich des Projektbesuches in Jyväskylä, 2004

Praxis konkret

Die Lernenden im Zentrum des Lehrens und Lernens

Heide Koehler

In Finnland, Norwegen und Schweden stehen nicht die Lehrplananforderung der Fächer, sondern die Förderung des Individuums im Mittelpunkt. Das erklärte Ziel ist die Wertschätzung und Förderung der Potenziale und Interessen jeder Schülerpersönlichkeit. Damit rückt der Blick auf das einzelne Kind und nicht die Fachlichkeit in das Zentrum des Denkens und Handelns der Lehrenden. Das Kind wird als lernende Persönlichkeit anerkannt, die bereits etwas gelernt hat und zu weiteren Lernleistungen fähig ist.

> Wir unterrichten Schüler – nicht Fächer

Aufgabe der Lehrenden ist es, diesen Lernzuwachs zu fördern und konstruktiv mit Leistungsunterschieden umzugehen. Das verlangt individuelle Lernwege und schließt Ermutigung, einfühlsame Beratung und Lernunterstützung ein.

> Die Entwicklung von Wissen ist ein *individueller* Prozess, in dem die *Persönlichkeit* und die *Erfahrung* jedes einzelnen Lernenden den natürlichen Ausgangspunkt für kontinuierliches Lernen bilden. (Sture Norlin, Schweden, www.schoolvision.se)

Den nordischen Ländern gemeinsam ist der Konsens, dass die Entwicklung von Wissen ein individueller Prozess ist, der sich entsprechend der Persönlichkeit und Vorerfahrung des einzelnen Kindes in seiner individuellen Lernumwelt weiterentwickelt. Schulisches Lernen ist in ihrem Sinn kein Selbstzweck und auch nicht nur Vorbereitung für Ausbildung oder Studium, sondern es soll helfen, dass Jugendliche zunehmend selbstständig und selbstverantwortlich die Aufgaben, die ihnen das Leben stellt, erkennen, annehmen und zuversichtlich zu lösen suchen. Das selbstständige Arbeiten, die Fähigkeit, für den eigenen Lernweg Verantwortung zu übernehmen und ihn zu reflektieren, sind wichtige Ziele von Anfang an. Das finnische Curriculum schreibt vor, alle Faktoren auszuschalten, die den Lernprozess der Schüler behindern oder begrenzen. Zu-

gleich legt es grundsätzlich fest, dass die Unterrichtenden die Schülerin oder
den Schüler verstehen müssen, nicht die Lernenden die Lehrerin oder den Lehrer. Als ihre wichtigste Aufgabe bezeichnen norwegische Lehrer, das Selbstwertgefühl ihrer Schüler und Schülerinnen zu stärken. Das schwedische Curriculum sagt darüber hinaus: „ Es reicht nicht aus, dass der Unterricht das Wissen über grundlegende demokratische Werte vermittelt. Er muss auch mit demokratischen Arbeitsmethoden durchgeführt werden und die Schülerinnen und
Schüler darauf vorbereiten, persönliche Verantwortung für ihr Tun und Lassen
zu übernehmen" (www.skolverket.se).

Schulische Erziehung und Bildung werden verstanden als „geteilte Verantwortung": Die Schule garantiert den lernförderlichen Rahmen, die Lernenden gestalten innerhalb dessen ihren Lernweg eigenverantwortlich.

Die in diesen Ländern eingesetzten Instrumente zur Begleitung der Lernwege können uns in Deutschland hilfreiche Anregungen für die Entwicklung
einer professionellen Unterstützung des Lernens geben. In allen drei Ländern
bildet die Partizipation der Lernenden die Grundlage der Lernberatung. Ihre
Mitarbeit wird ernst genommen, aber auch eingefordert.

Schülerselbsteinschätzung

Für eigenverantwortliches Lernen und Arbeiten ist die Entwicklung der
Selbsteinschätzungskompetenz unerlässlich. Die drei Länder legen großen
Wert darauf, dass die Kinder von klein auf sich selbst einzuschätzen und ihre
Lernprozesse zu dokumentieren lernen. Bereits in der Vorschule lernen sie zu
„erläutern", was sie tun und was sie bereits können. Wichtig ist für die systematische Weiterentwicklung der kognitiven Selbstkontrolle das Gespräch
zwischen dem Kind bzw. dem Jugendlichen und den verantwortlichen Be-
gleitern, um weitere Lernaktivitäten anerkennend anzuregen und Lernprozesse in Gang zu setzen. Dahinter verbirgt sich die Erkenntnis, dass Kinder mehr
lernen, wenn sie sich ihres eigenen Lernens bewusst werden und sich damit
auseinandersetzen. Der Austausch fördert die Reflexion über eigenes Denken
und Handeln, was wesentlich für erfolgreiches Lernen ist. Hauptziel der
Selbsteinschätzung ist es, den eigenen Lernzuwachs zu diagnostizieren, um
sach- und ichbezogen vergleichen und weiterlernen zu können. Die Leitfra-
gen sind deshalb:

- In wieweit ist es mir gelungen, das zu lernen, was ich mir vorgenommen
  hatte?
- Wie sicher beherrsche ich das neu erworbene Wissen?
- Wo habe ich Stärken oder Schwächen?

Dies bedarf selbstverständlich einer gezielten Begleitung. Grundlage sind neben der Einübung einer differenzierten Selbstwahrnehmung klare Zielvereinbarungen zwischen Lehrenden und Lernenden. In den nordischen Ländern geschieht dies in dem halbjährlich stattfindenden Eltern-Schüler-Lehrer-Gespräch. Dem kann sich ein Lernvertrag oder Förderplan anschließen; beide werden im weiteren Verlauf dargestellt. Voraussetzung für eine Selbsteinschätzung ist eine Lernumgebung, die eine offene Kommunikation ermöglicht und fördert. Dazu gehört als eine wichtige Voraussetzung, dass die Lehrenden ihre Lernziele offen legen und die begleitenden Kriterien und Standards mit den Schülerinnen und Schülern vereinbaren. Aufgabenstellungen müssen attraktiv sein und auf Anwendung des Gelernten zielen, vor allem aber das Zutrauen wecken, lösbar zu sein. Entscheidend auf Seiten der Lehrerinnen und Lehrer ist eine positive Leistungserwartung und die Bereitschaft unterschiedliche Arbeitsergebnisse zu akzeptieren und individuell zu honorieren.

PISA-Erfahrungen zeigen, dass Schülerselbsteinschätzung sich positiv auf den Lerneifer und den Lernerfolg auswirkt. Die Wahrnehmung, ernst genommener Partner in der Bewertung der erbrachten Leistungen zu sein, stärkt das Selbstwertgefühl und die lernwirksame Handlungskompetenz. Dies macht die Basis für die Selbstständigkeit und die positive Grundeinstellung der Schülerinnen und Schüler zur Schule in den besuchten Ländern aus.

Die Schülerinnen und Schüler erhalten die Möglichkeit, ihre Selbsteinschätzung in ihrem individuellen Entwicklungsplan, in einem Lerntagebuch oder einem Portfolio offen zu legen. So finden neben Lernergebnissen die Lernprozesse stärkere Beachtung. Schülerinnen und Schüler können die eigenen Fortschritte erkennen und lernen allmählich, Lernbedarfe zu benennen. Zudem lernen die Lehrerinnen und Lehrer auf diese Weise ihre Schüler und Schülerinnen viel besser kennen, was wiederum der individuellen Förderung besonders zugute kommt.

Selbstbewertungsbogen

Es gibt zahlreiche Möglichkeiten, die Reflexion über eigene Kompetenzen und Verhaltensweisen zu fördern. Gezeigt wird hier ein Selbstbewertungsbogen für Schülerinnen und Schüler als Beispiel, der sie dazu anregen soll, über ihre bereits vorhandenen Fähigkeiten nachzudenken.

Aus dem Erleben dessen, was ich kann, entwickelt sich das Vertrauen in die eigenen Fähigkeiten. Die damit einhergehende positive Bestärkung bildet die Grundlage dafür, sich Aufgaben und Herausforderungen mit mehr Zuversicht zu stellen. Der Beratung kommt hier eine wichtige Aufgabe zu: Die persönliche Selbsteinschätzung bildet sich aus der Verarbeitung von eigenen Erfahrungen, aber auch aus Rückmeldungen von anderen. Das konstruktive

Feedback durch Schule und Elternhaus ist eine wichtige – gegebenenfalls korrigierende – Quelle für solche Erfahrungen.

Selbstbewertungsbogen für Schülerinnen und Schüler	immer	meistens	manchmal	fast nie	weiß ich nicht
Name:					
Klasse: Schuljahr:					
Datum					
1.Ich arbeite selbstständig					
2.Ich arbeite ausdauernd und konzentriert					
3.Ich kann gezielt um Unterstützung bitten					
4.Ich helfe anderen					
5. Ich halte die Regeln der Gruppe ein.					
6. Ich führe meine Hefte / Ordner sorgfältig					
7. Ich formuliere Kritik rücksichtsvoll.					
8. Ich kann Kritik annehmen....					
Weitere Anmerkungen:/ Wünsche:					

15-Selbstbewertungsbogen .doc   www.eu-mail.info

Lerntagebücher

Wir kennen in unseren Schulen das Aufgabenheft, in das die Schülerinnen und die Schüler ihre zu erledigenden (Haus-)Aufgaben eintragen. Wird dies Heft zugleich für Mitteilungen und Einladungen an die Erziehungsberechtigten genutzt, verwandelt es sich in ein Mitteilungsheft und wird ein formales Instrument zum Zweck der vereinfachten Kommunikation zwischen Schule und Elternhaus.

Das Lerntagebuch, wie es vor allem in Norwegen und Schweden genutzt und dort auch Logbuch bezeichnet wird, ist demgegenüber ein persönliches Tagebuch. Darin werden nicht nur Aufgaben, Mitteilungen und Termine festgehalten, sondern in erster Linie subjektive Kommentare zu Art, Umfang und Problemen bei der Erledigung der Aufgaben. Die Schülerinnen und Schüler schreiben auf, welche Gefühle, Fragen und Bedenken, Erfolgs- oder Misserfolgserlebnisse ihre Arbeit begleitet haben. Indem sie sich mit ihrem Tun, ihrem Lernen und ihren Gedanken schriftlich auseinandersetzen, reflektieren sie kontinuierlich ihren Lernprozess. Das hilft ihnen, sich über die Lernziele und ihre persönlichen Lernwege klar zu werden und Lernerfolge einschätzen zu lernen.

Es gibt unterschiedliche Ziele und Formen von Lerntagebüchern. Vor allem unterscheiden sie sich in der Anlage. Entweder arbeiten sie im Rahmen vorgegebener Kategorien oder die Eintragungen erfolgen frei in einfachen Heften. Für die Arbeit mit vorgegebenen Fragen und Anregungen seien hier zwei Beispiele angeführt:

Lerntagebuch

Warum soll ein Lerntagebuch geführt werden?
Das Lerntagebuch soll dir helfen, den roten Faden bei deiner selbstständigen Arbeit nicht zu verlieren. Im Lerntagebuch sollst du notieren, welche neuen Inhalte du erarbeitet hast.

Anleitung zur äußeren Form
Am Ende jeder Unterrichtsstunde bzw. noch am gleichen Tag solltest du eine Eintragung machen. Es ist hilfreich, wenn du zwei Farben benutzt. So kannst du neue Inhalte in einer Farbe gestalten und offene Fragen oder Probleme, die du noch hast, oder auch die Planung von weiteren Arbeitsprozessen in einer anderen Farbe gestalten.

Fragestellungen
Bei deinen Eintragungen solltest du versuchen, einige der folgenden Fragestellungen zu berücksichtigen.

1. Inhalte
a)   Was war das Thema der Stunde? Was konntest du lernen? (Vergiss das Datum nicht!)
b)   Wusstest du schon etwas über das Thema?
c)   Wurden neue Begriffe eingeführt?
d)   Ist dir etwas nicht klar geworden? Wenn ja, dann formuliere eine Frage, die du deinen Mitschülern oder deinem Lehrer stellen wirst.
e)   Gab es verschiedene Lösungswege? Hast du andere Ideen zur Lösung gehabt?

2. Planung von Arbeitsprozessen
a)   Versuche, die Aufgabe mit eigenen Worten zu formulieren.
b)   Überlege dir eine Lösungsstrategie.
c)   In welchen Schritten willst du vorgehen?

3. Reflexion deiner Arbeit
a)   Welche Schwierigkeiten sind bei der Lösung aufgetreten?
b)   Warum bist du nicht weiter gekommen? Versuche eine Frage zu formulieren, die du deinen Mitschülern stellen könntest.
c)   An welchen Stellen hast du etwas für dich Neues gelernt?
d)   Bist du mit deiner Arbeit zufrieden?
e)   Hast du dein Arbeitsziel in dieser Stunde erreicht? Wenn nicht, woran lag es?

Beispielseite eines Lerntagebuches

Klasse:_____ Fach:_____ Datum:_____
Gegenstände dieser Unterrichtsstunde – kurze inhaltliche Beschreibung:

_____
_____

Wie wurde gearbeitet?

_____
_____

Was war heute mein Beitrag?

_____
_____

Was war neu und wichtig für mich?

_____
_____

Was davon möchte ich behalten bzw. wieder verwenden?

_____
_____

Was davon kann ich getrost vergessen?

_____
_____

Eine Stimmungsäußerung:

_____
_____

Was plane ich zu tun?

_____
_____

Rückmeldung der Lehrperson (auf der Rückseite eintragen)

Quelle: Lernende Schule 21/ 2003, S. 39

Alle Formen von Lerntagebüchern haben gemeinsam, dass sie den Lernprozess der Lernenden begleiten und unterstützen. Die Lehrerinnen und Lehrer
können Einsicht gewinnen in die individuellen Lern- und Arbeitsweisen ihrer
Schülerinnen und Schüler und daraus Rückschlüsse für ihren Unterricht ziehen, um sich vermehrt auf die Lernmöglichkeiten und Lernwege ihrer Schülerinnen und Schüler einzustellen. Allerdings ist zu bedenken, dass das Lerntagebuch als ein persönliches Tagebuch geführt werden soll. Es ist zunächst
Teil des Dialogs der Verfasser mit sich selbst und kann nur von diesen zur
Grundlage für den Dialog mit der Lehrerin oder dem Lehrer geöffnet werden.
Alle Befürworter betonen aber, dass die Bewertung der Lerntagebücher nicht
in den Vordergrund rücken darf. Es bleibt den Schülerinnen und Schülern
überlassen, was sie eintragen. Vor allem aber entscheiden sie selbst, ob und
wann sie ihrer Lehrerin oder ihrem Lehrer Einblick gewähren und einen Austausch zu ihren Eintragungen wünschen. Auch dann werden weder der
sprachliche Stil und noch die Rechtschreibung korrigiert. Das Lerntagebuch
bleibt ein privates Dokument der Lernwege von Lernenden, auch wenn es
„für die Lehrkräfte eine gute Basis über das Lernen ihrer Schülerinnen und
Schüler sowie über ihren Unterricht" bietet (Sabine Liebig).

Lerntagebücher dürfen m.E. nicht mit Lesetagebüchern verwechselt werden, die zwar neben Pflichtaufgaben auch persönliche Zugänge zu literari-
schen Texten enthalten, aber für eine Einsichtnahme durch Lehrkräfte, Mitschülerinnen und Mitschüler oder Eltern vorgesehen sind. und ggf. zur Leistungsbewertung herangezogen werden können.

Das Portfolio

Das Portfolio ist eine spezielle Form der Selbsteinschätzung. Es enthält eine
Sammlung von Arbeiten, mit denen Engagement, Leistungen, Erkenntnisse
und Entwicklungen in einem oder mehreren Lernbereichen transparent gemacht werden. Arbeiten sind Dokumente aller Art. Das können Tests sein,
Zeichnungen, Aufsätze; es kann sich aber auch um Fotos oder außerhalb der
Schule erhaltene Leistungsurkunden handeln. Während der Sammelordner
die Lernentwicklung dokumentiert, enthält das Präsentationsfolio individuell
ausgewählte Lernergebnisse, die die Einzelnen für bedeutsam erachten und
anderen gerne zeigen möchten. Im besten Fall ist es die Entscheidung jedes
Einzelnen, was wichtig ist, nicht was Lehrende im Rahmen ihrer Planung erwarten. Die Aufgabe der Lernbegleiter besteht darin, begleitendes Feedback
zu geben und Anregungen zur Bearbeitung bereit zu stellen. Was davon in
die Umsetzung eingeht, entscheidet die Autorin oder der Autor. Von nachhal-
tiger Bedeutung ist, dass die Lernenden sich selbstbestimmt erfahren können
und ermutigt werden, den eigenen Fähigkeiten zu vertrauen.

„Damit die Lernenden selbst einschätzen können, wie gut sie die Lernziele erreicht haben, müssen neben den Lernzielen auch die zu erreichenden Standards und die Beurteilungskriterien transparent gemacht werden. Im Idealfall werden sie sogar gemeinsam festgelegt" (Th. Häcker).

Ziel ist die Dokumentation des individuellen Lern-, Leistungs- und Entwicklungsprozesses. Damit ergeben sich mit der Portfolioarbeit neue Perspektiven für die Leistungsbewertung. Durch die Aufzeichnungen der Schülerinnen und Schüler gewinnt der „Lernprozess" an Bedeutung, weil er deutlicher ins Blickfeld gelangt.

Wesentlicher Akzent der Portfolioarbeit ist die Kommunikation. Die Lernenden werden immer wieder veranlasst, sich mit Mitgliedern ihrer Lerngruppe, Lehrenden, Eltern, Experten innerhalb und außerhalb des Unterrichts über Inhalte, den Stand der Arbeit und Möglichkeiten der Weiterarbeit auszutauschen. Ein wichtiger Aspekt des Einsatzes von Portfolios ist die Präsentation im Kreis der Mitschülerinnen und Mitschüler, im Jahrgang, vor der Schulgemeinde oder am Elternabend.

Den Schülerinnen und Schülern hilft die Portfolioarbeit kritisches und vernetztes Denken zu entwickeln, ihre sprachliche Ausdruckskraft zu üben, ihre Kreativität zu entfalten und die Einschätzung der eigenen Arbeit zu schulen.

Dies wird in der Literatur einvernehmlich „als Voraussetzung für die Erhöhung der Eigenverantwortung und Selbststeuerung im Lernen sowie der Selbstbeurteilung der Qualität eigener Leistungen betrachtet" (Th. Häcker). Mit der Steigerung der aktiven eigenverantwortlichen Beteiligung an dem Lehr-Lern-Prozess verbindet sich die Erwartung einer verbesserten Qualität von Lernen und Unterricht.

Möglicherweise lassen sich daraus unter anderem die positiven Pisa-Ergebnisse Schwedens und Finnlands ableiten. Vor allem in Schweden kommt dem Portfolio eine besondere Rolle in der Bilanzierung der Selbsteinschätzung im halbjährlichen Schüler-Eltern-Lehrer-Gespräch zu. Die in den Schuljahren 1-7 individualisierte Form der Leistungsbewertung in Lernberichten wird mit den Eltern im Beisein ihrer Kinder zwei Mal im Jahr besprochen. Grundlage des Gespräches sind die Portfolios der Kinder, die zunächst Sammel- und mit fortschreitendem Alter Fachportfolios sind. Hinzukommt als Grundlage ein Kompetenzraster, in dem gemeinsam mit dem Kind Fertigkeiten und Kenntnisse ermittelt und eingetragen werden (vgl. Länderartikel Schweden). Das Ergebnis wird in einem individuellen Entwicklungsplan festgehalten. Er gibt Auskunft über die individuellen Zielsetzungen und wie diese im Blick auf den Lehrplan erreicht werden können.

Schüler-Eltern-Lehrer-Gespräch

Grundlage der Lernberatung in Schweden ist ein halbjährlich stattfindendes Schüler-Eltern-Lehrer-Gespräch. das mit unserem Schülersprechtag vergleichbar ist. Das Gespräch findet nicht nur im bloßen Beisein der Schülerin oder des Schülers statt. Diese sind vielmehr aktive Gesprächsteilnehmer, die u.a. an Hand ihrer Portfolios den Stand ihres Leistungsprozesses einschätzen und darlegen können. Gemeinsam mit ihren Eltern und der verantwortlichen Lehrperson vereinbaren sie die weiteren anzustrebenden Ziele. Dies könnte bei uns Inhalt eines Schülersprechtages sein. Angelehnt an die nordischen Erfahrungen bietet sich dafür als Grundlage ein Fragebogen an, den die Schülerin bzw. der Schüler mit den Erziehungsberechtigten zu Hause ausfüllt und der Klassenleitung vorab einreicht. Durch diese Information kann das Gespräch zwischen den Beteiligten fundiert verlaufen. Gleichzeitig dient es als Instrument fortwährender Diagnose und Bewertung des individuellen Lernstandes.

Somit gewinnt das häusliche Vorgespräch an Bedeutung. Die Fragestellungen implizieren zudem eine positive Haltung. Besonders hinzuweisen ist auf den Punkt: „Worüber ich noch gerne sprechen möchte". Die Erfahrungen zeigen, dass sich daraus häufig für die Beratung außergewöhnliche Einsichten in die persönliche Situation der Kinder bzw. der Jugendlichen ergeben.

Insbesondere in Beratungsfällen von Schülerinnen und Schülern mit besonderen Stärken (Begabtenförderung) oder Schwächen (Gefährdung) kann eine spezielle Vorbereitung eines solchen Gespräches durch eine zuvor eingeholte Information von den Fachlehrerinnen und Fachlehrern in einem parallel gestalteten Lehrerbogen sinnvoll sein.

Lernberatung meint nicht ein Einschreiten bei Misserfolgen, sondern ist zu verstehen als ein lernunterstützender Dialog zwischen den am Lernprozess beteiligten Personen: Schülerinnen und Schüler, Lehrerinnen und Lehrer und Eltern. In diesem Miteinander geht es darum, die Persönlichkeitsentwicklung zu stärken und das individuell Mögliche herauszufinden. Ausgehend von dem Wissenstand, den Interessen und Fähigkeiten des Lernenden vereinbaren Lehrende und Lernende gemeinsam Ideen für individuelle Lernwege und Lernmethoden, mit denen individuell bestmögliche Lernfortschritte erreichbar werden sollen. Lehrerinnen und Lehrer werden dadurch vor große Herausforderungen gestellt. Einerseits sind sie Wissensvermittler, die an vorgegebene Standards und zu erreichende Ziele gebunden sind. Andererseits gehen sie jeweils eine ganz persönliche Beziehung mit den Lernenden im Sinne einer individuellen Förderung und Beratung.

Individueller Entwicklungsplan

Ergebnis dieses Gespräches ist in Schweden die Evaluation des persönlichen Entwicklungsplanes, der dort seit 2006 Kernstück der individuellen Lernentwicklung ist. In dem Länderartikel zu Schweden wird er ausführlich dargestellt.

Schülerbogen zur Vorbereitung auf ein
Schüler-Eltern-Lehrer-Gespräch

Name:_____ Klasse:_____

1. In welchem Fach/ in welchen Fächern ist mir das Lernen leicht gefallen?
_____
_____

2. Wo /Wann habe ich mich besonders angestrengt?
_____
_____

3. Ich glaube, gut kann ich ....
_____
_____

4. Was ist mir schwer gefallen?
_____
_____

5. Verbessern möchte ich mich in ...
_____
_____

6. Mehr erfahren möchte ich über ...
_____
_____

7. Worüber ich sonst noch gerne sprechen möchte:
_____
_____

Unterschrift: _____ _____ Datum:
                Schüler/in   Erz.Ber

Quelle: Lernende Schule 21/2003, S. 50 Änderungen wurden von Heide Koehler vorgenommen

Einschätzung der Lernentwicklung in Finnland
(s. auch Länderbericht Finnland)

In Finnland schätzen die Schülerinnen und Schüler ab Klasse 7 zweimal jährlich eigenverantwortlich ihre Lernentwicklung mit Pfeilen in einem Plan ein:
⇑ verbessert, ⇒ unverändert, ⇓ verschlechtert. Die Fachlehrer und -lehrerin-
nen setzen anschließend ihre entsprechenden Zeichen ebenfalls in die Tabelle
ein. Bei Abweichungen in positiver oder negativer Weise kommentieren sie
diese. Dies ist die Grundlage der Beratungskonferenz; entsprechend der Bera-
tungsnotwendigkeit erfolgt eine Einladung an ausgewählte Schülerinnen und
Schüler und deren Eltern zur Absprache des weiteren Handlungsbedarfs. Die
sich daraus ergebenden verpflichtenden Handlungspläne verbleiben in der
Schule, die Eltern erhalten aber jeweils eine Kopie.

Dieses Verfahren ist einfach und effektiv. Es setzt voraus, dass die Kinder bereits gelernt haben, sich selbst einzuschätzen. Daher kann das Instrument nur dann auch bei uns übernommen werden, wenn ein Kollegium sich
entschließt, die Schülerinnen und Schüler schrittweise zur Einschätzung der
eigenen Leistung zu befähigen.

Förderplan

Während ein Entwicklungsplan als Instrument der Beratung darauf ausgerichtet
ist, die Schülerinnen und Schüler zu zunehmend selbstständigeren Lernprozessen zu motivieren und anzuhalten, stellt der Förderplan auf Maßnahmen und
Lernarrangements ab, die von dem begleitenden Fachlehrerteam gesteuert werden. Förderpläne schaffen Verbindlichkeiten für die gemeinsame Arbeit des
Förderteams und dienen der Planung entwicklungsspezifischer Förderaspekte.

Förderpläne dokumentieren zugleich den Förderprozess und bilden somit
die Grundlage der Kommunikation zwischen dem Beratungsteam und dem
Lernenden. Ein individueller Förderplan ist grundsätzlich für alle Schülerinnen und Schüler sinnvoll. In Norwegen wird dessen Anlage und halbjährliche
Bearbeitung erwartet und ist fester Bestandteil der Elterngespräche. Angesichts unserer größeren Klassen und der Arbeitsbelastung im Schulalltag bietet er sich zumindest dann an, wenn bestimmte Mädchen oder Jungen ihren
Lehrkräften Sorgen machen oder sich außergewöhnliche Begabungen zeigen,
die systematisch gefördert werden sollen. In jedem Fall müssen auch Förderpläne stärkenorientiert sein. Erfahrungen zeigen, dass in einem Schulversuch
in der Schweiz jene Schüler, deren Stärken gefördert wurden, deutlich bessere Leistungsfortschritte zeigten, als jene, deren Schwächen ins Visier genommen wurden (Müller, 2003).

Für die Arbeit mit dem Lernentwicklungs- oder dem Förderplan hat sich
bewährt, sich jeweils auf wenige Ziele zu einigen und die Maßnahmen sehr

konkret zu formulieren. Bereits bei deren Planung sollte überlegt werden, wie die angestrebten Ziele evaluiert werden können.

Der Entwicklungsplan wie der Förderplan und im besonderen Maße der Lernvertrag enthalten jeweils einen zielführenden Auftrag. Junge Menschen wenden sich eher Anforderungen zu, die sie sich zutrauen. Deshalb ist es wichtig, Ziele zu vereinbaren, die für die Lernenden klar und erreichbar sind. Diese müssen sich durch begleitende Beratung in ihre eigenen Ziele verwandeln, die sie auch tatsächlich erreichen wollen.

In dieser Hinsicht weist Andreas Müller (2006) in seinem Aufsatz „Das Lernen gestaltbar machen" auf die Notwendigkeit einer Zielentwicklung durch Selbsteinschätzung und Selbstkontrolle hin.

„Wer nicht fähig ist oder willens ist, eigene Ziele zu entwickeln, wird sich den Zielen anderer – zum Beispiel der Lehrer – anzupassen haben. Dadurch entstehen Abhängigkeiten, entsteht Macht und Ohnmacht. Lernen soll aber eigentlich von der Abhängigkeit in die Unabhängigkeit führen. Lerner müssen folglich lernen, (schulische) Ziele zu haben. Und sie müssen lernen, ihre Ziele und Vorstellungen zu verbalisieren. Mit der Versprachlichung entwickeln sie ein inneres Bild dessen, was entstehen soll."

Lernvertrag

Eine weiterführende Form der Beratung stellt der Lernvertrag dar. Er bietet sich dann an, wenn Unregelmäßigkeit oder Verweigerung in der Arbeitshaltung vorliegen. Der Lernvertrag kann dazu führen, dass die Schülerin oder der Schüler den eigenen Lernprozess mit einer größeren Selbstverantwortung steuert. Es wird keine einseitige Forderung an die Schülerin oder den Schüler gestellt, vielmehr enthält er auch die Selbstverpflichtung der Lehrperson zur individuellen Unterstützung der Schülerin und des Schülers. Die Erwartungen an die aktive Beteiligung der betroffenen Schülerinnen und Schüler machen noch einmal deutlich, wie wichtig die Schulung der Selbsteinschätzung ist. Der Erwartung an sie als Partner der Vereinbarung geht von deren/dessen) individuellen Möglichkeit aus und beinhaltet von daher eine Ermunterung: „Wir trauen Dir dies zu". Genau wie bei dem Feedback im Fachunterricht erhalten die Lernenden dann eine Chance sich zu verbessern, wenn sie dies als unmittelbare und differenzierte Leistungsrückmeldung erfahren. In Lernentwicklungsgesprächen kommt der Rückmeldung eine überaus wichtige Rolle zu. Auch hier sollte das Feedback schülerbezogen und lernprozessorientiert erfolgen. Da es in der Lernberatung über die Förderung der fachlichen Leistungspotenziale hinaus um die Stärkung der generellen Lernhaltung geht, wird die Rückmeldung vornehmlich die Lernfortschritte in den Blick nehmen. Für die Schülerinnen und Schüler (und deren Eltern) ist es wichtig, dass ihnen der erreichte Lernstand in verständlicher und konstruktiver Weise beschrieben wird. Sie müssen nachvollziehen können, wo sie etwas erreicht haben und woran sie weiterarbeiten können.

Katrin Höhmann, Universität Dortmund
Veröffentlichungsort: Friedrichverlag Jahresheft 2004

Lernvertrag

zwischen: _____
und._____
      (Name der Schülerin/des Schülers)   (Name des oder der Lehrenden)

Der Vertrag wurde am _____geschlossen.

Die Beteiligten vereinbaren miteinander:

Zum Bereich (zutreffendes bitte ankreuzen):

☐ Unterricht
☐ Hausaufgaben
☐ Verhalten
☐ Sonstiges: _____

daran zu arbeiten, das folgende Ziel zu erreichen:_____
_____
_____

Der Lehrer/die Lehrerin verpflichtet sich, den Schüler/die Schülerin wie folgt dabei zu unterstützen, dass er/sie dieses Ziel erreichen kann:

Der Schüler/die Schülerin verpflichtet sich, zum Erreichen dieses Ziels Folgendes zu berücksichtigen bzw. zu tun:

Das nächste Gespräch findet statt am: _____

_____   _____
Datum/Unterschrift Schüler(in)   Datum/Unterschrift Lehrer(in)

Das gemeinsame Gespräch über Perspektiven und nächste Schritte wird umso akzeptabler, wenn der Betroffene merkt, dass bereits erreichte Teilerfolge positiv wahrgenommen werden. Auf diese Weise fällt es ihm leichter, Verbesserungsvorschläge zu akzeptieren oder sogar selbst zu entwickeln. Im Einzelfall ermöglicht darüber hinaus ein Beratungsgespräch zwischen Fachlehrkraft und Schüler bei der Erörterung einer Leistungsbeurteilung einen weiteren Aspekt der individuellen Zielklärung und Zielvereinbarung.

Der Einsatz des Lernvertrages verspricht dann Erfolg, wenn er sich auf klar begrenzte konkrete Ziele beschränkt. In der Auseinandersetzung mit „Ich-kann"-Formulierungen gewinnen Schüler und Schülerinnen sprachliche Muster zur Selbsteinschätzung und mögliche eigene Ziele. Genau dies verfolgt der bereits angeführte Selbsteinschätzungsbogen, der in seiner „einfachen" Rasterung bereits in einer Anfangsklasse der Sekundarstufe I eingesetzt werden kann. Insbesondere dann, wenn die gemeinsame Vereinbarung vorgegebener Kriterien in einem offenen Schüler-Lehrer-Dialog auf der Basis gegenseitiger Anerkennung erfolgt, kann davon ausgegangen werden, dass am Ende eine erfüllbare Zielsetzung erfolgt. Dies ist für die Beteiligten wichtig, um sie vor Enttäuschung zu bewahren.

Allen vorgeschlagenen Instrumenten ist gemeinsam, jedem Lerner eine Selbstregulierungsmöglichkeit zu geben und damit sein Selbstmanagement zu optimieren.

Die erfolgreiche Arbeit mit Bögen zur Selbsteinschätzung und mit Lernentwicklungsplänen bedeutet eine Rollenerweiterung der Lehrenden über den Wissensvermittler hinaus zum Lernberater der einzelnen Schülerin und des einzelnen Schülers. Lernberater gestalten die Lernumgebung so, dass erfolgreiches Lernen ermöglicht wird. Sie unterstützen das individuelle Kompetenzmanagement der Lernenden zielführend, indem sie Prozesse des Reflektierens und der persönlichen Lernentwicklung initiieren und begleiten. Das Lernen selbst bleibt Aufgabe der Lernenden.

Literatur

Häcker, Thomas: Ein Medium des Wandels in der Lernkultur, Handbuch Portfolioarbeit, Kallmeyer, 2006.
Müller, Andreas: Anstiftung zum Erfolg, 2003, www.institut-beatenberg.
Winter, Felix: Portfolio und Leistungsbewertung, Kallmeyer, Seelze 2003.
Winter, Felix: Mit Leistung anders umgehen – das Beispiel Lerntagebuch, in Lernen über das Abitur hinaus, in Erfahrungen und Anregungen am Oberstufenkolleg Bielefeld, Seelze 1999.
Liebig, Sabine http.//www.leanet.de.

Denkpause

Schülerinnen und Schüler präsentieren ihr Portfolio.

Wie inklusiv sind die Schulsysteme in den EU-MAIL-Ländern?

Brigitte Schumann

1. Inklusion als Menschenrecht

Das Konzept der inklusiven Schule in einem inklusiven Schulsystem, wie auf der Weltkonferenz der UNESCO in Salamanca (Spanien) 1994 gefordert, geht davon aus, dass *alle* Kinder und Jugendlichen das Recht haben, im Rahmen ihrer Schulpflicht in der Gemeinsamkeit mit allen anderen zu lernen und individuell nach ihren Bedürfnissen gefördert zu werden. Das schließt auch diejenigen ein, die von Marginalisierung und Ausschluss aus dem Regelschulsystem am stärksten bedroht sind, also auch Kinder mit sozialer Benachteiligung und mit Behinderungen.

Nur in Schulen, die die Vielfalt der Kinder und Jugendlichen anerkennen, können alle Lernenden ihre Potenziale bestmöglich ausschöpfen, heißt es in der Salamanca-Erklärung. Auch für die allgemeine gesellschaftliche Entwicklung leisten diese Schulen einen unverzichtbaren Beitrag: „Schulen mit einer inklusiven Orientierung sind das effektivste Mittel, um Diskriminierung zu bekämpfen, ..., eine inklusive Gesellschaft zu entwickeln und Bildung für alle zu gewährleisten" (Salamanca Statement, Art. 2).

Ebenfalls abgesichert ist der Inklusionsanspruch in der UN-Kinderrechtskonvention, die 1989 von der UN-Vollversammlung verabschiedet und von der Bundesregierung 1992 ratifiziert wurde. Er wird begründet mit der Würde des Kindes (Art. 23). Jeglicher Versuch, das Kind einer normativen Betrachtung zu unterziehen und kategorial einzuordnen, verstößt gegen die Anerkennung seiner Individualität, seiner Eigenaktivität und seiner Selbstbestimmtheit. Daraus leitet sich ab: Nicht das Kind hat sich dem Schulsystem anzupassen, sondern umgekehrt das System dem Kind. Während die Integrationspraxis in Deutschland noch die Frage nach der Integrationsfähigkeit des einzelnen Kindes stellt und den Förderort davon abhängig macht, bedeutet Inklusion einen Wechsel der Perspektive, die nun auf das System gerichtet ist: „Bildung aus der Perspektive der Inklusion bedeutet, nicht mehr das Kind, sondern das Bildungssystem als Problem anzusehen, das mit inklusiven Methoden gelöst werden kann" (UNESCO 2005).

Die jüngste UN-Konvention über die Rechte von Menschen mit Behinderungen (2006) ist inzwischen von 20 Vertragsstaaten ratifiziert worden und damit in Kraft getreten. Als Mitglied der Völkergemeinschaft ist auch

Deutschland gehalten, die darin formulierten Ansprüche nach der Ratifizierung voll zur Geltung zu bringen. Bildungspolitisch gilt Artikel 24, der ein inklusives Bildungssystem auf der Basis von Chancengleichheit und Diskriminierungsschutz einfordert. Darin heißt es weiter, die Unterzeichnerstaaten haben sicherzustellen, „dass Menschen mit Behinderungen nicht aufgrund von Behinderung vom allgemeinen Bildungssystem ausgeschlossen werden..." (Art. 24, Abs. 2a).

> „Die Vertragsstaaten erkennen das Recht auf Bildung von Menschen mit Behinderungen an. Um dieses Recht ohne Diskriminierung und auf der Basis von Chancengleichheit zu verwirklichen, sollen die Staaten ein inklusives Bildungssystem auf allen Ebenen gewährleisten ..." (UN-Convention on the Rights of Persons with Disabilities, Art. 24, Abs. 1)[1]

2. Knackpunkt Sonderschule

Unter den Teilnehmerländern am EU-MAIL-Projekt kommt *Norwegen* dem Anspruch der UN-Konventionen am nächsten. Dort wurden die letzten Sonderschulen Anfang der 1990er Jahre geschlossen und teilweise in nationale Unterstützungszentren für die Schulen umgewandelt. Mit dem schulgesetzlichen Auftrag, dass alle Schüler und Schülerinnen prioritär in der Regelschule unterrichtet werden sollen, ist auch in *England, Finnland* und *Schweden* die Anzahl der Sonderschulen seit den 1990er Jahren stark zurückgegangen. Sonderschulen für sogenannte Lernbehinderte kennt man in diesen Ländern nicht mehr.

Generell gilt, dass *Deutschland* mit der Dominanz seiner Sonderschulen am weitesten von dem Ziel der Inklusion entfernt ist. Der Anteil der Schüler und Schülerinnen mit Behinderungen an der Gesamtzahl (Kl. 1-10) beträgt nach der 2008 veröffentlichten KMK Statistik für das Erhebungsjahr 2006 bundesweit 5,8 %, aber nur 1 % von ihnen dürfen gemeinsam mit nichtbehinderten Kindern und Jugendlichen lernen. Der Versuch der Leistungshomogenisierung in Deutschland wird „mit dem weltweit nahezu einzigartig differenzieren Sonderschulwesen mit seinen zehn Sonderschultypen auf die Spitze getrieben" (Solga/Powell 2006, 186).

Während in *England* weniger als 40 % und in *Finnland* etwas weniger als 50 % aller Schüler und Schülerinnen mit sonderpädagogischem Förderbedarf derzeit noch in Sonderschulen lernen, werden dagegen in *Deutschland* laut

---

1   Es handelt sich hier um die Übersetzung der Autorin. Sie übersetzt den englischen Begriff „inclusive" angemessen mit „inklusiv", während in der amtlichen Übersetzung der Bundesregierung der politische Forderungsgehalt der UN-Konvention mit der Wahl des Begriffs „integrativ" unterlaufen wird.

KMK Statistik 84,3 % der Schüler und Schülerinnen mit sonderpädagogischem Förderbedarf getrennt unterrichtet. Während die anderen EU-MAIL-Länder Schülerinnen und Schüler mit Lernproblemen integrieren, ist der Ausschluss aus dem Regelschulsystem für diese Gruppe in Deutschland so gut wie sicher. Sie sind mit 2,7 % die eindeutig größte Gruppe unter den Schülern und Schülerinnen mit sonderpädagogischem Förderbedarf und 84,5 % von ihnen werden zum Sonderschulbesuch verpflichtet. Da ca. 90 % dieser Schüler und Schülerinnen der untersten sozialen Schicht angehören, zeigt sich, wie perfekt unsere Schulstrukturen die Funktion einer scharfen sozialkategorialen Grenzziehung zu den gesellschaftlich randständigen Milieus übernehmen. Deutschland ist Spitzenreiter in der Ausgrenzung von Kindern mit Behinderungen und sozialer Benachteiligung, aber Entwicklungsland im gemeinsamen Lernen von Kindern und Jugendlichen.

Im Übrigen belegt die KMK-Statistik, dass die Gesamtzahl der Schüler und Schülerinnen mit Behinderungen im Gemeinsamen Unterricht bundesweit nur langsam angestiegen ist. Dabei gilt es zu berücksichtigen, dass die Definitionen des Gemeinsamen Unterrichts in den Bundesländern stark variieren und einige Länder auch Organisationsformen dazu zählen, die den Namen nicht verdienen. Zudem ist problematisch, dass mit Ausnahme von Schleswig-Holstein trotz der Ausweitung des Gemeinsamen Unterrichts und der sinkenden Schülerzahl im Regelschulsystem die Zahl der Schüler und Schülerinnen an Sonderschulen nicht gesunken, sondern angestiegen ist.

Alle internationalen Erfahrungen zeigen, dass in Ländern, wo die Stellung der Sonderschulen im Schulsystem stark und der institutionelle Selbsterhalt entsprechend ausgeprägt ist, auch die Integration als Zwischenschritt auf dem Weg zu Inklusion schwierig umzusetzen ist.

3. Unterschiede auf dem Wege zu Inklusion

Die anderen EU-MAIL-Länder können auf dem Weg zu einer inklusiven Schulentwicklung den Rückenwind ihrer integrierten Regelschulsysteme nutzen. Sie tun sich leichter damit, Sonderschulen abzubauen und die sonderpädagogischen Kompetenzen in die Regelschulen zu verlagern, weil es keine Gliederung nach Schulformen mit dem Zwang zur Leistungshomogenisierung mehr gibt. Hier wirkt sich überaus vorteilhaft aus, dass anders als in Deutschland nicht die Auslese die pädagogische Arbeit in letzter Konsequenz bestimmt und damit die Förderaspekte zurückdrängt.

Wenn Lehrer und Lehrerinnen für alle ihre Schüler und Schülerinnen verantwortlich sind und sie nicht zu anderen Schulformen schicken können, wird eine eher positive Einstellung zu Heterogenität und damit der individuelle Blick auf das einzelne Kind gefördert. Ein Schulklima des Vertrauens, der Verantwortung und der Unterstützung wird begünstigt, wenn alle Schüler und Schülerinnen willkommen sind und ihre Anerkennung als Mitglied der Schulgemeinschaft nicht in Frage gestellt wird.

Auch wenn die Inklusion von Schülern und Schülerinnen mit sozialer Benachteiligung und Behinderungen sich qualitativ erweisen muss im weitgehend gemeinsamen Lernen mit individuell angepassten Differenzierungen und individualisierten Unterstützungsleistungen, so ist doch nicht zu übersehen, dass mit der Abschaffung der Sonderschule als eigenständige Organisationsform der entscheidende Schritt gemacht ist auf dem Weg zu einer inklusiven Schule. Die jeweilige pädagogische Weiterentwicklung hängt davon ab, welchen Stellenwert der Inklusion in den einzelnen Ländern eingeräumt wird. In den besuchten EU-MAIL-Ländern haben sich unterschiedliche sonderpädagogische Organisationsformen unter dem Dach der Gesamtschulen herausgebildet: die volle Einbeziehung in Regelklassen mit einem weitgehenden 2-Lehrer-System und bedarfsgerechter Assistenz, die Teilintegration in Regelklassen in Kombination mit einer Unterstützung in sonderpädagogischen Fördergruppen und die Förderung in Sonderklassen.

In *Finnland* finden sich derzeit Schüler und Schülerinnen mit geistiger Behinderung oder mit dem Förderschwerpunkt emotionale und soziale Entwicklung häufig in separaten Sonderklassen wieder. Von den 6,2 % der Schüler und Schülerinnen mit offiziell festgestelltem sonderpädagogischem Förderbedarf werden 1,2 % in Regelklassen voll integriert, 1,3 % werden teilweise integrativ unterrichtet. Für die übrigen 3,7 % gibt es entweder Sonderklassen oder noch Sonderschulen (Schumann 2007, 67).

Auch in *England* gibt es unterschiedliche Organisationsformen. Da die Regelklasse allerdings in den meisten Fächern an der Gesamtschule durch ein differenziertes Kursangebot auf drei Niveaus ersetzt wird, befinden sich die Schüler und Schülerinnen, die sonderpädagogische Unterstützung bei ihrem Lernen brauchen, zwangsläufig in den untersten Niveaugruppen.

In *Schweden* gehört der Gemeinsame Unterricht von Schülern und Schülerinnen mit und ohne Behinderungen nicht zur alltäglichen Praxis. „Weder Jugendliche mit besonderem Förderbedarf im Lernen oder in der Motorik noch solche, die besondere Förderung in der emotionalen oder geistigen Entwicklung bedürfen, werden die meiste Zeit gemeinsam mit ihren Altersgenossen in einer Klasse unterrichtet" (Engelhardt/Ellinger 2006, 5). Stattdessen gibt es häufig noch hochdifferenzierte Sonderschulklassen, die an die schwedische Gesamtschule angegliedert sind. Individualisierung des Lernens darf nicht zu Lasten und auf Kosten gemeinschaftlicher Lernerfahrungen gehen. Daher ist nachzufragen, ob die vergleichsweise auffällige Sonderung behinderter Schüler und Schülerinnen in *Schweden* ein Reflex auf die überaus starke Betonung der Individualisierung sein könnte.

Dagegen haben die Teilnehmer/innen des EU-MAIL-Projekts in *Norwegen* erleben können, wie selbstverständlich Schüler und Schülerinnen mit

Behinderungen unabhängig von ihrem Förderschwerpunkt immer mitgedacht werden und konkret einbezogen sind in den Unterricht der Regelklasse. Das wird ermöglicht durch die enge Zusammenarbeit zwischen Klassenlehrer/in bzw. Fachlehrer/in und Sonderpädagogen. In dem EU-MAIL-Film „Individualised Learning in an Inclusive School System" wird am Beispiel des Englischunterrichts gezeigt, dass alle Schüler und Schülerinnen auf der Basis eines gemeinsamen Curriculums lernen. Englisch wird keinem Kind vorenthalten. Jedoch findet nach Absprache der beiden im Film gezeigten Lehrerinnen und orientiert an den unterschiedlichen Lernvoraussetzungen der Schüler und Schülerinnen mit Lernproblemen in der Phase der Einführung in ein neues Thema eine vorübergehende getrennte Unterrichtung statt. Ein Arbeitsraum, der an das Klassenzimmer angrenzt, kann unaufwändig dafür genutzt werden.

In einer anderen Filmsequenz wird gezeigt, wie erfolgreich Projektunterricht, der einen festen, vorgeschriebenen Anteil in der Stundentafel norwegischer Schüler und Schülerinnen einnimmt, für gemeinsames Lernen genutzt wird. Projekte werden bewusst mit dem Ziel eingesetzt, allen Schülern und Schülerinnen die Erfahrung zu vermitteln, dass sie für die Erreichung eines gemeinsam geplanten Vorhabens einen wichtigen Beitrag geleistet haben, der sie in ihrem Lernen auch persönlich weitergebracht hat.

Ganz selbstverständlich haben auch Schüler und Schülerinnen mit den schwersten Behinderungen ihren Platz in der norwegischen Gesamtschule. Im Rahmen des EU-MAIL-Projektes konnten sich die Teilnehmer/innen in der Kommune Halden selbst davon überzeugen, dass diese Gruppe im Zentrum der Bemühungen um bestmögliche Unterstützung steht. Einbeziehung und gleichwertige Teilhabe von Menschen mit Behinderungen gelten den Schulverantwortlichen dort ausdrücklich als Gradmesser für die Qualität des kommunalen Schulangebots.

So mag es auch keineswegs verwundern, dass die UNESCO *Norwegen* zu den Ländern zählt, die einen hohen Standard für das Wohlbefinden der Kinder und Jugendlichen garantieren. In der Anerkennung der Vielfalt und der Unterschiedlichkeit in der Gemeinsamkeit, einem der wichtigsten von der UNESCO formulierten Lernziele für das Leben im 21. Jahrhundert, ist das norwegische Bildungssystem vorbildlich. Liebevolle Zuwendung im normalen Schulalltag geschieht nicht zufällig. Sie entsteht aus Situationen gelebter Solidarität mit denen, die auf Hilfe angewiesen sind, und sie beweist, dass demokratische Wertevermittlung in norwegischen Schulen nicht nur auf dem Papier gelingt.

Der zentrale Stellenwert von Inklusion ist in *Norwegen* schulgesetzlich abgesichert und in der Curriculumreform von 1997 verankert (Andresen 2006, 87). Inklusion bezieht sich auf alle Heterogenitätsdimensionen: Geschlecht, Fähigkeiten, soziale Herkunft, Ethnizität, Behinderungen. Alle Schüler und Schülerinnen haben das Recht auf Zugehörigkeit und Partizipation. Partizipation nach norwegischem Verständnis setzt die Anpassung des Unterrichts und der Organisation an die einzelnen ebenso voraus wie die Anerkennung von Unterschiedlichkeit als Bereicherung und das gemeinsame Lernen aller Schüler in Kooperation und im Austausch mit anderen. Der hohe Anspruch der „adapted education", der an den einzelnen angepassten Bildung, ist 1998 auch als Rechtsanspruch eines jeden Schülers und einer jeden Schülerin gesetzlich abgesichert worden.

In zahlreichen Evaluationsstudien hat sich jedoch gezeigt, dass nicht alle Schulen in allen Kommunen Schritt gehalten haben mit den Reformansprüchen. U.a. wurde festgestellt, dass einzelne Kommunen in *Norwegen* „ihr Angebot an Spezialunterricht in einer Weise durchführen, die an Sonderschulen oder Sonderklassen erinnert, obwohl genau das Gegenteil angestrebt wird" (Kreuzer 2004, 154). Das norwegische Bildungsministerium hat zur Korrektur dieser Fehlentwicklung den Schulen den Auftrag erteilt, die Heterogenität im Klassenzimmer zukünftig als Ressource besser zu nutzen. Die Schulen haben daher den Auftrag erhalten, den Unterricht individuell anzupassen, und zwar mit individuellen Lernplänen für jeden Schüler und jede Schülerin (Andresen 2006, 87). Inklusion soll sich in einer inklusiven Pädagogik im Klassenzimmer erweisen und nicht in einer Organisation von separaten und separierenden Angeboten.

Eine Untersuchung der European Agency for Development in Special Needs Education (2003b, 9ff.) hat ergeben, dass die folgenden Faktoren das gemeinsame Lernen von Schülerinnen und Schülern mit und ohne Behinderungen besonders fördern:

- heterogene Gruppenbildung;
- effektiv gestalteter Unterricht;
- kooperative Formen des Lehrens und des Lernens;
- Individualisierung der Lernprozesse und der Leistungsmessung auf der Basis eines gemeinsamen Curriculums, das aber individuell angepasst wird;
- regelmäßige Selbstevaluation der Schulen.

Der Direktor der European Agency, Cor Meijer, hat die Untersuchungsergebnisse in dem Satz zusammengefasst:

> „Was für Schüler mit sonderpädagogischem Förderbedarf gut ist, ist gut für alle!"   (2007)

Die nordischen Länder *Finnland* und *Schweden* haben zwar noch nicht den Stand von *Norwegen* erreicht, verfügen aber grundsätzlich über die lernförderlichen Faktoren, die für die Inklusion von Kindern und Jugendlichen mit Behinderungen eine unverzichtbare Ressource darstellen. Deshalb steht einer inklusiven Weiterentwicklung, wenn sie denn politisch und gesellschaftlich gewollt ist, in diesen Ländern nichts grundsätzlich im Wege. Anders verhält es sich mit *England*.

Aus dem allgemeinen Trend zu einer bildungspolitischen Ausrichtung an messbaren Outputs der Schulen erwächst ein ernsthaftes Problem für die Integration und Inklusion. Das zeigt sich besonders scharf in *England*, wo alle Schulen – unabhängig von ihren unterschiedlichen sozioökonomischen und soziokulturellen Schulkontexten – in der Öffentlichkeit daran gemessen werden, zu welchen Leistungsergebnissen und Abschlüssen sie ihre Schüler und Schülerinnen bringen.

> Schüler und Schülerinnen mit sonderpädagogischem Förderbedarf können schnell zu unerwünschten Schülerinnen und Schülern werden.

Die European Agency stellt dazu fest: „Schüler mit sonderpädagogischem Förderbedarf erhöhen nicht nur die Leistungsheterogenität in der Klasse, sondern tragen auch zur Senkung der durchschnittlichen Leistungsergebnisse bei. Diese beiden Faktoren stellen eine direkte Bedrohung für diese Schüler dar. Das gilt insbesondere da, wo im Kontext einer freien Schulwahl Schulen nicht verpflichtet sind, die Kinder in ihrem Einzugsbereich aufzunehmen. So kann der Wunsch nach besseren Leistungsergebnissen zu dem Wunsch nach Inklusion in Widerspruch geraten " (European Agency 2003a, 15).

Weitere Gefahren für die Inklusion sind in dem im März 2006 verabschiedeten englischen Schulgesetz angelegt. Mit der Begründung, Innovation und Dynamik in der englischen Schulentwicklung erhöhen zu wollen, hat die Labour Regierung gegen den Widerstand in den eigenen Reihen den regulierenden Einfluss der kommunalen Schulträgerschaft verringert zugunsten staatlich finanzierter Schulen (trust schools). Sie sind Schulen in der privaten Trägerschaft von Eltern, Wirtschaft, Religionsgemeinschaften oder Vereinen. Sie haben eine erweiterte Selbstverwaltung durch Schulbeiräte (trusts) und eigene Zulassungsrechte. Außerdem soll durch die Auflösung der Schuleinzugsbezirke Eltern das Recht auf freie Schulwahl gewährt werden. Maßgebliche Institutionen wie das London University's Institute of Education und die London School of Economics haben vor einer solchen Umsetzung gewarnt, weil damit die bestehende soziale Segregation vertieft würde (The Guardian v. 25. Januar 2006 u. v. 14. Februar 2006).

4. Prävention durch den Einsatz von Sonderpädagogen

Alle EU-MAIL-Länder verfügen über Sonderpädagogen und Assistenzlehrer/innen an den Regelschulen und nutzen sie auch für präventionsstrategische Konzepte, die der Entstehung und Verfestigung von Lern- und Verhaltensproblemen mit negativen langzeitigen Folgen entgegenwirken.

In *Finnland* ist dies besonders ausgeprägt. Das finnische Schulrecht schreibt vor, dass den Schülern und Schülerinnen sonderpädagogisch unterstützter Förderunterricht angeboten werden muss, bevor ein Versagen in einem Fach oder mehreren Fächern vorliegt. Er findet im Rahmen des Stundenplans des Schülers oder außerhalb der Unterrichtsstunden statt. Klassenwiederholungen werden so überflüssig gemacht. Hinter diesem Konzept steht die Vorstellung, dass die Schule eine Schlüsselrolle einnimmt in der Vermeidung des sozialen Ausschlusses.

Der Förderunterricht erfolgt hauptsächlich in den ersten Jahren. Zwei Drittel aller Förderangebote konzentrieren sich auf die Steigerung der Lese- und Rechtschreibkompetenz sowie Sprachförderung. 21 % der finnischen Schüler und Schülerinnen der Gesamtschule nehmen an dem zeitweiligen Förderunterricht durch Sonderpädagogen teil, während die sonderpädagogische Förderung von Schülerinnen und Schülern mit einem amtlich festgestellten Förderbedarf 6,2 % beträgt.

In *England* sind für Schülerinnen und Schüler, die aufgrund ihrer Probleme des Verhaltens und/oder des Lernens Konflikte im Unterricht provozieren und andere Schüler und Schülerinnen im Lernen beeinträchtigen, „Learning Support Centres" in den Regelschulen als Teil der Schule eingerichtet. Als vorübergehender Lernort sollen sie deeskalierend wirken, intensive Möglichkeiten zur Bearbeitung persönlicher Probleme anbieten und einen neuen Start in den Regelklassen vorbereiten. Das Personal setzt sich in der Regel aus Sonderpädagogen und Assistenzlehrern zusammen. Auch hier geht es darum zu verhindern, dass Schüler und Schülerinnen sich selbst vom Schulbesuch ausschließen durch Schulverweigerung bzw. aufgrund des Schulbeschlusses ausgeschlossen werden.

5. Die Lektion für Deutschland

Mit der Inspektionsreise des Sonderberichterstatters der UN-Menschenrechtskommission durch bundesdeutsche Schulen im Februar 2006 ist der Anspruch verbunden, dass in allen Vertragsstaaten die Menschenrechte von Kindern verwirklicht werden. Nach der UN-Kinderrechtskonvention, die 1989 von der UN-Generalversammlung beschlossen und 1992 von der deutschen Bundesregierung ratifiziert wurde, gehören zu diesen Rechten u.a. die Anerkennung ihrer Würde als eigenständige Persönlichkeit und das Recht auf Bildung „auf der Grundlage der Chancengleichheit" (Artikel 28 der UN-Kinderrechtskonvention). Bildung soll darauf gerichtet sein, „die Persönlichkeit, die Begabung und die geistigen und körperlichen Fähigkeiten voll zur Entfaltung zu bringen" (Artikel 29 der UN-Kinderrechtskonvention). In seiner Stellungnahme auf der Bundespressekonferenz am 21.02. 2006 in Berlin ließ der

Sonderberichterstatter in seiner Kritik an der frühen Aufteilung der Kinder seine Sorge erkennen, „dass dem Prinzip des übergeordneten Interesses des Kindes widersprochen wird" und dass davon besonders „Menschen mit einer Behinderung und Menschen, die sich in den verschiedensten Lagen sozialen Nachteils befinden" betroffen sind.

Wenn die Verhinderung des gemeinsamen Lernens durch Aussonderung die Verletzung des Wohls und der Würde des Kindes und seines Menschenrechts auf Bildung darstellt, dann ist das Recht auf gemeinsames, nichtaussonderndes Lernen nicht mehr nur an den Elternwillen zu binden und von ihm abzuleiten, sondern muss unabhängig davon als Menschenrecht des Kindes von staatlicher Seite zur Geltung gebracht werden.

Bildungspolitisch hängt die Realisierung des Menschenrechts auf Bildung für alle Kinder in *Deutschland* wesentlich von zwei überfälligen strukturellen Grundentscheidungen ab: die Schließung der Sonderschulen und die Überwindung des selektiven und sozial segregierenden Regelschulsystems, das den Sonderschulbedarf (re-)produziert.

Literatur

Andresen, R.: Individualized learning in mixed ability groups in Norway. In: Dimenäs, J./Andresen, R./Cruickshank, M./Ojala, J./Ratzki, A.: Our children – How can they succeed in school? Jyväskylä 2006.

Eubel, K.-D./Geiersbach, F.-W.: „Individualised learning in an inclusive school system". DVD produced as part of the EU-project European Mixed Ability and Individualised Learning (EU-MAIL). FernUniversität in Hagen 2006

European Agency for Development in Special Needs Education: Special Needs Education in Europe. Thematic Publication. January 2003a

European Agency for Development in Special Needs Education: Inclusive Education and Classsroom Practices. Summary Report. March 2003b

KMK: Sonderpädagogische Förderung in Schulen 1994-2006. Statistische Veröffentlichungen der Kultusministerkonferenz Dokumentation Nr. 185. November 2008

Kreuzer, M.: Wenn es keinen Sonderunterricht mehr gibt... In: Sonderpädagogische Förderung 49 (2004) 2, 150-165

Meijer, C.: Inclusion in Europe. Classroom Practice. Vortrag auf der 21. Jahrestagung der Integrationsforschung „Inklusion im Großem und Kleinen". Internationale und regionale Perspektiven. Erfurt 2007

Schumann, Brigitte: „Ich schäme mich ja so!" – Die Sonderschule für Lernbehinderte als „Schonraumfalle". Bad Heilbrunn 2007

Solga, H./Powell, J.: Gebildet – Ungebildet. In: Lessenich, S./Nullmeier, F. (Hrsg.): Deutschland, eine gespaltene Gesellschaft. 2006

UN-Convention on the Rights of Persons with Disabilities. 2006. Verfügbar über: http://www.un.org/esa/socdev/enable/rights/ahcfinalrepe.htm

UNESCO: Guidelines for Inclusion: Ensuring Access to Education for All. 2005

Denkpause

Integration ist mehr als Sprachunterricht.

Wie die nordischen Länder und England Einwandererkinder fördern und integrieren

Anne Ratzki

Die Förderung von Migrantenkindern in Finnland, Schweden, Norwegen und England beschränkt sich nicht auf gelegentliche und isolierte Fördermaßnahmen und Sprachunterricht, sondern ist eingebettet in ein System, das jedes Kind als Lernenden achtet und dafür sorgt, dass jedes Kind bekommt, was es braucht.

Ich möchte die Lernbedingungen für Kinder von Immigranten in diesen Ländern zunächst etwas systematischer erörtern und anschließend darstellen, wie die spezielle Förderung für diese Kinder dort aussieht.

Schweden: Jedes Kind lernt individuell. Lernende werden geachtet

Schwedens Schüler und Schülerinnen lernen individuell. Niemand verlangt von ihnen, dass alle zur gleichen Zeit dasselbe können. Jeder Schüler, jeder Mensch hat das Recht auf seinen eigenen Lernrhythmus, hat zugleich das Recht auf lebenslanges Lernen. Dieses Recht ist verbunden mit der persönlichen Verantwortung des Lernenden.

Die Basis für das individuelle Lernen ist die gemeinsame Schule für alle Kinder vom 1. bis 9. Schuljahr. In dieser Schule gibt es kein Sitzenbleiben, keine Sonderschulüberweisung, keine Fachleistungsdifferenzierung. Es gab auch keine Noten bis Klasse 8, doch die neue konservative Regierung hat inzwischen Noten ab Klasse 6 eingeführt. Kinder von Einwanderern haben 9 Jahre Zeit aufzuholen, die Sprache zu lernen, mit den schwedischen Klassenkameraden gleichzuziehen. Langsam Lernende oder Kinder mit Sprachproblemen erhalten individuelle Hilfe. Zentrale Tests werden zur Diagnose eingesetzt, um die Förderung besser auf die Fähigkeiten und Schwächen der Einzelnen abzustimmen. Zweimal im Jahr treffen sich Lehrkräfte, Schüler und Eltern zu einer intensiven Beratung über die Lernfortschritte. Auch eingewanderte Eltern werden so in den Lernprozess ihrer Kinder einbezogen. Im Mittelpunkt stehen dabei die Stärken, nicht die Schwächen eines Kindes.

Jede Schule hat ein Förderzentrum, wo Sonderpädagogen, Psychologen und Sozialpädagogen mit Mitarbeitern des Jugendamtes und verschiedener anderer kommunaler Stellen zusammenarbeiten. Sie besuchen die Eltern, um Gründe für eine Störung herauszufinden und die Eltern einzubinden. Sie unterrichten die Kinder parallel in kleinen Fördergruppen, immer mit dem Ziel, sie bald wieder in ihre Klasse zu integrieren. Lernprobleme von Migrantenkindern können so zeitnah bearbeitet und oft behoben werden.

Migrantenkinder erhalten schon in der Vorschule Schwedisch-Unterricht. Dieser Unterricht wird in der Pflichtschule so lange fortgesetzt, bis sie einen bestimmten Sprachtest bestehen. Gleichzeitig haben Migrantenkinder in ihrer gesamten Schulzeit das Recht, Unterricht in ihrer Muttersprache zu bekommen, solange sie selber es wollen. In den unteren Klassen wird der Unterricht oft von zwei Lehrkräften erteilt, damit Migrantenkinder auch in den Sachfächern Unterstützung bekommen.

> In Finnland, Schweden, Norwegen und England ist die
> Förderung benachteiligter Jugendlicher Staatsziel.

Mit den Kulturen der Einwanderer geht Schweden besonders wertschätzend um. In Boras z.B. gibt es Naved, ein technisches und naturwissenschaftliches Zentrum für Lehrkräfte und Schülerinnen. In Mathematik oder Astronomie z.B. wird dort bewusst gemacht, wie viel wir den Arabern oder Indern an mathematischen Erkenntnissen verdanken, z.B. die Erfindung der 0.

Ich will hier noch das Beispiel einer Oberstufenschule mit den Klassen 10-13 vorstellen. Das Angered-Gymnasiet liegt in einem Vorort Göteborgs, der von vielen Familien aus Somalia, Afghanistan und der Karibik bewohnt wird. Der Anteil von Zuwanderern an dieser Schule beträgt 80%. Da die Jugendlichen nicht mehr schulpflichtig sind, hat sich die Schule eine Menge einfallen lassen, um sie freiwillig zur Fortsetzung ihrer Ausbildung zu bewegen. So gibt es eine Musik-Ausbildung für Schüler aus der Karibik, in der sie u.a. lernen, öffentliche Konzerte mitzuschneiden. Im Tonstudio treffen wir auf Jugendliche mit Rasta-Locken, die am Computer die Mitschnitte für DVDs bearbeiten. In einem großen Raum mit entspannender Musik werden muslimische Mädchen zu Wellness-Expertinnen ausgebildet. Das sind Beispiele für neue Ausbildungsgänge, die Jugendliche aus Einwandererfamilien in der Schule halten sollen. Dort nehmen sie dann auch an den Kernfächern teil und am Unterricht über schwedische Kultur, Normen und Werte, der ihnen erlaubt, Körpersprache, Sexualmoral und das Verhältnis der Geschlechter in Schweden verstehen zu lernen und angemessen auf Augenhöhe mit schwedischen Jugendlichen umzugehen.

Berufliche und akademische Förderung wird auch Erwachsenen angeboten. An der Universität Boras gibt es eine Arbeitsstelle, die zugewanderte

Akademiker berät, welche Kurse oder Ausbildungsgänge sie noch brauchen, um in ihrem Beruf arbeiten zu können. Die pragmatischen Schweden sagen, dass es eine wirtschaftliche Verschwendung sei, mitgebrachte akademische Kenntnisse nicht zu nutzen. Lehrer arbeiten in Schweden nicht als Taxifahrer, sondern als Lehrer.

Den schwedischen Weg möchte ich so charakterisieren: Schule, Bildung und Integration für Jugendliche attraktiv machen und zugleich ihre Herkunftskultur wertschätzen. Schule soll Spaß machen, auf die Bedürfnisse aller Kinder individuell eingehen, statt wie in Deutschland Kindern mit Lernproblemen ständig zu signalisieren, dass sie versagen. Das schwedische Schulsystem zeichnet die Achtung vor dem lernenden Menschen aus, der unterstützt und gefördert wird. Dies gilt auch für Migrantenkinder, die in Schweden „Neuschweden" heißen und Zeit bekommen, mit den Schweden gleichzuziehen.

> Bildung ist der Schlüssel zur Integration.

> Schweden: Zugewanderte Akademiker werden beraten, welche Kurse sie noch brauchen, um in ihrem Beruf arbeiten zu können.

Norwegen: Alle Kinder einbeziehen!

Norwegen erhielt von PISA-Forschern ein besonderes Lob für die Förderung von Migrantenkindern. Wie sieht der norwegische Weg aus?

Auch Norwegen stellt die individuelle Förderung jedes einzelnen Kindes in den Mittelpunkt. Hier erlebten wir die individuelle Förderung vor allem als intensive persönliche Betreuung: „Jedes Kind bekommt die Hilfe, die es braucht", heißt die Richtlinie. Besonders deutlich wird diese Einstellung bei der Inklusion von Behinderten. Doch individuelle Förderpläne gibt es schon lange nicht nur für Behinderte, sondern ebenso für Migrantenkinder und für alle Kinder mit Lernproblemen. Seit dem Schuljahr 2005/6 erhalten alle Schülerinnen und Schüler individuelle Lernentwicklungspläne – niemand wird mehr „gesondert" behandelt.

Die Basis ist auch in Norwegen eine gemeinsame Schule für alle Kinder vom 1. bis 10. Schuljahr. Die Schulpflicht gilt für alle Kinder; sogar wenn Familien im Kirchenasyl sind, können die Kinder sicher zur Schule gehen, weil Bildung nach norwegischer Rechtsauffassung ein Menschenrecht ist, das allen anderen Gesetzen vorgeht. Die Alphabetisierung erfolgt in der Muttersprache, das ist gesetzlich abgesichert. Das Problem ist die Einstellung qualifizierter Lehrkräfte, denn die Haupt-Einwanderungsgruppen sind Somalis und Kosovo-Albaner. Von Anfang an erhalten Migrantenkinder sehr intensiven zusätzlichen Norwegisch-Unterricht, pro Schüler gibt es zwei Stunden in der Woche. Die Klasse erhält 20 Stunden zusätzlich zur Förderung im Fachunterricht, damit von Anfang an keine Lücken und Wissens-Rückstände entstehen. Muttersprachunterricht wird nur im 1. und 2. Schuljahr erteilt. Je nach Kenntnisstand gibt es drei Stadien im Fachunterricht: nur Muttersprache, bilingual, norwegisch. Wenn jemand gut norwegisch kann, endet der Zusatz-Unterricht. Der Sprachstand wird durch Tests erhoben, die die Eltern abzeichnen.

Der norwegische Weg heißt Integration durch die Landessprache. Über die Muttersprache und den konsequenten Erwerb der Landessprache wird die Bildungsbeteiligung von ausländischen Jugendlichen sichergestellt. Mittel dazu sind die intensive Frühförderung im Sprach- und Sachbereich in den ersten Grundschuljahren durch zusätzliche Lehrerstunden, der lange Interventionszeitraum durch die gemeinsame Schule bis zur Klasse 10, die eine Fortsetzung der Förderung erlaubt, so lange sie erforderlich ist, und der Grundsatz der „Inklusion", der eine Aussonderung von Schülerinnen und Schülern mit Lernproblemen verhindert. Die Eltern werden durch Förderprogramme, die mit ihnen besprochen werden, in die Sprachförderung einbezogen; im Übrigen ist der Norwegisch-Unterricht für erwachsene Zuwanderer Pflicht.

Finnland: Kein Kind zurücklassen!

In Finnland ist jedes Kind beachtenswert. „Wir sind so wenige, dass wir es uns gar nicht leisten können, jemanden zurückzulassen", sagen finnische Gesprächspartner im Scherz. Und das gilt auch für die Kinder der Einwanderer. Finnland hat noch nicht viele Einwanderer, erwartet aber großen Zuzug in den nächsten Jahren. Die Strukturen im Bildungsbereich sind dafür recht gut gerüstet.

> Zugewanderte Kinder haben von Anfang an die gleiche Fürsorge und die gleichen Möglichkeiten wie finnische Kinder.

Es beginnt mit NEUVOLA, was nichts anderes heißt als „Beratungsstelle". In freundlich gestalteten Räumen werden schwangere Frauen beraten und auf die Geburt vorbereitet, auch ärztlich betreut, die Väter kommen mit. Für jede werdende Mutter gibt es drei Monate vor der Geburt eine Kiste mit einer Babyausstattung für 2 Jahre, die Kiste kann auch als Bettchen für das Baby genutzt werden. Nach der Geburt gibt es weitere 7 bis 9 Treffen in Gruppen, wo gesundheitliche und erzieherische Fragen behandelt werden. Bis zum Schuleinritt stellen die Mütter ihre Kinder einmal im Jahr in NEUVOLA vor. Entwicklungsstörungen oder Behinderungen werden auf diese Weise frühzeitig erkannt und die Kinder können bei Bedarf gleich an Ärzte oder Therapeuten weitergeleitet werden. NEUVOLA ist flächendeckend, die Teilnahme ist freiwillig und kostenlos. Die Teilnehmerquote ist 100 %. So lernen sich auch alle Eltern eines Stadtteils oder Bezirks mit ihren Kindern kennen. Es leuchtet sofort ein, dass hier auch eine große Chance der Integration für zugewanderte Familien besteht. Die Kinder haben von Anfang an die gleiche Fürsorge und gleichen Möglichkeiten wie die finnischen Kinder.

Der Kindergarten beginnt je nach Wunsch der Eltern schon vor dem ersten Jahr. Die Kindergärtnerinnen, die hier Vorschullehrerinnen heißen, werden zusammen mit den Grundschullehrkräften an der Universität ausgebildet. Die Gruppengröße ist gering: Bei Kindern unter drei Jahren kommen 4 Kinder auf einen Erwachsenen, im Alter von 3 bis 6 Jahren 7 Kinder auf einen Erwachsenen. So können die Vorschullehrer und Vorschullehrerinnen auf die einzelnen Kinder sehr genau eingehen und auch Sprachprobleme von Einwandererkindern frühzeitig erkennen. In diesen kleinen Gruppen wird schon recht anspruchsvoll gearbeitet. So sahen wir schön gebundene kleine Bücher, in denen Kinder sich Geschichten ausgedacht und ein Bild dazu gemalt hatten. Die Lehrerinnen hatten die Geschichten aufgeschrieben und mit Bild und Schrift ein Buch hergestellt. Die Sprachförderung ist hier integriert.

Förderung ist in der finnischen Gesamtschule von Anfang an selbstverständlich. Für Kinder mit Entwicklungsverzögerung gibt es gleich am Anfang eine kleine Startergruppe zum Lesen lernen. In den ersten und zweiten Klassen mit 30 Kindern unterrichten zwei bis drei Lehrkräfte. So entstehen Lerngruppen von 10- 15 Kindern. Zu jeder Schule gehören Assistenten und Sonderschullehrerkräfte, die jederzeit bei sprachlichen, fachlichen oder Verhaltensschwierigkeiten Hilfe leisten können. Die Methoden der Förderung sind dabei von Schule zu Schule unterschiedlich. Meist bilden die Schulen vorübergehend kleine Gruppen, wo Schülerinnen und Schüler stundenweise oder auch über mehrere Wochen in Fächern gefördert werden.

Lehrer treffen sich mit Schulleitung, Psychologen, Sozialarbeitern, dem Schularzt oder der Schulkrankenschwester und den Sonderschullehrkräften regelmäßig. In diesem Team werden Problemfälle vorgestellt und man berät gemeinsam, wie man das Problem lösen kann oder welche Schritte eingeleitet werden sollten. Diese Netzwerkgruppen nennen die Finnen „Schülerpflegegruppen".

Kinder mit Sprachproblemen erhalten individuelle Hilfe.

Wie sieht nun die spezielle Förderung für Migrantenkinder aus? Die Muttersprache wird als sehr wichtig angesehen, sie wird mit 2 Stunden pro Woche unterrichtet. 75 % bezahlt der Staat, den Rest die Gemeinde. Wer aus dem

Ausland kommt, lernt Finnisch als Zweitsprache, d. h. 4 von 7 Stunden Finnisch in der Woche kommt ein zweiter Lehrer für die Migrantenkinder in die Klasse, um auf die speziellen Lernbedürfnisse der Kinder mit anderer Muttersprache einzugehen. Die Lehrkräfte für Finnisch als Muttersprache und für Finnisch als Zweitsprache planen den Unterricht gemeinsam. Sonderschullehrkräfte und Assistentinnen unterstützen die Kinder in der Fachförderung. Das geht so weit, dass in bestimmten Fächern ein Muttersprachlehrer übersetzt, damit der noch sprachunkundige Schüler dem Unterricht folgen kann. Der Unterrichtsfilm aus dem EU-MAIL-Projekt „Going to school in Finland" dokumentiert einen solchen Unterricht, in dem ein Sprachlehrer zwei Schülern den Inhalt einer Chemiestunde übersetzt.

> Finnland: Ein Muttersprachlehrer übersetzt, damit der noch sprachunkundige Schüler dem Unterricht folgen kann.

Finnland setzt auf Beachtung und Förderung eines Kindes von Anfang an. In der Vorschule wird der Spracherwerb vorbereitet, in Grundschule und Mittelstufe fortgeführt. Die Lehrer arbeiten im Team und können sich dadurch über die Notwendigkeiten und Möglichkeiten individueller Förderung für einzelne austauschen.

Schweden, Finnland und Norwegen setzen auf Individualisierung, um jedem Kind den eigenen Lernweg, ohne Aussonderung, ohne Abwertung durch Vergleiche mit seiner Gruppe zu ermöglichen. Das Ergebnis ist bemerkenswert: In allen drei Ländern gibt es keinen signifikanten Zusammenhang zwischen sozio-ökonomischem Status und Bildungserfolg und die eingewanderten Kinder liegen fast gleichauf mit den einheimischen.

England: Hochwertige Bildung für alle!

England geht einen anderen Weg als die beiden skandinavischen Länder und Finnland. Die Situation der Einwanderer ist dort aber auch anders.

England mit seinen weltweiten Kolonien hat lange Erfahrung im Umgang mit Einwanderern. Schon in den 80er Jahren, als man in Deutschland noch vom „Türkenproblem" sprach, hörte ich an englischen Schulen immer wieder, die Kinder aus anderen Kulturen bereicherten die englische Kultur. Und England beschäftigte damals schon Lehrkräfte aus den Herkunftsländern, die nicht nur Muttersprachunterricht gaben. Inzwischen haben wir viele Lehrkräfte aus Indien, Pakistan, Afrika, der Karibik, Hongkong und anderen Ländern in den Schulen angetroffen; die Vielfalt der Kulturen erweitert den Blick, wie z.B. im Shireland Language College, wenn dort die Geschichte der

Zahlen im Wandrelief dargestellt wird, angefangen von Ägypten, über arabische Zahlen zu unserer Mathematik. Oder wenn dort eine Verbindung zwischen orientalischer und europäischer Kunst hergestellt wird. Am Projekttag schreibt eine multiethnische Schülergruppe ein Gedicht und stellt es mit karibischer Trommelbegleitung vor. Andere lernen ihren Namen auf japanisch schreiben oder chinesische Neujahrsbräuche verstehen. Im Sprachenangebot hat die Schule neben Deutsch, Spanisch und Französisch auch Hindi und Mandarin Chinesisch, was ihr das Wohlwollen und einige Sponsorengelder der Bank von Hongkong eingetragen hat. Was an englischen Schulen fasziniert, ist die Selbstverständlichkeit der multiethnischen Inhalte und des Umgangs miteinander.

Vor einigen Jahren, zu Beginn der Regierungszeit von Tony Blair, begann New Labour ein Reformprogramm zur Modernisierung der englischen Gesamtschulen. Ziel des Reformprogramms war „Raising Achievement for All", die Leistungen aller verbessern. Die Mittel waren „support" und „challenge", also Unterstützung und Herausforderung. Schulen, die sich den Herausforderungen des Reformprogramms stellten, erhielten große Geldsummen, um Ausstattung und Personalsituation zu verbessern.

> Eine lange Zeit gemeinsamen Lernens gleicht die Nachteile durch soziale und ethnische Herkunft aus.

Was bedeuten support und challenge konkret für die Förderung und Integration von Migrantenkindern?

In England stellt sich das Problem der Förderung leistungsschwacher Schüler etwas anders dar. Die Haupt-Problemgruppe sind Kinder aus der englischen Unterschicht, nicht aus Migrantenfamilien, die meistens aus englisch-sprachigen Ländern, den ehemaligen Kolonien, kommen. Die Sprache ist also nicht das Haupthindernis für den Schulerfolg wie in Deutschland, und die meist asiatischen Jugendlichen gelten als strebsam und leistungsorientiert. Ein größeres Problem ist die soziale Integration.

In England gibt es keine Schulen für Lernbehinderte und Erziehungsschwierige, sondern „inclusion", die Einbeziehung dieser Schülerinnen und Schüler in die gemeinsame Schule. Das war nicht immer so. Früher wurden häufig aus Disziplinargründen Schüler von den Schulen verwiesen und blieben dann ohne entsprechende Ausbildung. Darunter waren auch viele Migrantenkinder. Das hat sich geändert, und auf den geregelten Schulbesuch und die Leistungsverbesserung gerade der schwierigsten Schüler legte das Regierungsprogramm besonderen Wert. Bezeichnend ist die Wortwahl im „Green Paper", dem o.g Reformprogramm von New Labour: Diese Jugendlichen heißen dort „our most vulnerable children" (unsere verletzlichsten Kinder). Deshalb wird auch jede Schule mit beträchtlichen Beträgen unterstützt, die sich dieser Jugendlichen annimmt. Fast jede Schule, die wir besuchten, hatte ein Lernzentrum für schwierige Schüler und förderte diese Kinder mit großem Engagement.

Bei innerstädtischen Schulen, die in einem schwierigen Umfeld mit vielen Einwanderern arbeiten, greift das „Excellence in Cities" Programm, entsprechend der Devise, dass an allen Orten eine hervorragende Ausbildung sichergestellt wird. Auch hier ist die Ausstattung mit Computern, modernstem Unterrichtsmaterial und zusätzlichem Personal wie Technikern und Bibliothekaren beachtlich, außerdem arbeiten die Schulen in attraktiven Netzwerken. Dazu kommt die persönliche Betreuung durch Tutoren, die den Schülerinnen und Schülern eine kontinuierliche Rückmeldung und persönliche Beratung zu ihren Testleistungen geben. Die Schulen sind verantwortlich dafür, dass alle Schüler lernen und gute Leistungen erreichen, und das Ergebnis wird durch landeseinheitliche Tests überprüft. Umstritten sind die Häufigkeit der Tests und die Rankinglisten, die diese Leistungen der Schulen öffentlich machen.

Eine besonders gute Ausbildung insbesondere für Kinder und Jugendliche aus sozial benachteiligten Familien, Engländern wie Einwanderern, und aus schwierigen Wohnvierteln (deprived areas) soll den Kreislauf von schlechter Schulbildung, Arbeitslosigkeit, Armut durchbrechen.

Förderung aller Kinder, auch der Einwandererkinder – ein Staatsziel

Die vier Länder Schweden, Norwegen, Finnland und England weisen trotz verschiedener Wege bei der Förderung benachteiligter Jugendlicher wesentliche Gemeinsamkeiten auf:

Alle vier Systeme gehen von einer Pflichtschulzeit in einer Gesamtschule von der 1. bis zur 9.oder 10. Klasse aus. Das ermöglicht einen langen Interventionszeitraum, um Benachteiligungen durch soziale Herkunft oder Lebensumstände auszugleichen.

Alle vier Systeme bestehen auf der Einbeziehung und Nicht-Aussonderung der Migrantenkinder. Auch wenn einzelne in kleinen Gruppen bei Sprach- oder Lernproblemen gefördert werden, ist die Rückkehr in die Klasse das Ziel.

Alle vier Länder investieren erhebliche Mittel in die Förderung von Jugendlichen mit Lernproblemen – einheimischen wie eingewanderten – aus sozial benachteiligten Milieus, und zwar von Beginn der Schulzeit an.

Und in allen vier Ländern ist die Förderung dieser Kinder und Jugendlichen ausdrückliches Staatsziel, das mit dem Gebot der Chancengleichheit (England, Finnland), der Demokratie (Schweden) und der Menschlichkeit (Norwegen) begründet wird. Dies gibt Lehrkräften, Eltern und kommunalen Trägern Orientierung.

Alle vier Länder haben in den 90er Jahren ihre Schulsysteme gründlich überarbeitet, die Inklusion als Haltekraft des Systems verstärkt und Antworten auf neue Herausforderungen wie der Migration gefunden.

Deutschland: Die verleugnete Einwanderung und ihre Folgen

PISA 2000 hat auf internationalem Hintergrund alarmierende Ergebnisse für Deutschland gebracht: 10 % der Schüler in Deutschland verfügen nicht einmal über die unterste Stufe der Lesekompetenz und 13 % kommen über die unterste Stufe nicht hinaus. Bei Jugendlichen aus Zuwandererfamilien ist der jeweilige Anteil zum Teil mehr als doppelt so hoch: 20% verfügen nicht einmal über die elementare Lesekompetenz, 50 % kommen über die unterste Stufe nicht hinaus. Die fehlende Lesekompetenz wirkt sich in der Schule auch auf die Sachfächer aus. Diese Menschen können nicht einmal eine Tageszeitung verstehen. Sie haben praktisch keine Berufschancen. Die PISA Wissenschaftler sprechen von einer „Risikogruppe".

Von allen bei PISA 2000 untersuchten Ländern hängt in Deutschland der Schulerfolg am meisten von der sozialen Herkunft ab, werden insbesondere Kinder und Jugendliche mit Migrationshintergrund am schlechtesten gefördert.

Die Trennung nach Schulformen war und ist vor allem eine soziale Trennung. Sie führt zu einer Unterqualifizierung eines großen Teils der Jugendlichen. Die deutsche Schulstatistik gibt Auskunft:

- Fast 50% der Kinder aus Migrantenfamilien besuchen die Hauptschule, gegenüber 24% der deutschen Kinder.
- 20% der Jugendlichen aus Migrantenfamilien haben keinen Hauptschulabschluss gegenüber 10% der deutschen Schüler.

Seit zwei Jahrzehnten sind Einwandererkinder in Sonderschulen für Lernbehinderte um mehr als das Doppelte überrepräsentiert gegenüber deutschen Kindern. Während 2,1 2% der deutschen Kinder eine Sonderschule mit dem Förderschwerpunkt Lernen besuchen, sind dies 4, 72% der Einwandererkinder.

In Realschulen und Gymnasien sind Kinder mit Migrationshintergrund dagegen halb so häufig anzutreffen wie deutsche Kinder.

Nimmt man alle Sonderschulen zusammen, tut sich eine noch größere Diskrepanz auf. Während im Schnitt ca. 5% der deutschen Kinder eine Sonderschule besuchen, sind es in NRW 12,23% der Migrantenkinder (Hunger/ Thränhardt 2006, S. 58)

Die Situation der Migranten hat sich in den letzten Jahren nicht verbessert, sondern verschlechtert. Das macht sich z.B. an der Ausbildungssituation fest:

Deutschlandweit steigt der Anteil der Jugendlichen ohne voll qualifizierenden Berufsabschluss: 11% der deutschen Jugendlichen, aber 37% der Jugendlichen aus Migrantenfamilien haben keinen Berufsabschluss. Die Quote ist mehr als dreimal so hoch.

> Deutschland: Die Situation der Migranten hat sich in den letzten Jahren nicht verbessert, sondern noch verschlechtert.

Dies ist das bedrückende Fazit der deutschen und internationalen Untersuchungen: Deutschland schließt institutionell einen großen Teil seiner Kinder von besseren Bildungschancen aus, vor allem Migrantenkinder, und behindert dadurch ihre Integration. Bildung, darüber besteht international kein Zweifel, ist der Türöffner zur Integration. Im Februar 2006 besuchte der Sonderberichterstatter der UN-Menschenrechtskommission Vernor Munoz deutsche Schulen und kritisierte sehr deutlich die mangelnde Chancengleichheit und die Desintegration der Migrantenkinder in Deutschland.

Können wir von anderen Ländern lernen?

Fünf Punkte möchte ich hervorheben:

- Finnland, Schweden, Norwegen und England beginnen schon in Kindergarten und Vorschule mit individueller Lernförderung und systematischer Sprachförderung.
- Alle 4 Länder investieren viel Personal in die Frühförderung und achten auf kleine Lerngruppen. Sie sparen das Geld z.T. in der Oberstufe wieder ein.
- Alle geben den Kindern eine lange Zeit des gemeinsamen Lernens – mit Kindergarten und Vorschulklasse sind es über 13 Jahre – in der Nachteile durch die soziale oder ethnische Herkunft ausgeglichen werden können. Sie erlauben den Kindern, voneinander zu lernen.
- Lehrerinnen und Lehrer sind sehr gut für den Unterricht in heterogenen Schülergruppen ausgebildet. Sie übernehmen Verantwortung für das Lernen aller Kinder. Es gibt keine andere Schule, wohin ein Kind abgegeben werden könnte. Heterogenität ist normal.
- Schulen sind sich der Aufgabe bewusst, auch inhaltlich über die eigenen Grenzen hinaus zu denken und die Kulturen der Einwanderer wertschätzend mit einzubeziehen. Das sieht man sehr gut in Schweden und England.

- Förderung ist Aufgabe und integrierter Bestandteil jeder Schule, vom Kindergarten bis zur Oberstufe. Überall arbeiten Förderteams, die flexibel und schnell reagieren können. Sie sind auch speziell auf die fachliche und sprachliche Förderung von Migranten ausgerichtet. Es gilt der Grundsatz: Jedes Kind bekommt, was es braucht.
- Die Institutionen haben eigene Aufgaben, die auch die Integration von Einwanderern umfassen, aber sie arbeiten eng zusammen. Das ist besonders in Finnland zu sehen.

Integration beginnt im Kindergarten, aber es sind schließlich die Lernerfahrungen während der ganzen Schulzeit, die über Bildungschancen entscheiden. Und Bildung ist der Schlüssel zur gesellschaftlichen Integration.

Literatur

Zahlen zur Situation der Migrantenkinder. In: Uwe Hunger/Dietrich Thränhardt : Der Bildungserfolg von Einwandererkindern in den westdeutschen Bundesländern. In: Auernheimer, Georg (Hrsg.): Schieflagen im Bildungssystem, 2. Auflage 2006, Wiesbaden VS-Verlag

Anne Ratzki

Denkpause

Teamarbeit – Basis für individualisiertes Lernen und individuelles Fördern

„It's a team. We must see each other"

Anne Ratzki

Teamarbeit hat sich in den skandinavischen Ländern und in Finnland längst zu einer Erfolgsgeschichte entwickelt: Manchmal hat sie sich „einfach so" ergeben, manchmal fassten Kollegien Beschlüsse, manchmal verordnete sie sogar die Kommune. Fast immer hängt sie zusammen mit der Notwendigkeit, Kinder und Jugendliche in ihrer Heterogenität individuell wahrzunehmen und zu fördern. Das geht am besten, wenn die Erfahrungen und Beobachtungen mehrerer Menschen zusammenkommen, die diese Kinder und Jugendlichen unterrichten und betreuen.

> Teamarbeit hängt zusammen mit der Notwendigkeit, Kinder und Jugendliche in ihrer Heterogenität individuell wahrzunehmen und zu fördern.

Einige Beispiele mögen verdeutlichen, wie Teamarbeit in diesen Ländern verstanden wird und warum sie so sehr geschätzt wird.

Schweden: Teams unterstützen individuelles Lernen und machen Unterricht flexibel

Im Mittelpunkt der schwedischen Schule steht das Individuelle Lernen. Jeder Schüler, jede Schülerin soll in eigener Verantwortung mit Unterstützung der Lehrenden den eigenen Lernprozess gestalten. Um das Individuelle Lernen zu organisieren, ist die Zusammenarbeit der Lehrenden unerlässlich. So finden wir unterschiedliche Formen von Teamarbeit an allen schwedischen Schulen, die sich meist über Jahre entwickelt haben und den Lehrkräften selbstverständlich sind. Sicher trägt dazu auch bei, dass schwedische Lehrkräfte feste Zeiten in der Schule anwesend sind und ihre Arbeitszeit nicht nur nach Unterrichtsstunden berechnet wird. Sie haben Zeit und Raum, sich zu treffen und zusammen zu arbeiten. In Reinhard Kahls bekanntem Film „Spitze – Schule am Wendekreis der Pädagogik" wird diese Einschätzung von mehreren interviewten Lehrpersonen geteilt. Eine Lehrerin drückt das so aus: „It's a team. We must see each other."

> Schwedische Lehrkräfte sind feste Zeiten in der Schule anwesend und ihre Arbeitszeit wird nicht nur nach Unterrichtsstunden berechnet.

Als Beispiel möchte ich Teamerfahrungen an zwei Grundschulen (1. bis 9. Schuljahr) beschreiben. In der ersten Schule arbeiten die Lehrer und Lehrerinnen in jahrgangsübergreifenden Teams. Die Schule ist vierzügig, und je eine Klasse der Jahrgänge gehört zu einem vertikalen Team von 10 Lehrkräften. Die Teams bilden Schulen in der Schule. Für verschiedene Unterrichtsvorhaben werden die Schülerinnen und Schüler in Untergruppen altersmäßig gemischt. Ältere Kinder übernehmen Verantwortung für das Lernen der Jüngeren. Die Lehrkräfte berichten, die Teamarbeit und die altersgemischten Schülergruppen seien eine Idee der Gemeinde gewesen. Die Lehrer und Lehrerinnen seien aus ihrem Einzelkämpferdasein herausgekommen, sie arbeiteten jetzt zusammen. Sie geben Unterricht in allen Teamklassen und treffen sich einmal in der Woche zur Teambesprechung. Dort geht es um die Lernentwicklung der Schülerinnen und Schüler und die individuelle Förderung, aber auch Projektwochen werden geplant, wie z.B. ein Projekt zur Gesundheit. Die Kinder gewännen Selbstvertrauen, da Lehrkräfte und Schüler und Schülerinnen sich gut kennen lernten, auch die Hilfe der Älteren für die Jüngeren in den altersgemischten Gruppen trage dazu bei. Und die Lehrer hoben hervor, dass gerade für schwächere Schülerinnen und Schüler die altersgemischte Gruppe eine wichtige Erfahrung sei: Sie erlebten hier, dass sie schon mehr könnten als die Jüngeren. Das stärke ihr Selbstwertgefühl.

Die Gemeinde plante für diese Schule und mit dieser Schule ein neues Schulgebäude. Es sollte nach den Teams, die sich „Pfade" nennen, z.B. Erdbeerpfad, Blaubeerpfad, gegliedert werden. Diese Grundschule war eine der ersten Schulen mit einer Teamstruktur, inzwischen sind ihr schon viele gefolgt.

Ein zweites Beispiel: In einer anderen Grundschule haben die Lehrkräfte in Teams, die sie „Häuser" nennen, bisher bis Klasse 6 gearbeitet. Aber nun hat das Kollegium beschlossen, die Fachkonferenzen aufzulösen und auch in den oberen Klassen Teams einzurichten. Je zwei Lehrkräfte führen hier eine Klasse gemeinsam und jede betreut außerdem 3 bis 4 Schülerinnen und Schüler einer anderen Klasse beim individuellen Lernen. Der Umbau des Schulgebäudes in „Häuser" ist fast abgeschlossen.

Der Stundenplan ist ungewöhnlich. Er wird von den Teams gemacht und enthält keine Abfolge von 45-Minutenstunden, sondern ganz unterschiedliche Zeiten für verschiedene Fächer. Es gibt Minutenvorgaben für Fächer in der Woche und die Teams können in diesem Rahmen festlegen, wie oft und mit wie viel Minuten pro Unterrichtseinheit ein Fach unterrichtet wird. Die Zeiten dazwischen, und das ist die meiste Zeit, arbeiten die Schülerinnen und Schüler selbstständig an ihren individuellen Aufgaben. Die Lehrkräfte sind Lernberater.

Schwedische Schulen sind ungemein flexibel, wenn es gilt, entsprechend den Bedürfnissen der Kinder zu unterrichten. Dieser Freiraum in der Gestaltung der täglichen Arbeit, der den Schweden so selbstverständlich ist, hängt eng mit der Teamarbeit zusammen: Die Organisation des Stundenplans und der individuellen Arbeit ist ohne die Kooperation in Teams nicht möglich.

Auch die jährlichen Evaluationsberichte der Schulen an die Kommune ergeben sich aus den Berichten der Teams. Für die Arbeit in der folgenden Zeit setzen sich die Teams Ziele im Rahmen der Ziele, die die Kommune mit der Schule vereinbart hat.

> Die Organisation des Stundenplans und der Individuellen Arbeit ist ohne die Kooperation in Teams nicht möglich.

Finnland: Individuelle Förderung braucht Teamarbeit

Auch in Finnland fanden wir Formen der Teamarbeit, die der besonderen Schwerpunktsetzung der finnischen Schule folgten: der individuellen Förderung.

Förderung ist in der finnischen Gesamtschule, die ebenfalls von Klasse 1 bis Klasse 9 dauert, von Anfang an selbstverständlich. Zu jeder Schule gehören Assistenten und Sonderschullehrerkräfte, die jederzeit bei fachlichen oder Verhaltensschwierigkeiten Hilfe leisten können. Die Methoden der Förderung sind dabei von Schule zu Schule unterschiedlich. Meist bilden die Schulen vorübergehend kleine Gruppen, wo Schülerinnen und Schüler stundenweise oder auch über mehrere Wochen in Fächern gefördert werden oder lernen, mit ihren emotionalen Problemen umzugehen. Die Klassenlehrer treffen sich regelmäßig mit Schulleitung, Psychologen, dem Schularzt oder der Schulkrankenschwester und den Sonderschullehrerkräften, um über Schüler und Schülerinnen und die erforderliche Förderung zu beraten. Diese Personen bilden dass OHR-Team (Oppilashuoltoryhmä). Die Teamtreffen sind an allen Schulen vorgeschrieben.

> Regelmäßige Treffen des OHR-Teams sind an allen Schulen vorgeschrieben.

Sie werden auch in der gemeinsamen Sekundarstufe (7. bis 9. Klasse) fortgesetzt. Da die Schüler in Fachkursen und Fachräumen unterrichtet werden, nehmen Stützlehrerinnen und -lehrer die Funktion von Klassenlehrern wahr. So ist sichergestellt, dass auch im Fachkurssystem Schülerinnen und Schüler mit

Problemen nicht übersehen werden Dazu kommen ab der 7. Klasse Schullaufbahnberater, die jeden Schüler während seiner Schullaufbahn in Finnland begleiten. Die Stützlehrkräfte und Schullaufbahnberater gehören nun ebenfalls
zum OHR-Team. Das finnische Wort heißt übersetzt: „Schülerpflegeteam".

Daneben gibt es eine Fülle von unterschiedlichen Kooperationen. Der
Film über Finnland, „Schule auf finnisch", der im Rahmen des EU-MAIL-
Projekts entstand, dokumentiert eine Teamsitzung am Ende des Schuljahres
zur Evaluation. Die Lehrkräfte eines Jahrgangs treffen sich, um die zurück-
liegende Arbeit zu beurteilen und Verbesserungsvorschläge auszuarbeiten.
Da Evaluation auf Schüler- wie auf Lehrerseite frühzeitig und immer wieder
geübt wird und grundsätzlich zur finnischen Lernkultur gehört, ist die gemeinsame Arbeit an der Evaluation ihrer Jahrgangsarbeit für die Lehrkräfte
ganz selbstverständlich.

> Die gemeinsame Arbeit an der Evaluation ihrer
> Jahrgangsarbeit ist für die Lehrkräfte in Finnland
> ganz selbstverständlich.

Norwegen: Teamarbeit beginnt in der Lehrerausbildung.

Ich möchte hier ein Beispiel aus dem Ostfoeld College in Halden berichten.

Die Lehrerausbildung geht in Norwegen davon aus, dass bereits die Stu-
dierenden Teamarbeit kennen lernen und praktizieren sollten, damit sie später
als Lehrkräfte selbst im Team arbeiten und auch kooperative Lernformen bei
ihren Schülerinnen und Schülern unterstützen können. Das ist im dünn besie-
delten Norwegen gar nicht so einfach. Studierende machen ihre Schulprakti-
ka in weit auseinander liegenden Schulstandorten und können sich nicht so
häufig treffen. Teammitglieder müssen über Internet miteinander kommunizieren. Dazu erhält jeder Student von der erziehungswissenschaftlichen Fakultät in Ostfoeld einen Laptop. Erfahrungen müssen ausgetauscht, Seminar-
arbeiten müssen als Gruppenarbeit eingereicht werden. Teamarbeit findet on-
line statt.

> Die norwegische Lehrerbildung geht davon aus,
> dass bereits die Studierenden Teamarbeit kennen
> lernen und praktizieren sollten.

Auch in der norwegischen Schule steht individualisiertes Lernen im Mittelpunkt der Unterrichtsverfahren. Die Lehrerinnen und Lehrer müssen sich über
die jeweilige Leistungsfähigkeit ihrer Schülerinnen und Schüler im Team ver-
ständigen. Das ist umso notwendiger, als auch alle Behinderten integriert sind.
In Norwegen werden Bücher für unterschiedliche Anspruchsebenen, auch für
unterschiedliche Behinderungsarten so gestaltet, dass sie von außen gleich aus-

sehen, intern aber der individuellen Leistungsfähigkeit und Förderbedürftigkeit der einzelnen Kinder entsprechen. Voraussetzung für die Arbeit mit solchen Büchern ist, dass Fachlehrkräfte, Sonderschullehrkräfte und Betreuungslehrer einer Klasse gut zusammenarbeiten. Das ist nicht vorgeschrieben und wird von Schule zu Schule, von Lehrer zu Lehrer unterschiedlich gehandhabt.

> Die norwegischen Lehrerinnen und Lehrer müssen sich über die jeweilige Leistungsfähigkeit ihrer Schülerinnen und Schüler im Team verständigen.

Deutschland: Gute Gruppenarbeit, doch Teamarbeit ist Fehlanzeige

Als im Dezember 2005 im Rahmen des EU-MAIL-Projekts Lehrkräfte und Lehrerausbilder aus Finnland, Schweden, Norwegen und England deutsche Gesamtschulen im Düsseldorfer Bezirk besuchten, lobten sie die Gruppenarbeit der Schülerinnen und Schüler sehr. Die heterogene Zusammensetzung der Gruppen, die gut eingespielten Arbeitsverfahren, die gegenseitige Hilfe und der freundliche Umgang miteinander beeindruckten die Besucher. Sie sahen diese Art von langfristig stabilen und heterogenen Gruppen als eine gute Grundlage für individuelle Förderung an.

> Die Besucher an deutschen Gesamtschulen sahen die langfristig stabilen und heterogenen Gruppen als eine gute Grundlage für individuelle Förderung an.

Bei den Lehrkräften dagegen überraschte es sie, dass so wenig gegenseitige Information über den Unterricht und die Unterrichtsvorhaben stattfand, dass Lehrerinnen und Lehrer sich nicht über ihre Materialien und Bücher austauschten. Jeder Lehrer fühlte sich alleine verantwortlich für seinen Unterricht und blieb auf sein eigenes Fach zentriert. Hinderlich für Teamarbeit ist ebenfalls, dass die Arbeitszeit der Lehrkräfte ausschließlich nach Unterrichtsstunden bemessen wird und Zeit für Teamarbeit auf Kosten von „Freizeit" geht.

Immer wieder ist im Ausland zu hören: Deutschland sei Exportweltmeister in Pädagogik und Didaktik. Jedoch in Deutschland selbst fällt es oft schwer, Beispiele dieser pädagogischen Entwicklungen und Reformen zu finden. Meist bleiben sie vereinzelt, von ihrer Umgebung manchmal abgelehnt, oft beneidet, aber selten übernommen. Auch zu Teamarbeit scheint hier viel mehr Mut zu gehören als in anderen Ländern.

Fazit: Was können wir von der Teamentwicklung der nordischen Länder lernen?

Teamarbeit entsteht meist als Begleiterin von Reformen und Veränderungen, die beabsichtigen, Schülerinnen und Schüler im Lernen zu unterstützen. Das regelmäßige Treffen der Lehrkräfte, die ein Kind unterrichten, stärkt die diagnostische Kompetenz, weil der Blick aus verschiedenen Perspektiven erlaubt, die Fähigkeiten und Probleme des einzelnen Kindes besser wahrzunehmen und damit umzugehen.

Das selektive Schulsystem in Deutschland ermutigt nicht zur Teamarbeit. In Gymnasien trifft man sie so gut wie nie an. Viele Lehrkräfte dort äußern immer wieder die Meinung, „bei uns geht das nicht". Offenbar müssen selektive Entscheidungen, die Schullaufbahnen abbrechen, von Einzelnen getroffen werden. Würden Lehrkräfte unterschiedlicher Fächer in Teams über ihre Erfahrungen mit Schülerinnen und Schülern sprechen, Förderung organisieren, auch die Stärken in den Blick nehmen, würden wohl so viele Perspektiven zugunsten von Kindern und Jugendlichen zusammengetragen, dass individuelle Förderung als die bessere Alternative zu Sitzenbleiben oder Abschulung erschiene.

Was können wir von internationalen Erfahrungen lernen? Teamarbeit ist vielfältig, passt sich den Erfordernissen an, die das jeweilige Schulsystem stellt. Oft ist sie mit Reformschüben verknüpft, neue Anforderungen lassen sich im Team besser bewältigen. Vor allem aber dient Teamarbeit der verstärkten individuellen Wahrnehmung und Förderung der Schülerinnen und Schüler.

Teamarbeit
> braucht Zeit – Lehrerinnen und Lehrer sind länger in der Schule;
> braucht Heterogenität, die Vielfalt der Schülerschaft: Das macht sie unausweichlich;
> braucht die Unterstützung der Schulverwaltung, der Gemeinde und der Parlamente. Dazu gehören Gesetze, Regelungen der Arbeitszeit, aktive Unterstützung durch teamgerechte Gebäude etc.

Literatur

Dimenäs, Jörgen/Andresen, Ragnhild/Cruickshank, Maureen/Ojala, Jorma/Ratzki, Anne (Hrsg.): Our Children – How Can They Succeed in School? A European Project about Mixed Ability and Individualised Learning. Jyväskylä 2006

Denkpause

Reibungsverluste minimieren, Potenziale erkennen: Pragmatisch die Möglichkeiten des Alltags erkennen und nutzen

Katrin Höhmann

Was unterrichten Sie? Mit dieser harmlosen Auftaktfrage begannen die Interviews des EU-MAIL-Projektes mit Lehrerinnen und Lehrern an den Schulen in Deutschland, England, Norwegen, Finnland und Schweden. Die Antworten entpuppten sich zum Schlüssel zu unterschiedlichen Welten, zu einem wichtigen Hinweis auf die zentralen Unterschiede im Selbstverständnis der Lehrenden: „Deutsch und Englisch"; „Mathe und Sport", lauteten beispielsweise die Antworten der deutschen Lehrerinnen und Lehrer; „Kinder", „Jugendliche", „Kinder und Jugendliche", „Schülerinnen und Schüler", so die Antwort der Lehrerinnen und Lehrer aus den nordischen Ländern. Die einen benannten als erstes ihre Fächer, die andere Gruppe die, um die es in der Schule geht: Schülerinnen und Schüler!

Andere Bildungstraditionen und eine andere Lehrerausbildung sind wesentliche Gründe für ein unterschiedliches berufliches Selbstverständnis. Dieses ist in den nordischen Ländern ein Erklärungsmoment für einen anders strukturierten, deutlich pragmatischeren und durch weniger bürokratische Reibungsverluste gekennzeichneten Umgang mit allem, was zu einem gelungenen schulischen Bildungsprozess und dem Unterricht in heterogenen Gruppen gehört. Manches verdankt sich einer anderen Schulstruktur und Bildungskultur und ist zurzeit in Deutschland schwer zu realisieren, vieles aber lässt sich jenseits dieser Faktoren als Anregung aufgreifen und übernehmen. Der folgende Text zeigt an einigen dokumentierten alltäglichen Geschichten und Beispielen, was wir hier in Deutschland aus der Alltagspraxis in den nordischen Ländern lernen können. Im Fokus stehen dabei die zentrale Bedeutung des Individuums, die Haltung der Lehrenden und Strukturierungen im Alltagsprozess. Am Beispiel der Diagnostik wird das Zusammenspiel dieser drei Faktoren veranschaulicht.

Das Individuum: Die einzelne Persönlichkeit ins Zentrum der Überlegungen stellen

Szene aus einer schwedischen Schule im ländlichen Raum. Sportunterricht Jahrgang 8: Ein Leichtathletik-Parcours mit den üblichen Geräten ist in der Sporthalle aufgebaut worden. Aufgabe an die Schülerinnen und Schüler: „Probiert die Geräte aus! Was kann man damit machen? Entwickelt eine Übung, die ihr den anderen zeigen möchtet." Der Lehrer steht der Gruppe als Experte zur Verfügung, diskutiert mit den Schülerinnen und Schülern ihre Ideen, macht Hilfestellungen und lässt sich zeigen, was man denn so alles mit einem Reck, mit Ringen, Stufenbarren, Schwebebalken und Kasten machen kann. Auf die Frage, wie er mit einem Schüler umgehen würde, der aus Angst zwar immer auf den Kasten, aber nicht darüber kommt, antwortete er: „Ganz einfach, dann wird der Kasten so niedrig gemacht, bis er das erste Mal drüber kommt."

Was zählt ist der individuelle Leistungsfortschritt. Das Individuum steht grundsätzlich im Mittelpunkt der Überlegungen und ist Ausgangspunkt für die Planungen. „Lernen soll Freude machen." „Lernen soll Mut machen." So und ähnlich sind die Aussagen der Lehrerinnen und Lehrer in den Interviews; Freude am Lernen, Ernsthaftigkeit und ein hoher Anspruch an die Weiterentwicklung des Einzelnen gehören für sie zusammen und bilden keinen Widerspruch. Der individuelle Fortschritt des einzelnen Schülers ist der Qualitätsmaßstab. Der „falsche Schüler", der, weil er zu gut oder zu schlecht ist, nicht in die Gruppe oder den Jahrgang oder gar die Schule passt, existiert als gedankliches Konstrukt nicht. Curricula dienen der Orientierung für die Bildungsphilosophie des Systems, die jeder Einzelne tagtäglich umsetzt. Sie sind keine detaillierten normativen Festschreibungen von bestimmten Leistungserwartungen, die zu einem bestimmten Zeitpunkt zu erfüllen sind.

Für die Lehrenden ist es ein zentrales Anliegen, ihren Schülerinnen und Schülern individuelle Lernwege aufzuzeigen und zu ermöglichen. Wenn Lernen nicht funktioniert, betrachten es die Lehrerinnen und Lehrer als ihre Aufgabe, nach anderen Wegen zu suchen, die für den Schüler bzw. die Schülerin den Lernprozess erfolgreich machen können. Das EU-MAIL-Projekt dokumentierte dies am Beispiel eines behinderten Kindes, das nicht lesen kann, aber dies unbedingt lernen möchte. Seine Behinderung war nicht der Grund dafür, dass er bislang nicht lesen gelernt hat. Die Klassenlehrerin diskutierte zunächst den Fall mit den Lehrerinnen und Lehrern des Jahrgangsteams und den Sonderpädagogen, dann wurden Experten von außen hinzugezogen. Eine Lösung wurde bislang noch nicht gefunden. „Aber", so die Schulleiterin: „Wir suchen weiter nach einem Weg. Wir geben nicht auf!"

In dem geschilderten Fall begleitete eine Sonderpädagogin das Kind durch alle Jahrgänge hindurch und beriet die Eltern wie auch die Lehrerinnen und Lehrer, die mit dem Kind arbeiten. Dabei richtet sich der Blick immer auch auf des Umfeld eines Kindes. In diesem konkreten Fall bedeutete dies, sehr genau hinzuschauen, wie es der jüngeren Schwester in der Schule gehen würde, als diese eingeschult wurde. Sehr schnell wurde sichtbar, dass sie sich wie in der Familie auch in der Schule verantwortlich für ihren älteren Bruder fühlte, jede Pause bei ihm verbrachte und dabei auffällig belastet wirkte. Die Jahrgangsteams und die zuständige Sonderpädagogin diskutierten die Situation und vereinbarten das weitere Vorgehen. Die Klassenlehrerin führte daraufhin ein Gespräch mit ihr, in dem sie ihr erklärte, dass sie in der Schule keine Verantwortung für ihren Bruder habe. „In der Schule sind die Erwachsenen ganz alleine für ihn verantwortlich und kümmern sich gut um ihn. Darauf kannst du dich fest verlassen." „Das Kind wirkte sichtbar entlastet. Von diesem Moment an spielte sie in den Pausen mit ihren Mitschülerinnen und Mitschülern", erzählte die Sonderpädagogin.

Kinder und Jugendliche nicht aufgeben, sondern mit ihnen und für sie nach guten Lösungen suchen, ist ein wichtiges Kennzeichen für den Stellenwert des Individuums im Bildungssystem der nordischen Länder. Die Lehrerinnen und Lehrer wissen viel über die Kinder und Jugendlichen, die sie unterrichten und deren familiäre Situation. Schülerinnen und Schüler und deren familiäres Umfeld gut zu kennen und sich nicht nur für den Bildungs-, sondern ebenso für den Erziehungsprozess und die individuelle Entwicklung mit verantwortlich zu fühlen, führt im Schulalltag zu einer Verbesserung der Lernsituation und entsprechend zu einer Verminderung von Reibungsverlusten sowie zu adäquateren Verhaltensweisen bei institutionellen Übergangssituationen. Reibungsverluste könnten entstehen durch: Unterschiedliche, einander widersprechende pädagogische Maßnahmen, falsche Reaktionen, durch mangelnde oder falsche Informationen, Zeitverlust im Lernprozess durch Lern- und Förderstrategien, die nicht greifen, Doppelung von Gesprächen etc.

Die Zahl der Pädagogen und Pädagoginnen, die mit einer Gruppe von Kindern oder Jugendlichen zu tun haben, wird möglichst klein gehalten. Professionelle Kompetenzen an einer Schule werden gezielt genutzt. In einer der besuchten Schulen berieten bei Übergängen die abgebenden Teams der einen Schule die aufnehmenden Teams der anderen Schule bezüglich der Zusammensetzung der Klassen. Ein Beispiel dafür, wie versucht wird, zum Vorteil individueller Lern- und Entwicklungsprozesse Wissen zu bündeln und weiterzugeben.

Neben einem zugewandten Miteinander, einer großen Gelassenheit im Schulalltag, einer guten schulischen Organisation des Alltags und einem positiven Lern- und Arbeitsklima gibt es einen weiteren Aspekt, der eine hohe Relevanz hat: „Respekt". Ein respektvolles Miteinander ist bestimmend für das schulische Zusammenleben und Arbeiten. Respekt ist einer der Werte, die konsequent gelebt und eingefordert werden. In Schweden und Norwegen

ebenso wie in Finnland kollidieren jugendkulturelle Phänomene mit den
Werten der Erwachsenenwelt. Natürlich gibt es auch an den Schulen der besuchten Länder Jugendliche, die ein deutlich spürbares aggressives Potenzial
haben. Dennoch konnten wir bei unseren Schulbesuchen nur sehr selten jene
Rangeleien, jene kleinen Gesten von Macht und Aggression beobachten, die
aus dem Alltag vieler deutscher Schulen bekannt sind: hier der Griff in den
Nacken eines Mitschülers, da der etwas zu feste Schulterschlag oder das im
Vorbeigehen gestellte Bein. In den Interviews wie auch bei den Beobachtungen an den Schulen in Finnland, Norwegen und Schweden fiel immer wieder
auf, dass sich Lehrerinnen und Lehrer durchgängig dafür einsetzen, schulische Formen des Miteinanders zu etablieren und zu erhalten, die es ermöglichen, dass sich jedes Kind, jeder Jugendliche, jeder Mitarbeiter „safe und se-
cure" an der Schule fühlt. Aufmerksam zu sein in Hinblick auf die kleinen
Übergriffe im Alltag, ist daher auch keine auf die Pause begrenzte Aufgabe,
sondern eine Selbstverständlichkeit ohne Auszeit im Schulalltag.

Der Anspruch respektvoll miteinander umzugehen, beschränkt sich jedoch nicht nur auf den Umgang der Erwachsenen mit den Kindern und Jugendlichen. Respekt drückt sich auch in vielen anderen Bereichen aus. Ein
Beispiel sind die Architektur und Raumgestaltung: Jeder Lehrer hat einen eigenen Arbeitsplatz. Daneben gibt es das Lehrerzimmer, in dem man sich ausruhen, essen, Gespräche führen kann. Für Eltern gibt es freundlich gestaltete
Wartebereiche. Respekt ist ebenso ein Aspekt in Fragen der Personalführung.
Hierzu gehört die Form, in der Schulleitung mit Lehrern und Lehrerinnen die
Personalentwicklungsgespräche führt. Auf die Frage wie diese genau verlaufen, berichten die meisten Lehrerinnen und Lehrer, dass sie als erstes gefragt werden, wie sie sich an der Schule fühlen, in welchem Bereich sie sich
weiter entwickeln möchten und welchen Beitrag die Schule dazu leisten
kann, dass dies gelingt, wo sie Entwicklungsbedarf in der Schule sehen und
wie sie sich für die Weiterentwicklung der Schule einsetzen möchten. Erst
dann ginge es auch um kritische Punkte in der Zusammenarbeit und wie diese
gelöst werden könnten.

In welchen Bereich von Schulleben und Unterricht der Blick in den nordischen Ländern geht, die Formen, Verfahrens- und die Verhaltensweisen
zeichnen sich überwiegend dadurch aus, dass sie pragmatisch, unaufgeregt,
unkompliziert und oft überraschend unaufwendig sind. Respekt ist ein zentrales Moment im Umgang miteinander. Die Freude an der Arbeit und am Lernen zu fördern, das Selbstbewusstsein der Schülerinnen und Schüler zu stärken ist keine Frage aufwendiger Animationsprogramme, es ist eine Frage der
Aufgabenstellung und der Ansprache, so wie im Fall des eingangs beschriebenen Sportunterrichts. Ob es möglich ist, die einem anvertrauten Kinder und
Jugendlichen gut zu kennen, ist schlicht eine Frage der innerschulischen Organisation und des professionellen Selbstverständnisses von Lehrerinnen und
Lehrern. Schule wird als gemeinsamer und geschützter Lebensraum verstan-

den, in dem jeder die Chance hat, sich gut zu entwickeln und seine Begabungen zu entfalten.

Das Individuum

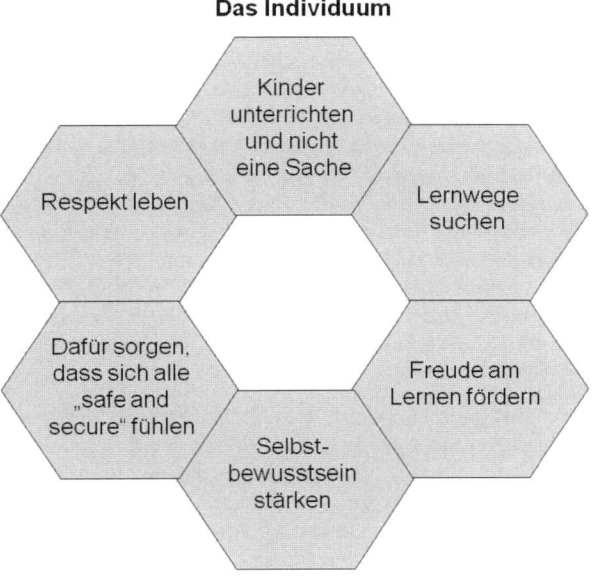

® Höhmann

Überlegungen für die Praxis
- Das Individuum zum Ausgangspunkt von didaktischen und pädagogischen Überlegungen machen.
- Die Lebensumstände von Schülerinnen und Schüler kennen.
- Informationen über Schülerinnen und Schüler im Sinne ihrer bestmöglichen Förderung nutzen.
- Die Kenntnisse abgebender Institutionen berücksichtigen.
- Inhalte dem Lernenden unterordnen und nicht die Lernenden den Inhalten.
- Die Freiräume von Curricula erkennen.
- Die Ernsthaftigkeit des Lernens und die Freude am Lernen nicht gegeneinander ausspielen.
- Sich als Lehrer / Lehrerin für das Lernen seiner Schülerinnen und Schüler verantwortlich fühlen.
- Unterschiedliche Zugänge zu Erkenntnissen ermöglichen und verschiedene Lernwege eröffnen.

Die Haltung: Stärken erkennen, fördern und stabilisieren

Zwei Schüler aus der 9. Klasse einer schwedischen Schule kommen zu spät zum Englischunterricht. Sie betreten den Unterrichtsraum zwar leise, aber keineswegs unauffällig: Kappen auf, wattierte Jacken an, setzen sie sich an ihre Plätze. Zum Erstaunen der Besucher reagiert die unterrichtende Lehrerin nicht mal mit einem strengen Blick in Richtung der Zuspätgekommenen. Sie macht ihren Unterricht, ohne diesen auch nur für einen Moment stören zu lassen. Später danach gefragt, erklärt sie: „Ich gehe erstmal davon aus, dass die Schüler einen guten Grund gehabt haben werden, zu spät zu kommen und ich bin nicht bereit, den Lernprozess mit 24 anderen Schülerinnen und Schülern dadurch stören zu lassen, dass zwei nicht pünktlich kommen konnten und ich mich mitten im Unterricht ihnen widme. Bei wiederholtem Zuspätkommen kläre ich das an anderer Stelle. Aber nicht in der Stunde vor der Klasse."

Zunächst davon auszugehen, dass es gute Gründe sind, die dazu führen, dass jemand etwas anders macht als erwartet, dieses Verhalten von Lehrerinnen und Lehrern begegnet einem immer wieder in den Schulen Schwedens, Norwegens und Finnlands. Dies ist eine Facette jener Vertrauenskultur, die grundlegend für das Lehrerhandeln ist. Es sind oft kleine Nuancen von Verhalten und Formulierungen, die den Unterschied zwischen einer an Stärken orientierten Pädagogik und einer Haltung ausmachen, die auf Schwächen focussiert ist. Ob eine Lehrerin, die neu in eine Klasse kommt und sich über den Wissensstand der Kinder einen Überblick verschaffen möchte, sagt: „Ich möchte wissen, was ihr nicht wisst" oder „Ich möchte wissen, was ihr wisst", ist ein kleiner Unterschied in der Formulierung, aber dahinter steht eine völlig andere Haltung gegenüber dem Lernenden und dem Lernen. Die Auswirkungen bei den so Angesprochenen sind größer als dies häufig bewusst ist.

Stärkenorientierung ist in den nordischen Ländern kein aufwendiges pädagogisches Konzept, sondern an allererster Stelle eine Haltung. Stärkenorientierung ist somit eine Selbstverständlichkeit im Umgang miteinander und es ist – anders als in Deutschland – zudem strukturell verankert, da es kein mehrgliedriges vertikal organisiertes Schulsystem, keine Klassenwiederholung, kein Zurückstellen und keine Notengebung gibt. Stärkenorientierung muss also nicht im Kontext eines auf Selektion basierenden Systems individuell verankert werden, sondern hat einen fördernden institutionellen, organisatorischen Rahmen, der auch organisatorisch die individuelle Bezugsnorm in den Vordergrund stellt.

Ein Beispiel für diese andere, an den Möglichkeiten und Stärken orientierte Haltung findet sich auch in Dokumenten wie beispielsweise einem schwedischen Förderplan, der dem Projekt von einem Kollegen aus Schweden zur Verfügung gestellt wurde. Während bei uns nach dem Förderbedarf gefragt wird, ist dort zu lesen „Fähigkeiten und Begabungen, die unterstützt und gefördert werden". Hier wird die eingangs beschriebene Verantwortung der Erwachsenen für den Lernprozess der Schülerinnen und Schüler bereits in die Formulierung mit aufgenommen. Während bei uns Schülerinnen und Schüler in Fördermaßnahmen geschickt werden, findet sich beispielsweise an schwedischen Schulen die Variante, dass Fördermaßnahmen ein Angebot sind, die Schüler und Schülerinnen nutzen können. „Förderung kann nur funktionieren, wenn Schülerinnen und Schüler sie wollen", erklärt uns der hierzu der interviewte Lehrer.

Stärkenorientierung heißt nicht, Defizite zu vernachlässigen. Stärkenorientierung bedeutet schlichtweg eine andere Form der Prioritätensetzung. Es geht um eine veränderte Ausgangslage, die für die Interaktion, für die Unterrichtsplanung, für Lernarrangements und Lerntechniken kennzeichnend ist. Ein stärkenorientierter, individualisierender und somit fördernder Ansatz bedarf auch keiner völlig anderen und aufwendigen Materialien. Er verlangt eine andere Haltung und dadurch einen veränderten Umgang mit den vorhandenen Dingen im Unterrichtsalltag. Ein Beispiel aus dem Alltag: Ein Lehrer betritt den Klassenraum. Mathematik 8. Klasse. Eine Aufgabe wird an die Tafel geschrieben. Die Schüler und Schülerinnen sitzen an Gruppentischen. Die Gruppen sind leistungsgemischt. Die Schülerinnen und Schüler denken in ihren Tischgruppen miteinander über die Aufgabe nach. Eine halbe Stunde lang macht der Lehrer nichts anderes, als von Gruppentisch zu Gruppentisch zu gehen und mit den Schülerinnen und Schülern über mögliche Lösungswege zu diskutieren. Er ermutigt die Schülerinnen und Schüler ihre Ideen zur Lösung der Aufgabe umzusetzen, verschiedene Varianten auszuprobieren, er regt sie zu neuen Überlegungen an. Die Lösung sagt er an keiner einzigen Stelle. Es geht ihm nicht um die richtige oder falsche Lösung. Es gelingt ihm, die Schülerinnen und Schüler dazu anzuregen, gemeinsam über Mathematik nachzudenken.

Im Interview danach gefragt, was seine Arbeit unterstütze, nennt er unter anderem das Mathebuch und skizziert, wie es aufgebaut ist.

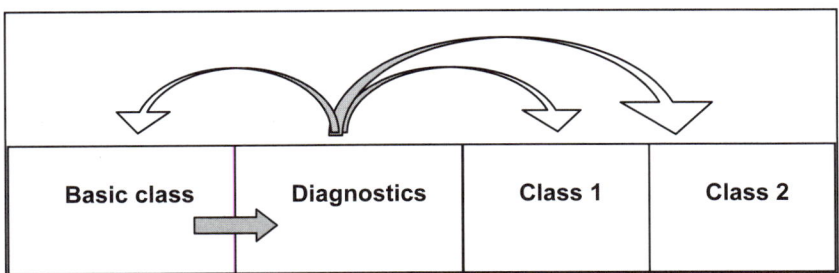

Es gibt ein Grundlagenkapitel, ein Diagnostikkapitel und zwei weiterführende Kapitel auf unterschiedlichem Anspruchsniveau zu jedem Thema. Je nach Lernstand kann der Schüler unterschiedlich in den Stoff einsteigen bzw. an den Inhalten weiterarbeiten. Stellt er im Diagnostikkapitel fest, dass er die Grundlagen noch nicht beherrscht, hat er die Möglichkeit das Basiskapitel zu wiederholen. Hat er sich die Grundlagen gut angeeignet, kann er das erste Aufbaukapitel machen. „Und wenn ich ein hochbegabtes Kind in meiner Klasse habe, dann einige ich mich mit ihm zum Beispiel darauf, dass es das Basiskapitel weglässt, gleich in das Diagnostikkapitel einsteigt und dann mit Aufbaukapitel 2 weitermacht." Auch in den anderen nordischen Ländern ist das Schulbuch wichtiges Instrument zur Differenzierung. In einer finnischen Schule gibt es beispielsweise das gleiche Lehrbuch für Schwedisch in zwei Varianten, einmal mit Texten, die einen höheren Schwierigkeitsgrad haben und einmal mit inhaltlich den gleichen Texten, diese sind jedoch in einer vereinfachten Form geschrieben. Kapitel und Themen in den Büchern sind identisch, Aufbau und Aussehen ebenso.

Die im Unterrichtsalltag an den besuchten Schulen feststellbare andere Haltung von Lehrenden hat entscheidend mit ihrem Rollen- und Unterrichtsverständnis zu tun. Die für den Unterricht in Deutschland noch immer prägenden didaktischen Prinzipien: Vormachen, Nachmachen, Üben und Transfer sind nicht die, die den gesehenen Unterricht in Schweden, Finnland oder Norwegen strukturieren. Hier ließen sich vielmehr folgende didaktische Abläufe herausarbeiten: Ausprobieren, Erkenntnisse formulieren, diese überprüfen, verallgemeinern, trainieren und den Transfer leisten. Der Unterricht beeindruckt nicht durch Methodenvielfalt und Materialfülle. „Arbeitsblätter auf drei Niveaus! Diese Fehler haben wir früher häufig gemacht! Davon sind wir völlig abgekommen," berichtet einer der Interviewpartner. Es sind Fragestellungen, die zu einer Herausforderung für Schülerinnen und Schüler gemacht werden. Es sind Lernsituationen, durch die Schülerinnen und Schüler aktiviert werden und in denen sie sich erfolgreich erleben können. Eine aktive Haltung im Lernprozess wird kontinuierlich gefördert und eingefordert.

Die Haltung

© Höhmann

Überlegungen für die Praxis

- Ein Schul- und Klassenklima gestalten, in dem positive Lern- und Lehrerfahrungen für alle möglich sind.
- Die Stärken von Schülerinnen und Schülern erkennen und ihnen wie sich selbst bewusst machen.
- Eine Vertrauenskultur aufbauen.
- Auch in zunächst nicht einsichtigen Situationen in der ersten Reaktion davon ausgehen, dass das Gegenüber begründet handelt und eine entsprechende (Frage-) Haltung einnehmen.
- Eine konzentrierte und fokussierte Lernatmosphäre herstellen.
- Genau prüfen, welche Unterbrechungen beim Lernen für eine erzieherische Maßnahme wirklich unumgänglich sind.
- Unterricht so wenig wie möglich durch Erziehungsmaßnahmen stören. Erziehungsmaßnahmen und Unterricht: beides hat seine Zeit und seinen Ort.
- Innere Differenzierung als Haltungsfrage verstehen.
- U.a. Aufgaben- und Fragestellungen differenzieren.
- Keine Aufgaben und Arbeitsblätter zuweisen.

Die Strukturen: Der Rahmen für Vielfalt

Thema des Geschichtsunterrichts: „Das schwedische Königshaus im 19. Jahrhundert.". In der Klasse gibt es fünf Gruppentische. Die Lehrerin hatte fünf Aufgabenstellungen, die über mehrere Stunden projektförmig zu bearbeiten sind. Der Abgabe- bzw. Präsentationstermin steht an der Tafel. Die Aufgaben werden den Gruppen zugeteilt. Ohne weitere Klärungsprozesse beginnen die Schülerinnen und Schüler zu arbeiten. Jede Gruppe holt sich einen Flipchartbogen, macht eine Zeitplanung, überlegt, was zu tun sei, um die Aufgabe zu lösen. Sie diskutieren wie und wo sie die Informationen bekommen können, teilen die Arbeit ein und gehen arbeitsteilig an die Recherche. Dazu nutzen sie ihr Schulbuch, einen der drei Rechner, der im Gang steht, einige gehen in die Schulbücherei, andere schauen in dem Stapel Bücher nach, der auf dem Tisch der Lehrerin liegt. Zu einem gruppenintern vereinbarten Zeitpunkt treffen sich die Schülerinnen und Schüler, um die ersten Ergebnisse auszutauschen und das weitere Vorgehen zu besprechen. Auf erstauntes Nachfragen, wieso dies alles so reibungslos verlaufe und die Schülerinnen und Schüler so schnell in den Arbeitsprozess eingestiegen seinen, reagiert die Lehrerin ihrerseits mit Erstaunen: „So handhaben das alle Lehrerinnen und Lehrer unserer Schule den Einstieg in ein Projekt seit dem ersten Schuljahr!"

Betrachtet man Lernsituationen an den nordischen Schulen wie die hier beschriebene, so fällt auf, dass eine andere Balance zwischen Offenheit und Strukturiertheit, zwischen Verbindlichkeit und Freiheit, zwischen Erziehungs- und Bildungsprozess hergestellt wird, als dies in deutschen Schulen üblich ist. Es gibt auf der einen Seite ein hohes Maß an Verbindlichkeit zum Beispiel was die Einführung und den Einsatz von trainierten und automatisierten Verfahren angeht, mit denen zum Beispiel in ein Projekt eingestiegen wird. Auf der anderen Seite ist die Selbstverantwortung der Schülerinnen und Schüler für den Arbeitsprozess sehr hoch.

Auch beim Umgang mit tagtäglich in der Schule gebrauchten Materialien gibt es andere Verfahrensweisen, als sie an vielen deutschen Schulen üblich sind. Lehrer und Lehrerinnen kommen mit einem Vorbereitungswagen in den Unterricht, auf dem keineswegs nur ihre Unterlagen oder vorbereitete Experimente und Anschauungsmaterial zu finden sind, sondern auch Stifte und Blätter, Zirkel und Lineal, Radiergummi und Spitzer für Schülerinnen und Schüler. Ein Beispiel aus der Praxis einer schwedischen Schule: Die Lehrerin beginnt ihren Unterricht mit einer Schreibaufgabe. Zwei Jugendliche haben keinen Zettel und keinen Stift dabei. Von dem Wagen mit Materialien holen sie sich, was sie zum Arbeiten brauchen. Auch in dieser Schule ist es eigentlich üblich, dass Eltern beispielsweise Schulhefte und Stifte bezahlen. Wenn Schülerinnen und Schüler jedoch Materialien vergessen haben oder nicht besitzen, beginnt nicht die öffentliche Erziehung der Eltern über ihre Kinder vor der ganzen Klasse. Ein Erziehungsakt, der meistens völlig ineffektiv ist und dazu noch wertvolle Lernzeit raubt. Die Lehrerinnen und Lehrer gehen einen anderen Weg. An erster Stelle stehen die Arbeitsfähigkeit der Kinder und die Relevanz des Lernprozesses. Also stehen Materialien bereit. Warum die Kinder und Jugendlichen keine Arbeitsmaterialien dabei haben, klärt die Schule im direkten Kontakt mit den Eltern an geeigneter Stelle, so zum Beispiel bei den Halbjahresgesprächen.

Das Verhältnis von einerseits großer Eigenständigkeit der Schülerinnen und Schüler und den andererseits wenigen, aber sehr klaren Strukturen, in denen sie sich bewegen, ist charakteristisch für die Arbeit. Alles, was die Selbstständigkeit und Aktivierung der Schülerinnen und Schüler sinnvoll unterstützen kann, wird in den Unterricht integriert, und sei es das Handy. Handyverbot: ein wichtiges Thema an deutschen Schulen. An einer der finnischen Schulen konnten die Projektmitglieder erleben, wie das Handy ganz selbstverständlich als Taschenrechner im Mathematikunterricht eingesetzt wird. Statt strikter Gerätetrennung – hier der erlaubte Taschenrechner, da das verbotene Handy – pragmatische Gerätenutzung. Das Handy haben die Jugendlichen zudem immer dabei. Dieser Ansatz, pragmatisch nach sinnvollen Lösungen zu suchen, die zu möglichst geringen organisatorischen Reibungsverlusten führen, zeigt sich in allen schulischen Organisationsbereichen, vor allem beim Lehrereinsatz, beim Umgang mit Raum und Zeit. An allen besuchten Schulen galt für den Lehrereinsatz, dass dieser möglichst konzentriert auf wenige Klassen und Jahrgänge erfolgte. Fachfremder Unterricht und Klassenlehrerprinzip waren bis Jahrgang 6 üblich. Die Klassen- bzw. Jahrgangsteams trafen sich wöchentlich, die Fachteams monatlich. Aufgabe der Fachteams war es u.a. die fachfremd unterrichtenden Lehrerinnen und Lehrer zu coachen. Verantwortlich für den Stundenplan sind die Jahrgangsteams. Es gab an den Schulen keine feste zeitliche Taktung. Eine Unterrichtsstunde konnte z. B. eine halbe Stunde, eine Stunde oder auch 45 Minuten dauern. Ob die 180 Minuten Englischunterricht auf 4 mal 30 und einmal 60 Minuten verteilt werden oder auf 3 mal 60 Minuten oder ob es einen Vormittagsblock Englisch gibt plus einer weiteren Stunde in der Woche, darüber entscheiden die Lehrerinnen und Lehrer des Jahrgangs. Sie sind auch für die Organisation von Vertretung verantwortlich.

Strukturen schaffen, die sinnvolles Arbeiten ermöglichen, das gilt ebenfalls für den Umgang mit Räumen. Räume sind auch in den gesehenen Schulen keineswegs immer üppig ausgestattet. Was aber den Umgang und die Gestaltung aller gesehenen Räume miteinander verbunden hat: Sie waren immer gut strukturiert und geordnet. Das Beispiel der Raumgestaltung in einer sechsten Klasse in Schweden ist durchaus typisch: Jeder Stuhl ist mit dem Namen des Schülers beschriftet. In einfachen weißen Regalen hat jedes Kind sein Fach. Die Zeitschriftensammler auf jedem Tisch sind in einer einheitlichen Farbe. Nirgends gibt es Ecken, die ungeordnet sind, wo etwas abgelegt und seit Wochen nicht mehr angeschaut wurde. Es gibt keine halb herunter-gerissenen Plakate. Alle Tische haben trotz der unterschiedlichen Größe der Kinder die gleiche Höhe. Verstellt wird eine Art Fußbänkchen an den Stühlen, sodass die Schülerinnen und Schüler eine gute Sitzhaltung haben. Dies alles führt dazu, dass der Raum beruhigt und geordnet wirkt. Die Lebendigkeit und das Chaos tragen die Schülerinnen und Schüler beim Arbeiten hinein. Die Erwachsenen fühlen sich offensichtlich verantwortlich für die Rahmenbedingungen, in denen die Schülerinnen und Schüler arbeiten.

Für die besuchten Schulen der nordischen Länder lässt sich durchgängig sagen, dass eine Form des Umgangs mit Zeit, Raum und Material feststellbar war, der innerhalb der Kollegien sehr abgestimmt und gut strukturiert erschien. Ziel schien immer zu sein, eine gute Arbeitsfähigkeit und Arbeitsatmosphäre herzustellen. Es gab wenige, aber in hohem Maße verbindliche Absprachen zwischen den Lehrenden und Vorgaben für die Lernenden. Die Erwachsenen sehen sich als jene, die den Rahmen schaffen, der sinnvolles Arbeiten erst ermöglicht.

Die Strukturen

© Höhmann

Überlegungen für die Praxis

- Die organisatorische Komplexität von Schule vereinfachen.
- Den Lehrereinsatz mit dem Ziel weiterer Konzentration überdenken.
- Verantwortung in die Hand der Teams geben.
- Klare räumliche und zeitliche Strukturen schaffen, die einen sinnvollen Rahmen für die Arbeit der Schülerinnen und Schüler wie der Lehrerinnen und Lehrer bilden.
- Sich als Lehrender für den Raum verantwortlich fühlen.
- Auf die optische Beruhigung und Strukturierung des Raumes achten.
- Wenige, aber verbindliche Regeln einführen.
- Wenige Lerntechniken konsequent etablieren.
- Verbindlichkeit und Verlässlichkeit innerhalb des Kollegiums etablieren.
- Die Balance zwischen Struktur und Offenheit, Verbindlichkeit und Freiheit überdenken.

Die Diagnostik: Ein Beispiel wie der Blick auf das Individuum, die Haltung der Lehrenden und die Strukturen zusammenspielen

Ein Mathematiklehrer einer der besuchten Schulen wird danach gefragt, was er macht, wenn einer seiner Schüler immer wieder einen bestimmten Typus Aufgaben falsch rechne und er den Eindruck habe, der Schüler käme keinen Schritt weiter und würde trotz unterschiedlichster Erklärungsversuche und -wege nicht verstehen, wie er zu einer richtigen Lösung kommen kann: „Dann würde ich mich mit dem Kind in Ruhe und mit Zeit hinsetzen und ihm sagen: ‚Erkläre mir, wie du rechnest, damit ich verstehe, wie du denkst‘.“ Er fügt hinzu: „Vielleicht steckt ja hinter den falschen Rechenergebnissen eine richtige, eine kluge Idee, über diese würden wir dann sprechen.“

Gute Diagnostik hat das Individuum im Blick, nutzt die Vielfalt der Arbeitsergebnisse und entwickelt und eröffnet Perspektiven für die individuelle Weiterentwicklung. Diagnostik ist einer der schulischen Bereiche, an denen sehr gut gezeigt werden kann, wie die Haltung, die Strukturen und der Stellenwert des Individuums zusammenspielen müssen, um erfolgreich zu sein. Verstehen wollen, wie in dem Beispiel des Mathematiklehrers, wieso ein Kind was macht und mit ihm darüber ein Gespräch führen, das gehört ebenso zu einem sinnvollen Repertoire an Verfahren und Vorgehensweisen im Bereich der Diagnostik wie standardisierte Tests. Das Wissen um diagnostische Kenntnisse und Möglichkeiten übersteigen in den nordischen Ländern vermutlich nicht wesentlich die deutscher Lehrerinnen und Lehrer. Aber der andere Blick auf das Individuum, das berufliche Selbstverständnis der Lehrenden, ihre Haltung gegenüber Lehr- und Lernprozessen und die klareren Strukturen ermöglichen einen anderen Umgang mit den im Schulalltag gewonnen Erkenntnissen. So informieren Klassenarbeiten beispielsweise darüber, wo noch Handlungsbedarf besteht und dienen nicht einer Einsortierung von Kindern auf einer Notenskala. Die Qualität eines Lehrers wird nicht daran abgelesen, ob bei ihm auch alle Zensuren vorkommen, sondern daran, wie gut das einzelne Kind gefördert ist.

Zentrale Abschlussarbeiten sind auch in den nordischen Ländern ein wichtiger Orientierungspunkt für die Ausrichtung des Fachunterrichts. In wie weit Schülerinnen und Schüler den Stoff beherrschen, das überprüft ein Lehrer/eine Lehrerin zum Beispiel in Schweden, indem er/sie aus einer offiziellen Aufgabensammlung, die in den Schulen vorhanden ist, zu einem von ihm/ihr gewählten Zeitpunkt eine Arbeit zusammenstellt, die denen der Abschlussprüfung thematisch entspricht. Anhand der Ergebnisse dieser Arbeit stellt er/sie dann fest, in welchen Bereichen wer die Inhalte bereits beherrscht und wo noch Handlungsbedarf besteht. Es ist die Verantwortung des Lehrers/der Lehrerin und Teil seiner/ihrer Professionalität, den weiteren Lernplan für die Schülerinnen und Schüler zu konzipieren.

Eine wichtige Rolle kommt neben dem einzelnen Lehrer im Prozess der Diagnostik dem Team zu und dem gemeinsamen Austausch über die Lernentwicklung von Schülerinnen und Schüler. Die Expertise anderer Professionen wie Sonderpädagogen, Schulpsychologe, Sozialarbeiter, Krankenschwester etc. sind eine weitere wichtige Facette im diagnostischen Prozess. Neben dem einzelnen Lehrer und dem Team kommt als dritte diagnostische Säule der Schüler selbst hinzu. Die Fähigkeit zur Selbstbeobachtung und -beurteilung spielt hier eine wichtige Rolle. Schülerinnen und Schüler werden darin kompetent gemacht, ihre Lernentwicklung zu planen und zu dokumentieren, zu beurteilen und zu reflektieren. Portfolio und Selbstreflexionsbögen sind hierbei zwei wichtige Elemente. Beide Instrumente sind auch in Deutschland bekannt, nur werden sie hier häufig additiv nebeneinander gesehen und nicht als wichtige Bestandteile eines diagnostischen Gesamtkonzepts gesehen, die wie Zahnräder ineinandergreifen. Förderpläne sind das Planungsinstrument für den Bildungsprozess auf Lehrerebene. In ihnen wird festgehalten was in der nächsten Zeit geschehen soll. Portfolios sind die Dokumentation des vergangenen Bildungswegs und dienen unter anderem der Feststellung, wo ein Schüler, eine Schülerin steht. Kompetenzraster sind die Planungsbasis. Sie skizzieren den Entwicklungsrahmen. Anhand dieser drei Elemente lässt sich für die Diagnostik exemplarisch das Zusammenspiel der System-, der Lehrer- und der Individualebene zeigen.

Die Diagnostik

© Höhmann

- Vorhandene Erkenntnisse und Verfahren als diagnostische Grundlage nutzen (Klassenarbeiten, Tests).
- Den Unterricht so arrangieren, dass die Möglichkeit besteht, Kinder und Jugendliche in Ruhe zu beobachten.
- Im Team über Schülerinnen und Schüler sprechen.
- Feststellen, wer in der Schule welche Expertise hat und diese mit hinzuziehen.
- Den Blick von außen zulassen und beispielsweise andere Lehrerinnen und Lehrer als Beobachter in den Klassenraum holen.
- Schülerinnen und Schüler dazu befähigen ihre Arbeitsergebnisse zu dokumentieren und zu beurteilen.
- Vorhandene Verfahren der Dokumentation, Planung, Bewertung miteinander verzahnen (z.B. Portfolio, Förderplan, Kompetenzraster).

Jenseits der Grenzen, die sich aufgrund der unterschiedlichen Schulsysteme ergeben, ist es möglich, von den Schulen der nordischen Länder ganz konkret für den schulischen Alltag in Deutschland zu lernen. Dazu gehört auf vielen schulischen Ebenen das Verhältnis von Struktur und Offenheit, von Lenkung und Freiheit neu zu definieren, dazu gehört auch fachlichen Unterricht und aktive Erziehungsmaßnahmen deutlicher zu trennen und die Gegebenheiten des Alltags sinnvoll zu nutzen. Von den Schulen in den nordischen Ländern lernen, heißt neu über die Verantwortung der Lehrer und Lehrerinnen für den Lernprozess ihrer Schülerinnen und Schüler nachzudenken, die Kooperation zwischen Lehrkräften auszubauen, Teamstrukturen zu institutionalisieren und das Selbstverständnis als Lehrer zu überdenken. Das alles kostet kein zusätzliches Geld und erfordert kein anderes System. Dies sind Elemente, die jenseits dieser ebenfalls wichtigen Faktoren geändert werden könnten. Damit kann jede Schule sofort beginnen.

Denkpause

Meine Wochenplanung und Wochenevaluation (Montagmorgen ausfüllen)

Woche:_____ Name:_____

Die Sachen, an denen ich in dieser Woche vor allem arbeiten möchte:

Das Buch, das ich zur Zeit lese

Buchtitel:_____ Autor/Autorin: _____

Die Seite, mit der ich diese Woche starte:_____

Das möchte ich diese Woche erreichen:

Wie ich mich diese Woche verhalten möchte (gegenüber Erwachsenen und gegenüber Kindern)

Evaluation der Woche (Freitagmittag ausfüllen)
Habe ich das erreicht, was ich geplant habe? (sage nicht nur ja oder nein, kommentieren!)

War ich ein guter Freund und habe ich meine sozialen Ziele erreicht? (sage nicht nur ja oder nein, kommentiere deine Aussage)

Das habe ich diese Woche genossen!

In welcher Stunde hatte ich in dieser Woche den meisten Spaß?

Frage (gibt es noch etwas das du fragen möchtest)

Unterschrift Lehrerin/Lehrer:_____ Unterschrift der Eltern:_____

Gesprächsführung im Unterricht unter Berücksichtigung der Heterogenität der Lerngruppe

Klaus Bert Becker

Da sich dezentralisierende Methoden der Unterrichtsgestaltung angesichts der existierenden und begrüßenswerten Heterogenität der Lerngruppe anbieten, erscheint es zunächst als verwunderlich, dass hier die Gesprächsführung der Lehrperson in den Blick gerückt wird. Neben dem reinen Vortrag gilt doch die plenare Gesprächsführung oft als markantes Beispiel für die Kanalisierung des Denkens, für die Ausrichtung aller auf eine Herangehensweise, auf ein Tempo, auf eine Methode. Dem hat man mit der Favorisierung moderativer Gespräche begegnen wollen, und es sind Bibliotheken gefüllt worden mit Büchern über den Gesprächsleiter als Moderator. Die Lehrperson aber als Leiter/in von Gesprächen, in denen inhaltlich etwas erarbeitet, in denen ihre sachliche und thematisch-prozedurale Kompetenz gefragt ist, in denen es neben der Ausfaltung des Schülerdenkens auch z.B. um das richtige Ergebnis geht, ist in der Literatur bislang recht stiefmütterlich behandelt worden.

Die Moderationsmethode stößt bei solchen Gesprächen schnell an ihre Grenzen, da sie davon ausgeht, dass das Thema, der Gegenstand den Beteiligten mehr oder weniger gleich zur Verfügung steht. Dies ist im Unterricht meist nicht der Fall. Auch wenn die Lehrperson mehr Prozesshelferin als Belehrende sein soll, kann nicht darüber hinweggesehen werden, dass sie als Wissende sich bemüht, Nichtwissende wissend zu machen, zu befähigen usw. Deshalb wird die Lehrperson gezwungen sein, aus sachlichen Gründen heraus die Freiheit der Teilnehmer durch Information, Steuerung und Korrektur einzuschränken. Zugleich muss das Gespräch aber so geplant und durchgeführt werden, dass diese Eingriffe zurücktreten können gegenüber dem Ziel einer nichtdirektiven Führung.

Im Rahmen des Comenius-Projektes haben wir in den skandinavischen Ländern selten die plenare Situation eines solch erarbeitenden Gesprächs gesehen. Viel öfter sahen wir das die dezentrale Arbeit einleitende Gespräch und die Zusammenführung der Ergebnisse am Ende, bei der weniger die Lehrperson als die vortragenden Schülerinnen und Schüler im Vordergrund standen. Es fiel auf, dass weniger vereinheitlichend vorgegangen und mehr die einzelnen Lösungen, Vorschläge und Gestaltungen gewürdigt wurden.

Es scheint, dass das plenare Gespräch, in dem Aufgaben verschiedenster Art gelöst werden, in deutschen Schulen eine größere Rolle spielt. Das bedeutet aber nicht, dass die Lehrpersonen in der Regel über spezifische Techniken und Methoden verfügen, solche erarbeitenden Gespräche zu führen. Schon die Benennung solcher Gespräche zeigt generell eine große Unsicherheit: Da steht das „freie" gegenüber dem „gelenkten Unterrichtsgespräch", wobei niemand so recht weiß, wie weit die Freiheit geht und welche Art von Lenkung gemeint ist. Auch neuere Versuche, hier beschreibend Klarheit zu schaffen, gehen meist nicht über ein Mehr oder Weniger an Lehrereingriffen hinaus (z.b. Silke Traub 2006, S. 81-86). Und auch die Bezeichnung „fragend-entwickelndes Gespräch" verdeckt die Realität, dass diese Unterrichtsmethode oft zum Frage-Antwort-Pingpong verkommt.

Den frühen Arbeiten Georg Becker folgend (Becker et al. 1979) und teilweise Stefan Bittner (Bittner 2006), sollte man *zunächst* die Art der Gesprächsführung von Ziel und Aufgabe des Gesprächs abhängig machen. So wird sich z.B. das Wiederholungs- oder Anknüpfungsgespräch vom konvergenten Erarbeitungsgespräch unterscheiden und dieses vom divergenten.[1] Folglich geht es dann nicht um ein vages Mehr oder Weniger an Lenkung und Eingreifen der/des Gesprächsleiterin oder -leiters, sondern konkret darum, was dem jeweiligen Gesprächszweck dienlich ist.

Zum anderen aber müssen die individuellen und gemeinsamen Wirklichkeiten der Teilnehmer Berücksichtigung finden: Einmal muss die Lerngruppe als Gesprächs- und damit Lerngemeinschaft erhalten und gefördert werden. Aber ebenso darf die Gesprächsleitung nicht an der Tatsache vorbei gehen, dass unabhängig von der Zusammensetzung der Lerngruppe das zu Verhandelnde je nach Individuum unterschiedlich aufgenommen und verarbeitet und unterschiedlich emotional bewertet wird.

Damit der/die Einzelne sich auch in plenaren Situationen gemeint und berücksichtigt fühlt, muss die Lehrperson für die „psychologische Reduktion der Klassengröße" sorgen, wie Rainer Dollase dies formuliert (Dollase 2005, S. 18-27). Es ist also von der gesprächsleitenden Person zu fordern, dass sie Situationen schafft, in denen bei aller Zielorientierung mit dem Denken der einzelnen Schülerinnen und Schüler gearbeitet wird. Sie sollte Anwältin von deren Gedanken sein und nicht in ein Richtig-falsch-Schema verfallen. „Ein Unterrichtsverfahren, das nur durch ganz bestimmte Schülerantworten weiterlaufen kann, ist keine menschenwürdige Begegnung, sondern Beutezug eines geschickten geistigen Lassowerfers." (H. Schorer in Walz, 1968, S. 98) Erarbeitende Gespräche in Gruppen von Klassen- oder Kursgröße zu leiten, gehört zweifellos zu den schwierigeren Aufgaben der Lehrerin und des Lehrers. Unabhängig von der Zusammensetzung der Gruppe muss man da-

---

1   Konvergentes Gespräch: Gespräch mit einer richtigen Lösung; divergentes Gespräch: Es gibt nicht die eine richtige Lösung. Gleichwohl müssen die verschiedenen Ergebnisse erarbeitet werden.

von ausgehen, dass ebenso viele individuelle Lerner da sind, wie die Gruppe groß ist. Jeder Unterricht in der Lerngruppe muss der neurobiologischen Tatsache Rechnung tragen, dass das Lernen des/der Einzelnen einzigartig ist und nur sehr vermittelt mit dem Input von außen zu tun hat: Das Gehirn ist aktiv und reagiert nicht nur, der Lerner kann nur gemäß seiner Lerngeschichte lernen, und ohne Emotionen, die zwangsläufig subjektiv sind, ist Lernen nicht denkbar (siehe Klaus Bert Becker 2006, S. 13-15). Wenn die Lehrkraft also Gespräche leitet, erfährt sie unterschiedlichste Reaktionen der Teilnehmer: thematisch, qualitativ und hinsichtlich der zeitlichen Passung. Gerade Letzteres erleben Lehramtsanwärterinnen und -anwärter oft als Albtraum.

Dazu kommt, dass der Aufgabe, mit der Lerngruppe in einer genau bemessenen Zeit ein Ergebnis zu erarbeiten, oft die vielen Meldungen entgegenstehen oder – paradoxerweise – die zu wenigen: Jene sind tendenziell zeitlich und aufgrund der inhaltlichen Varietät überfordernd, diese bergen die Gefahr, dass das Erarbeitete nur wenigen deutlich geworden ist.

Diese grundsätzlichen Schwierigkeiten stellen sich intensivierter dar bei Lerngruppen, die über das neurobiologisch Gegebene – s.o. – hinaus heterogen zusammengesetzt sind: Finden sich in besonderem Maße Herkunfts-, Schichten- und Begabungsheterogenität, von der unterschiedlichen Lernertypologie ganz zu schweigen, so muss das Instrumentarium der Gesprächsleitung noch bewusster angewendet werden.

Je nachdem, welche Leistung das Gespräch erbringen soll – s.o. –, erfordert es bestimmte Tätigkeiten der Gesprächsführung; auf diese Weise ergeben sich unterschiedliche Gesprächsarten (unterschieden nach dem Grad von notwendiger Konvergenz und Divergenz):

- Das *konvergente* Gespräch, in dem es vernünftigerweise nur ein Ergebnis oder einen Lösungsweg gibt,
- das *divergente* Gespräch, in dem es um die Ausfaltung des Denkens der Schülerinnen und Schüler geht, etwa bei der Diskussion unterschiedlicher Standpunkte, in Planungsgesprächen, Kreativphasen, in den so genannten Spontanphasen usw.,
- und das im Unterrichtsalltag häufigste Gespräch, das der *Auseinandersetzung mit Informationen* dient.(meistens geht es um Texte, oft aber auch um Bilder, Diagramme usw.), in dem sich konvergente und divergente Anteile zwangsläufig mischen.

Noch komplexer wird die Aufgabe dadurch, dass jedes konvergente Gespräch natürlich divergente Phasen hat und jedes divergente Gespräch konvergente – etwa als Exkurs, zur Klärung von Einzelheiten usw.

Dies alles kann im Rahmen eines Kapitels nicht grundsätzlich und gesprächsartspezifisch dargestellt werden. Im Folgenden sollen deshalb Elemente allgemeinen Gesprächsleiterverhaltens thematisiert werden.

Worauf ist im Einzelnen zu achten?

In jedem Gespräch gibt es den scheinbaren Gegensatz, dass die Teilnehmerinnen und Teilnehmer prinzipiell gleichgestellt sind, aber in jeder Interaktion
ein Gefälle sichtbar wird: Was jeweils gesagt wird, kommt im Gewand des
Neuen daher, es ist darauf gerichtet, das Gespräch zu ergänzen, den Verlauf
zu korrigieren usw. In der Alltagssituation gleicht sich das unter den Spre-
chenden aus. Im Unterricht allerdings ist die Gefahr groß, dass wegen der
Person und Position des/der Lehrers/in dieses Gefälle zu einer stabilen schie-
fen Ebene wird.

Dieses zu verhindern, ist die Aufgabe des Gesprächsleiters oder der -lei-
terin: Gespräche müssen so geplant und durchgeführt werden, dass Schülerinnen und Schüler unterschiedlichster Motivation und Begabungsart in ihnen
handeln können und nicht „gehandelt werden". Dies ist nicht nur wichtig,
weil man es mit dem Lernziel Mündigkeit genau nimmt: Untersuchungen
zeigen, dass solche an Handlungen orientierte Unterrichtsformen lernintensi-
ver sind (schon früh ablesbar an der Ziel-Methoden-Matrix von Gage/Berli-
ner 1979, S. 468), dass manche Ziele ohne sie gar nicht erreicht werden können.[2]

Unabhängig von der Art des Gesprächs muss sich die Gesprächsleiterin/
der Gesprächsleiter in *drei Verhaltensdimensionen* in ganz bestimmter Weise
verhalten (nach Georg Becker et al. 1976, S. 20/21):

> Anregen, initiieren, weniger dirigieren
> Also: vorschlagen, Entscheidungsfreiheit lassen, andere zu Wort kom-
> men lassen und zu Beiträgen anregen,
> anstatt: befehlen, anordnen, kontrollieren, monologisieren.
> Akzeptieren, ermutigen, nicht ablehnen oder entmutigen
> Also: eher freundlich sein, ermutigend, anerkennend und verständnisvoll,
> anstatt: unfreundlich, gleichgültig, entmutigend, kritisierend, abwertend.
> Das Gespräch strukturieren und nicht ungeordnet laufen lassen
> Also: ordnen, überschaubar machen, den roten Faden aufzeigen,
> anstatt: das Gespräch durcheinander, unübersichtlich laufen lassen.

Es sei noch eine vierte Verhaltensdimension erwähnt:

> Der/die Gesprächsleiter/in sollte durch sein/ihr Verhalten anregend, Inte-
> resse weckend wirken und nicht langweilig, langweilend, desinteressiert.

---

2   Die Ergebnisse Helmkes aus Rheinland-Pfalz stehen dazu nur scheinbar im Widerspruch:
    Neben der wichtigen Klarheit der Klassenführung, der intensiven Nutzung der Lernzeit
    usw. stehen auch Schülerorientierung und die Schaffung von Handlungsmöglichkeiten.
    Helmke, Andreas 2003, u.a. S. 65–66.

Wann sollte der/die Gesprächsleiter/in eingreifen? Das ist die wohl wichtigste Frage, die während des Gesprächs meist ad hoc beantwortet werden muss:

Kriterien für das Eingreifen des/der Gesprächsleiter/in:

> ➤ Können die Schülerinnen und Schüler in der zur Verfügung stehenden Zeit ohne meine Hilfe *nicht zu erfahrbaren, erlebbaren Erfolgen* kommen? (Dies gilt sowohl für den Gesprächs*verlauf* als auch für das *Ergebnis*.)
> ➤ Wird die zur Verhandlung stehende Sache (Thema, Gegenstand) *nicht angemessen* behandelt? (Bei aller Berücksichtigung didaktischer Reduktion und der Möglichkeit produktiver Fehler)

Bekannte Situationen im Unterrichtsgespräch

Zunehmende Unübersichtlichkeit

Gerade, wenn das Gespräch gut läuft, es also zu Rede, Gegenrede und Ergänzung kommt, besteht die Gefahr, dass es für viele Teilnehmerinnen und Teilnehmer unübersichtlich wird. Es wird von ihnen verlangt, dem Gespräch zu folgen, die einzelnen Beiträge zu verstehen, sie im Gedächtnis zu behalten und folgende Äußerungen auf ihr Verhältnis zum bisher Gesagten zu prüfen. Da das oft schwierig und überfordernd ist, melden sich viele Schülerinnen und Schüler nach einer bestimmten Zeit innerlich ab. Dies ist bei sehr heterogenen Gruppen verstärkt der Fall, weil sowohl die Äußerungen der Lehrperson als auch die Beiträge der Besseren, Schnelleren oder derjenigen, die z.B. dem verbal-theoretischen Lernertyp zuneigen, den anderen Probleme bereiten.

Dem muss man entgegenwirken, indem man für Entlastung sorgt: Man verleiht dem Augenblick Dauer, indem man z.B. den geplanten Verlauf von Unterricht und Gespräch als Agenda an der Tafel vorab notiert und so eine *prozedurale Transparenz* schafft, die es auch denen ermöglicht, sich wieder einzuklinken, die den Faden verloren haben. Überhaupt sind Visualisierungen in jeder Phase des Gesprächs wichtig. Sie können Argumente und Gesprächsbeiträge in ihrem logischen Verhältnis zueinander deutlich machen und fungieren als orientierende Grundlage des Gesprächs.

Notwendigkeit initiierender Maßnahmen

Das Denkfeld der Schülerinnen und Schüler muss geöffnet werden. Es geht also um die Planung und Platzierung geeigneter Fragen, Denkanstöße und Impulse (s. Salzmann 1977; immer noch grundlegende Darstellung), die aber nicht ins Blaue zielen. Der Grad der Offenheit ist einerseits abhängig von der

Gesprächsart (konvergent, divergent), andererseits aber von den Möglichkeiten in der Lerngruppe: Fehlt die Orientierung, wird das Gespräch als frustrierend erlebt, zu banale Fragen hinwiederum führen aus anderen Gründen zur Blockade: Auch schwächere Schülerinnen und Schüler bemerken die Absicht und sind verstimmt.

Eine fruchtbare Öffnung des Denkfeldes mobilisiert die bei den Einzelnen vorhandenen Andockmöglichkeiten aus Lerngeschichte, Lernmöglichkeiten und Interessenlage.

Von Hölzchen auf Stöckchen – Das Thema geht verloren

Im Eifer des Gefechts verlieren einige Schülerinnen und Schüler das Thema aus den Augen, glauben aber, es weiterhin zu bedienen. Des Weiteren gehorchen sie oft nicht dem erreichten Gesprächsstand. Hier muss für thematische Transparenz gesorgt werden: Man greift das Thema wieder auf, lässt den Zusammenhang des Gesagten mit dem Thema oder dessen Fehlen erläutern, nutzt die Agenda an der Tafel oder sonstige Visualisierungen usw.

Hier wie im Folgenden geht es um die notwendige Komplexitätsreduktion, die es vielen Teilnehmerinnen und Teilnehmern ermöglicht, sich mit Verständnis zu beteiligen: Das Thema bietet so viele außen liegende Bezüge, dass das Abweichen sehr leicht passiert, und zwar besonders denen, denen der Zusammenhang einzelner Aspekte mit dem Thema nicht immer kategorial zur Verfügung steht. Außerdem sollte man die Bedeutung der Emotionen nicht unterschätzen: Je nach innerer Beteiligung überdecken eigene Gefühle die Möglichkeit der Orientierung an Gesprächsregeln und Thema.

Wie schaffe ich Übersicht? – Strukturierende Maßnahmen

Nach der Öffnung des Denkfeldes der Schülerinnen und Schüler zu Beginn muss es strukturiert werden.

> Die *integrierende Zusammenfassung* befördert das Verständnis nach mehreren Beiträgen, die – von den Schülerinnen und Schülern in unterschiedlicher Weise formuliert – eigentlich Gleiches oder Ähnliches ausdrücken, was von vielen aber nicht erkannt wird.

> Die *polarisierende Zusammenfassung* leistet dies im entgegen gesetzten Fall: Oft ergibt es sich, dass unterschiedliche Beiträge fälschlicherweise als inhaltlich gleich aufgefasst werden. Hier hilft das Eingreifen: „Während Peter eben sagte, ..., hat Sabine aber gesagt ...“ Wenn dies noch zusätzlich,

so es sich anbietet, durch eine kontrastive Visualisierung verdeutlicht wird, kann das Gespräch mit mehr Gewinn für viele weiterlaufen.

➤ Die *Aufforderung zur Verknüpfung von Beiträgen* legt an jeweils entscheidender Stelle die inhaltliche und strukturierende Aufgabe in die Hand der Teilnehmer. Erst wenn dies nicht möglich ist, kann und soll der/die Gesprächsleiter/in dies selbst tun, um durch diese notwendige Transparenz das Verständnis möglichst vieler zu befördern.

➤ Bei Blockaden oder Verlust des roten Fadens empfiehlt sich eine Maßnahme, die schon dem metakommunikativen Eingreifen nahe kommt: Man sollte den *Denkweg rekapitulieren oder rekapitulieren lassen, auf die Zielsetzung verweisen* usw.

➤ Der hilfreichen Konplexitätsreduktion dient auch das *Festhalten von Teilergebnissen* an Tafel oder OHP. Letzteres vermeidet die Unterbrechung des Gesprächs, ersteres kann auch von einem Schüler oder einer Schülerin während des Gesprächs erledigt werden.

Es läuft nicht – warum nur?

Warum nur mutmaßen? Der Weg über die Metakommunikation lässt alle erleben, dass ihre Sache verhandelt wird, dass ihr Denken gefragt ist. Der *Hinweis auf die Gesprächsregeln*, die *Frage nach Gründen für die mangelnde Beteiligung*, die *Thematisierung eines ungünstigen oder auch günstigen Gesprächsklimas* und die *Formulierung und Einforderung von Ich-Botschaften* sind oft die Zeit wert, die dies kostet, weil das Gespräch danach hinsichtlich des Verlaufs und der Ergebnisse oft besser läuft.

Außerdem macht sich der/die Gesprächsleiter/in dadurch zum/zur Anwalt/Anwältin derer, die sich in diesem Gespräch aus den verschiedensten Gründen nicht zu Hause fühlen, dies aber nicht sagen oder es auch nicht formulieren können.

Hier helfen auch *ritualisierte Einspruchsmöglichkeiten* etwa in Form von Geschäftsordnungsmeldungen (beide Arme hoch): Wenn dies zum akzeptierten und wünschenswerten Verhalten gehört, sind mehr Teilnehmerinnen und Teilnehmer bereit, zu diesem Mittel zu greifen. Störungen haben bekanntlicherweise Vorrang, sie müssen sich nur artikulieren können. Natürlich hat dies deutliche Grenzen, die meistens der Effizienz geschuldet sind, wie weiter unten dargestellt wird.

Es geht doch um Inhalte!

Da in den meisten Gesprächen etwas erarbeitet wird, was der sachlichen Richtigkeit verpflichtet sein muss und was den Denkgesetzen gehorchen sollte, ist auch hier der/die Gesprächsleiter/in gefragt. Die folgende Auflistung zeigt ihn/sie bei der Verfolgung inhaltlicher Zeile:

➤ Richtige Beiträge, die weiterführen, verstärken

➤ Produktiv falsche Beiträge hervorheben und in ihrer Wertigkeit erfahren lassen

➤ Auf Thema/Information/Text usw. verweisen

➤ Auf den richtigen Gebrauch von Begriffen achten; wenn nötig, Begriffe definieren lassen („Was verstehen wir denn in diesem Gespräch unter ‚a-sozial‘, ‚fruchtbarem Boden‘, ‚stofflicher Veränderung‘, ‚sprachlicher Einheitlichkeit‘?)

➤ Zur Übertragung von Besonderem auf das Allgemeine verweisen (vom konkreten Beispiel auf Allgemeingültiges, eine Regel usw.)

➤ Zur Übertragung vom Allgemeinen zum Besonderen auffordern (zum allgemeinen Fall ein Beispiel nennen usw.)

➤ Zur Übertragung von einem Bereich auf einen anderen auffordern (was in a gewusst wird, kann, auf b übertragen, das Ergebnis fördern.)

➤ Beiträge klären oder klären lassen (s.o. auch unter Strukturierende Maß-nahmen)

➤ Fehler korrigieren oder korrigieren lassen

➤ Thema, Ziel, Gegenstand, zugrunde liegendes Problem des Gesprächs formulieren oder formulieren lassen

➤ Teilergebnisse festhalten oder festhalten lassen (s.o.)

➤ Endergebnis formulieren oder formulieren lassen

➤ Schärfung des Denkens, der Argumentation, der Informationsauswertung durch die Minus-1-Methode: „Welche Informationen, welche Argumente könnten gegen deine Ergebnisse, deine Schlussfolgerungen, dein Ver-ständnis sprechen?"

➤ Rekapitulation des zurückgelegten gedanklichen Weges durch die Schü-lerinnen und Schüler (dadurch Verhinderung des berüchtigten bruch-stückhaften Wissens, das in Unterrichtsgesprächen oft vermittelt wird)

➤ Deutlich machen oder deutlich machen lassen, worin der intersubjektiv nachprüfbare und plausible Teil einer Information (Text, Grafik, Bild usw.) besteht und woran sich die subjektive Auseinandersetzung entzün-den kann und darf.

...

All dies empfiehlt sich grundsätzlich in allen erarbeitenden Gesprächen, wirkt sich aber in Hinblick auf die Heterogenität des Denkens, der Beteili-gung und nicht zuletzt der individuellen Lerngeschichte und des individuel-len Lernertyps in sehr heterogenen Gruppen besonders positiv aus. Dadurch dass die jeweiligen Gesprächsinhalte plastisch werden, in den logischen und argumentativen Zusammenhang gestellt werden und Ausmaß und Grenzen ihrer Brauchbarkeit deutlich werden, ergeben sich vielfältige Verständniszu-gänge und Beteiligungsanreize, die allen nutzen.

Grundsätzliches zur Platzierung und zur Leistung erarbeitender Gespräche

Verständnis- und Ergebniserarbeitung in den im Unterricht am meisten verbreiteten Gesprächen, nämlich denen, die der Auseinandersetzung mit Informationen dienen, also zugleich zieldivergent und -konvergent erscheinen oder aber divergente resp. konvergente Exkurse kennen, verlangen von der Gesprächsleitung und von den Teilnehmerinnen und Teilnehmern ein sehr hohes Maß an Komplexkapazität (zum Begriff siehe Schorb/Louis 1975, S. 84) und Flexibilität.

Dass die lehrende, das Gespräch leitende Person stets mehrkanalig empfangen und senden muss, dabei auch retardierend im Sinne einer strategischen Gesprächsführung handeln muss, wird als Schwierigkeit von Lehrerinnen und Lehrern wahrgenommen. Dass aber diese Forderung mit Abstrichen zwar, aber auch durchaus unter zusätzlichen Aspekten wie besonders der Frustrationstoleranz an die Teilnehmerinnen und Teilnehmer geht und dass deren Erfüllung noch weniger vorausgesetzt werden kann, ist tägliche Hintergrunderfahrung. Dies gilt bei sehr heterogenen Lerngruppen umso mehr.

Es kommt dann oft aufgrund von Frustration zu affektiven Äußerungen: Immer wieder erfahren sich Mitglieder der Lerngruppe hinsichtlich ihrer Beiträge – ob abgerufen oder nicht – als benachteiligt. Gerade weil bei allem Bemühen der Leitung die direkte Klärung im Zweierkontakt oft nicht möglich ist, solche Störungen sich aber, wie wir von Ruth Cohn wissen, negativ auswirken, müssten sie eigentlich plenaren Vorrang vor der Fortsetzung des Gesprächs haben. Dies geht aber im erarbeitenden Gespräch im Sinne des Ergebnisses, der Zeit und der Orientierung der Teilnehmerinnen und Teilnehmer oft nicht. Denn es ist sehr problematisch, sowohl Beteiligungsgerechtigkeit (hinsichtlich der berücksichtigten Meldungen) als auch Repräsentationsgerechtigkeit (hinsichtlich der Aspekte, mit denen weiter gearbeitet wird) so herzustellen, dass zugleich prozedurale Transparenz und transparentes Prozedieren erfahren werden kann. Was ist also zu tun?

Das Gespräch selbst kann nicht alles leisten, sondern braucht die Einbettung in einen Verständigungs- und Erarbeitungsprozess vorher und nachher.

Das bedeutet, dass über die reine Gesprächsphase hinaus – wie auch immer methodisch realisiert – Verständigungs- und Erarbeitungsprozesse geplant und durchgeführt werden müssen, die das eigentliche Gespräch inhaltlich und prozedural vorentlasten und ihm im Nachhinein seinen systematischen Ort im Bewusstsein der Teilnehmerinnen und Teilnehmer sichern. Jedes Gespräch ist also nur so gut wie seine Vor- und Nachbereitung. Dies gilt besonders in und für Lerngruppen, in denen aufgrund besonderer Heterogenität sehr unterschiedliche Bedürfnisse hinsichtlich inhaltlicher Entlastung und medialer Zugänglichkeit befriedigt werden müssen.

Im Rahmen des kooperativen Lernens der Greens wird eine oft vergessene Selbstverständlichkeit operativ in den Unterricht hineingeholt, dass nämlich jede gruppale (Plenum, Paar, Gruppe) Bemühung wenig fruchtet, wenn der oder die Einzelne sich nicht vorher in Einzelarbeit kundig gemacht hat. Hier ist auch der Ort für die individuelle Hilfe, wenn z.B. die Grundlage für das Gespräch erarbeitet wird.

Ebenso spielt auch eine Rolle, welche Funktion das Gespräch und seine Ergebnisse für die Phasen danach haben soll. Sind das Ergebnisse, die ich schwarz auf weiß nach Hause trage, oder werden sie wieder flüssig gemacht durch weitere Bemühungen?

Es kommt also darauf an, grundsätzlich Einzelphasen wie z.B. ein Gespräch funktional in den Unterrichtszusammenhang als Erarbeitungs- und Verständigungszusammenhang einzubetten. Damit entlastet und entmythisiert man zugleich die Kunst der Gesprächsführung als einer scheinbar autopoietischen Kunst, die Sinn generiert, ohne auf rationale, entlastende, teilklärende Tätigkeiten angewiesen zu sein. Das ist dann auch lernbar, die Flucht ins Ungefähre des „geborenen Lehrers" erübrigt sich dann.

Literatur

Becker, Georg et al.: Unterrichtssituationen I, Gespräch und Diskussion, Urban & Schwarzenberg, München 1976

Becker, Klaus Bert, Der Einzelne und sein Lernen – was uns die Neurobiologie über die Homogenität von Lerngruppen mitteilt, Schulverwaltung spezial Nr. 1/2006

Bittner, Stefan , Das Unterrichtsgespräch, Julius Klinkhardt, Bad Heilbrunn 2006

Dollase, Rainer (u.a.) in: Was macht erfolgreichen Unterricht aus? In: Die Kaufmännische Schule Januar 2005

Gage/Berliner: Pädagogische Psychologie Bd. 2, Urban & Schwarzenberg München 1979

Helmke, Andreas: Unterrichtsqualität erfassen – bewerten – verbessern, Kallmeyer Seelze 2003

Salzmann, Christian: impuls – denkanstoß – lehrerfrage, npb 41, nds-verlagsgesellschaft Essen 4.Aufl. 1977

Schorb, Alfons / Louis, B.: Unterrichtsanalyse – Ein Grundkurs im Medienverbund, TR-Verlagsunion München 1975

Traub, Silke , Gespräche führen – leicht gemacht, Schneider Hohengehren 2006

Walz, Soziale Reifung in der Schule 1968

Wie können die Ergebnisse des EU-MAIL Projekts an unseren Schulen nutzbar gemacht werden?

Das Beispiel der Bausteine für die Lehrerfortbildung

Rainer Kopp

Im Rahmen des EU-MAIL Projekts wurden Bausteine für die Lehrerfortbildung entwickelt und erprobt, um die Projektergebnisse für Schulen nutzbar zu machen. Den Bausteinen liegen drei zentrale Fragen zugrunde:

- Wie können die individuellen Interessen und Fähigkeiten der Schülerinnen und Schüler in Unterricht und Schule besser berücksichtigt werden?
- Wie können ihre Lernkompetenzen systematisch gefördert werden?
- Wie kann ein vertrauensvolles Lernklima geschaffen werden, in dem sich die Lernenden (und auch die Lehrenden) sicher und wertgeschätzt fühlen?

Die Bausteine verbinden Beispiele aus der Praxis der Partnerländer mit wissenschaftlichen Erkenntnissen aus der Lernpsychologie und aus den Neurowissenschaften.

Von „Vertrauenskultur" zur „Selbsteinschätzung der Lernenden" – die Bausteine

Es wurden bis heute insgesamt sieben Bausteine entwickelt. Sie sind in erster Linie für den Einsatz in schulinternen Fortbildungen konzipiert.

1. Basis-Baustein „Heterogenität"
2. Basis-Baustein „Individualisierung des Lernens"
3. „Vertrauenskultur als Grundlage des Lernens"
4. „Lehren und Lernen im Kontext von Individualisierung"
5. „Selbsteinschätzung der Lernenden"
6. „Portfolio"
7. „Lernentwicklungsplan und Lernentwicklungsgespräche"

1. Basis-Baustein „Heterogenität"

Obwohl in Deutschland traditionell über die Zuweisung von Kindern in bestimmte Schulformen versucht wird, homogene Lerngruppen zu schaffen, klagen gerade deutsche Lehrerinnen und Lehrer besonders über die Heterogenität ihrer Schülerschaft. Im Gegensatz dazu werden in vielen Ländern – wie z.B. den nordischen – Kinder in der Primar- und Sekundarstufe I gemeinsam unterrichtet, ohne Abstriche bei den Leistungen machen zu müssen – im Gegenteil wie die PISA-Studien gezeigt haben.

„Viele Lehrer träumen von einer Klasse, in der alle etwa gleich intelligent sind, ein ähnliches Vorwissen haben – und deshalb alle in einem gemeinsamen Lerntempo voranschreiten." (Tillmann 2004)

Dieser Traum gründet sich für Sabine Reh auf einer Mentalität, die mit der Entwicklung und Ausprägung der Schule in unserem Land und entsprechend mit der historischen Entwicklung der Professionalisierung der Lehrerinnen und Lehrer entstanden ist. Unter „Mentalität" versteht Reh „einen sowohl strukturierten wie auch strukturbildenden Raum für Wahrnehmungsprozesse der Akteure" (vgl. Reh 2005). Lehrerinnen und Lehrer nehmen Heterogenität in diesem Sinne im Rahmen einer Struktur wahr, die von ihren eigenen Schulerfahrungen, ihrer Ausbildung und ihrer Praxis (d.h. auch den herrschenden Rahmenbedingungen) geprägt ist: Heterogenität – insbesondere Leistungsheterogenität – wirkt sich störend auf meinen Unterricht aus.

Ziel des Bausteins ist es, den Blick auf heterogene Lerngruppen zu öffnen für Wege eines produktiveren Umgangs mit der Unterschiedlichkeit und Vielfalt der Lernenden. Damit sollen die Voraussetzungen geschaffen werden, die eigene Mentalität kritisch in den Blick zu nehmen.

2. Basis-Baustein „Individualisierung des Lernens"

Jeder lernt für sich individuell und auch mit anderen gemeinsam – und alle lernen unterschiedlich in Hinblick auf Interesse/Motivation, Tempo, Vorkenntnisse, ...

Es scheint unmöglich jeden einzelnen von 30 Schülerinnen und Schülern individuell zu unterrichten – und ist auch nicht nötig, weil individualisiertes Lernen bedeutet, die Lernenden aktiv in die Gestaltung und Verantwortung für ihr Lernen einzubeziehen.

Im Rahmen der EU-MAIL Erhebungsbesuche haben wir Beispiele kennen gelernt, wie das individuelle Lernen der Schülerinnen und Schüler gefördert werden kann. Dabei wurde sehr schnell deutlich, dass es dabei um mehr geht als um einzelne Methoden, Verfahren oder Materialien geht, sondern um eine grundsätzlich andere Haltung dem Lernenden gegenüber.

3. „Vertrauenskultur als Grundlage des Lernens"

Das alte Sprichwort „Wie es in den Wald hineinschallt, so schallt es heraus" trifft nach kognitionspsychologischen und gehirnphysiologischen Forschungsergebnissen auch auf das Lernen bzw. auf Schule im Allgemeinen zu. Kindern, denen nichts zugetraut wird, denen im Gegenteil Dummheit und Faulheit unterstellt wird, verhalten sich in der Regel auch so. Die Erfahrung, dass es sich anders herum ebenso verhält, haben Schulen in Finnland und Schweden in den letzten Jahrzehnten gemacht. „Jedes Kind will lernen" – „Niemand darf beschämt werden" – „Den Lernenden als Partner behandeln" sind praktizierte Regeln in diesen Schulen.

Dieser Baustein behandelt wesentliche Rahmenbedingungen des Lernens und der (Zusammen-)Arbeit an Schulen. Er bezieht sich auf Haltungen – der Lehrerinnen und Lehrer gegenüber den Schülerinnen und Schülern und umgekehrt, aber auch der Schulverwaltung gegenüber den Schulen, der Schulleitung gegenüber dem Kollegium, des Kollegiums gegenüber den Eltern und jeweils umgekehrt.

Dieser Baustein zielt darauf ab, die Bedeutung von Vertrauen und Achtung im Lernprozess und in der Zusammenarbeit deutlich zu machen und praktische Konsequenzen für die Entwicklung einer Vertrauenskultur – einer unabdingbaren Grundlage für erfolgreiche Lernprozesse – an der eigenen Schule zu entwickeln. Dabei sollen besonders die positiven Ansätze, die es an jeder Schule gibt, als Ausgangspunkt in den Blick genommen werden.

4. „Lehren und Lernen im Kontext von Individualisierung"

Im EU-MAIL-Projekt wurde deutlich, wie sehr unterschiedliche politische Zielsetzungen, pädagogische Vorstellungen und damit „nationale Bildungskulturen" Einfluss auf Unterrichtshandeln nehmen.

In England begegnete uns ein sehr durchdachtes, strukturiertes Handeln der Lehrenden in Fächern und Unterrichtsstunden, verbunden mit nationalen Standards, allseits verwandten diagnostischen Verfahren (auch Intelligenztests, Tests zum Stand des Spracherwerbs etc., Lernertypen ...). Der Lehrer spielt dabei eindeutig die Rolle des zentralen Akteurs. Wir haben diesen Ansatz als „individualisierendes Lehren" bezeichnet.

Demgegenüber wird in Skandinavien und insbesondere in Schweden kontinuierliche Fortbildung betrieben mit Blick auf die Förderung von selbstständigem, selbstbestimmtem Lernen, Hier werden die Lernenden zu Akteuren ihres Lernens, während der Lehrende eher die Rolle des Beraters und Begleiters einnimmt. Wir sprechen bei diesem Ansatz von „individualisiertem Lernen".

Ziel des Bausteins ist es, das Alltagshandeln im Unterricht und die dieses Handeln leitenden (verdeckten) Theorien zu reflektieren. Dabei wird der Schwerpunkt gesetzt auf Fragen wie: wo die Alltagspraxis an unseren Schulen in der Achse England-Schweden einzuordnen ist, welchem Ansatz wir folgen und letztlich, was es heißen könnte, die Lehrerolle und die Rolle der Schülerinnen und Schüler (das Lehren und Lernen) unter dem Aspekt der Individualisierung neu zu denken.

5. „Selbsteinschätzung der Lernenden"

Die Fähigkeit, sich selbst als Lernenden einzuschätzen, ist eine wesentliche Voraussetzung für die Entwicklung zum eigenständigen und eigenverantwortlichen Lernen. Wenn ich nicht weiß, wo meine Kompetenzen im Lernen liegen, wo ich Schwierigkeiten habe, welche Interessen mich leiten, bin ich ausschließlich abhängig von Fremdbeurteilung und Hilfe von anderen. Dies unterstützt eher eine passive Haltung meinem Lernen gegenüber.

Bei den Erhebungsbesuchen in den nordischen Ländern haben wir erfahren, wie eine systematische Förderung der Selbsteinschätzung vom Kindergarten an verbunden mit Wertschätzung und Respekt zu einem hohen Grad an Verantwortung und Selbstständigkeit bei den Schülern führt.

Der Baustein will die Bedeutung von Selbsteinschätzung für das Lernen thematisieren und anhand ausgewählter Instrumente zur Selbsteinschätzung ihre Einsatzmöglichkeiten im Unterricht diskutieren. Dabei spielt eine offene Kommunikationskultur und Vertrauen eine wesentliche Rolle.

6. „Portfolio"

Ein Portfolio ist eine Sammlung von Schülerarbeiten, die

- zweckgerichtet ist, nämlich der Dokumentation des individuellen Lern-, Leistungs- und Entwicklungsprozesses oder -standes des Lernenden dient,
- zielgerichtet ist, nämlich auf die Erarbeitung eines Lerngegenstandes hin und
- exemplarisch ist, also nicht alle Arbeiten des Lernenden enthält.

Ein Portfolio ist ein Instrument der Selbsteinschätzung, geht aber darüber hinaus, indem es auch ein Arbeitsverfahren ist, das die Entwicklung von Lernkompetenzen gezielt fördert. Darüber hinaus verhilft die Arbeit mit Portfolios dem Lehrenden zu besser fundierten und detaillierteren Informationen über das Lernen des Schülers.

Ziel dieses Bausteins ist es, den Einsatz von Portfolios in den nordischen Ländern und bei uns in Deutschland im Hinblick auf seine Auswirkungen auf die Selbstkompetenz und das Lernen zu untersuchen. Ferner will dieser Baustein zur Begriffsklärung für die Unterrichtspraxis beitragen und nicht zuletzt geht es darum, die Einsatzmöglichkeiten für Portfolios an unseren Schulen zu prüfen.

7. „Lernentwicklungsplan und Lernentwicklungsgespräche"

Wie können individuelle Lernentwicklung, die Einbeziehung der Eltern und die Berücksichtigung von vorgegebenen Standards aufeinander abgestimmt werden?

Dieser Baustein will am Beispiel des in Schweden praktizierten Konzepts der Lernentwicklungsplanung deutlich machen wie einzelne Bereiche (individueller Entwicklungsplan, Lehrer-Eltern-Schüler-Gespräche, Schultagebuch und Portfolio wirksam miteinander verbunden werden, um die individuelle Lernentwicklung des Schülers zu fördern und die vorgegebenen Standards im Blick zu behalten.

Der Einsatz der Bausteine ist jeweils für die Dauer eines halben Tages gedacht. Sie sind kombinierbar und anpassungsfähig an die Bedürfnisse der Teilnehmergruppe. Hierzu findet im Vorfeld der Fortbildung ein Vorgespräch statt.

In diesem Vorgespräch wird auch nach Ansätzen für individualisiertes Lernen gefragt, wie z.B. selbstständige Einzel-, Paar- und Gruppenarbeit, Wochenplan, Freiarbeit, nach Ansätzen der Selbsteinschätzung und nach Formen der Zusammenarbeit mit den Eltern und Schülern.

Für die Fortbildung ist es wichtig, dass an den Vorgesprächen nicht nur Mitglieder der Schulleitung sondern auch Kollegen aus den Jahrgängen und Fachgruppen teilnehmen, um ein genaueres Bild zu erhalten.

Die Fortbildungen sind in der Folge von Input – Eigentätigkeit – Transfer strukturiert. Der Input erfolgt über kurze Vorträge, Film- und Textausschnitte. Die Eigentätigkeit besteht aus individueller, Partner- bzw. Kleingruppenarbeit. In der Transferphase geht es um Konsequenzen aus der gemeinsamen Arbeit für die Schule. Dies reicht von der Planung der Weiterarbeit an den Themen bis hin zur Vorbereitung erster Veränderungen. Dabei betont die Moderation von den bestehenden Stärken der jeweiligen Schule auszugehen.

Bei der Kleingruppenarbeit sorgt die Moderation dafür, dass sich Gruppenmitglieder zusammenfinden, die im Schulalltag kaum Berührungspunkte haben, damit weniger bekannte Sichtweisen aufeinander treffen und die Arbeit befruchten. In der Transferphase gehören die Tischgruppen immer zu einer Fachgruppe, einem Jahrgang (Gesamtschule) bzw. einem Bildungsgang (Berufskolleg), um eine bessere Nachhaltigkeit für die in der Fortbildung geleistete Arbeit zu gewährleisten.

Einsatz und Erfahrungen

Von Herbst 2006 bis zum Sommer 2008 wurden die Bausteine in kollegiums-
internen Fortbildungen an 24 Schulen eingesetzt (2 Grund- und 15 Gesamtschulen, ein Gymnasium, fünf Berufskollegs und eine Förderschule).

Hintergründe und Motive für die Nachfrage nach einer Fortbildung waren
die vom neuen Schulgesetz in NRW geforderte „individuelle Förderung", Probleme mit der Heterogenität der Schülerschaft (hauptsächlich bezogen auf Leistung und auf den ethnischen bzw. kulturellen Hintergrund der Lernenden) sowie
Aufhebung bzw. Aufschiebung der äußeren Differenzierung in den Haupt-
fächern (letzteres bei Gesamtschulen). Bei allen Schulformen wurde darüber
hinaus spätestens beim Vorgespräch das alltägliche Problem mangelnder Lernbereitschaft und erhöhter Disziplinlosigkeit aufseiten der Lernenden genannt.

In den Fortbildungen wurde i.d.R. der Baustein „Selbsteinschätzung" in
Verbindung mit „Vertrauenskultur" oder mit einer Kombination der beiden
Basisbausteine eingesetzt. In wenigen Fällen wurde mit dem Baustein „Portfolio" und „Lernentwicklungsplan und Lernentwicklungsgespräche" gearbeitet, weil die Kollegien vor der Einführung von Portfolio bzw. von Lernentwicklungsgesprächen standen.

Bei den zentralen Problemen, die in den Fortbildungen genannt wurden,
standen meist die unterschiedlichen Rahmenbedingungen bei uns im Vergleich zu den nordischen Ländern an erster Stelle: weit reichende staatliche
Vorgaben, Vorrang der Stoffvermittlung, Lehrermangel, fehlendes oder man-
gelndes unterstützendes Personal wie Förderlehrer, Psychologen, Sozialpädagogen, Ärzte, Krankenschwestern, fehlende gezielte Unterstützung durch
Fortbildungen und Unterrichtsmaterial für individualisiertes Lernen usw.

Diese schlechteren Rahmenbedingungen erhöhen den alltäglichen Druck,
weil die Lehrenden nicht nur für die Vermittlung von Lernstoff zuständig
sind, sondern darüber hinaus mit einer Fülle von Problemen konfrontiert
werden, für die sie nur unzureichend oder gar nicht ausgebildet wurden (gravierende Lernstörungen, Lernverweigerung, soziale und psychische Probleme, Disziplinschwierigkeiten, Einbeziehung der Eltern in die pädagogische
Arbeit u.v.m.).

Dieser Druck durch akute Probleme, für die eine schnelle Lösung gefunden werden muss, bedingen auch die verbreitete Erwartung bei Fortbildungen
nach konkreten Lösungswegen – „Rezepten".

Es ist aber nicht nur die mangelnde Zeit, die ein Innehalten verhindert, bei
dem Probleme grundsätzlicher betrachtet und unterschiedliche Lösungswege
überlegt und ausprobiert werden können. Es fehlt auch in vielen Kollegien die
Erfahrung gemeinsam Lösungswege finden und entwickeln zu *können*.

Hierzu tragen auch unbewusste Grundannahmen bei, die nach Kranz-
Dürr das Selbstbild des Lehrers prägen (Kranz-Dürr 2006, S. 12):

- Lehrer(innen) sind Expert(innen) für den eigenen Unterricht. Für Arbeiten auf Schulebene sind sie nicht zuständig.
- Sie sind als Expert(innen) unantastbar und können zu nichts verpflichtet werden.
- Ein Experte kann einem anderen Experten nichts sagen.

So gibt es an vielen Schulen Initiativen von einzelnen Kollegen oder kleinen Gruppen in Fachschaften oder Jahrgängen, die versuchen, den einzelnen Schüler in ihrem Unterricht in den Mittelpunkt zu stellen, durch Projektarbeits- oder Freiarbeitsphasen, durch Wochenplanarbeit, Portfolio, Selbsteinschätzung etc. Für die Kollegen bedeuten diese Initiativen eine hohe Mehrbelastung nicht nur durch den erhöhten Arbeitsaufwand sondern auch durch die Verunsicherungen, ob sie richtig liegen. Dennoch haben diese Einzelinitiativen häufig nur geringe Auswirkungen auf die schulische Lernkultur.

Hilflosigkeit und ein durch den Schulalltag geprägtes Misstrauen den Lernenden gegenüber wurde bei der Frage der Umsetzung individualisierten Lernens im Fachunterricht formuliert: Wie muss ich den Stoff aufbereiten, dass meine 30 Schüler ihn individuell lernen können, welches Material benötige ich dazu? Woher nehme ich die Zeit, um mir darüber Gedanken zu machen? Wie kann ich sicher sein, dass meine Schüler tatsächlich lernen, wenn ich sie selbstständig arbeiten lasse?

Trotz schlechter Rahmenbedingungen und den genannten Problemen, trafen unsere Fortbildungen nicht auf Resignation und Abwehr bei den Teilnehmenden. Vielmehr zeigte sich, dass die Kollegien Anregungen für ihre schulinterne Fortentwicklung suchen. Die nordischen Wege wurden kritisch gesehen, v.a. wegen der unterschiedlichen Rahmenbedingungen. Dennoch wurden Aspekte zur Veränderung aufgegriffen wie z.B. Selbsteinschätzung, eine andere Aufgabenstellung, die die Interessen und Fähigkeiten der Lernenden stärker berücksichtigt und ihre Selbstständigkeit unterstützt, stärkere Einbeziehung der Lernenden in ihre Förderung durch Lernentwicklungsgespräche, eine stärkere Zusammenarbeit in den Fachgruppen und auf Jahrgangsebene. Wesentliche Anregungen ergaben sich auch aus dem veränderten Blick auf den Schüler, Stärkenorientierung, Umgang mit Fehlern.

Die Arbeit mit den Basisbausteinen und dem Baustein „Vertrauenskultur" war geprägt von grundsätzlichen Diskussionen über das Lernen. Dabei zeigte sich, dass grundsätzliche Diskussionen zu neueren Lerntheorien durchaus mit Widerständen behaftet sind und nicht zur Fortbildungskultur in unseren Schulen gehören. Dies wurde im qualitativen Bereich der Evaluationen mit häufigen Bemerkungen deutlich wie „zu theoretisch", „wenig Bezug zur konkreten Alltagssituation der Schule" usw.

Andererseits tauchten daneben mindestens ebenso häufig Bemerkungen auf wie „Vieles bereits bekannt, es war aber gut es im Zusammenhang zu sehen", „das Kollegium setzte sich mit dem Thema gemeinsam auseinander", viel gelernt „durch Austausch, Selbstreflexion, Anregungen" u.a.

Die Transferphase dieser Bausteine, in der es um die Erarbeitung von Konsequenzen für den Schul- und Unterrichtsalltag ging, erbrachte in den meisten Fällen Zielformulierungen, Problembeschreibungen und Lösungsansätze für die Weiterarbeit nach der Fortbildung. Häufig kam es auch vor, dass konkrete Vorhaben benannt und ihre Umsetzung geplant wurde:

- eine Fachgruppe Mathematik plante die Einführung von Pair-Work – Pair Check, eine Form der Paararbeit, bei der die Paare wechseln und eigenständig Aufgaben bearbeiten (s. Beitrag „Finnland – Bildung als nationaler Wert" in diesem Buch) für die Hausaufgabenkontrolle und bei Klassenarbeitsbesprechungen
- eine Fachgruppe Deutsch arbeitete an der Planung der Einführung von Lernplakaten, auf der die Ziele des Unterrichtsvorhabens wie auch die einzelnen Stundenziele für die Schüler festgehalten werden; mit eingeschlossen war auch die Zielüberprüfung und die Herstellung von Transparenz der Bewertungskriterien
- für Naturwissenschaften arbeitete eine Fachgruppe daran, die Schüler bei der Auswahl von Unterrichtsthemen zu beteiligen
- ein Jahrgang nahm sich die arbeitsteilige Erstellung von erforderlichen Materialien für die Individualisierung des Lernens vor
- ein Jahrgang zog aus der Arbeit mit den Basisbausteinen die Konsequenz die Zusammenarbeit im Jahrgang zu stärken

Die Arbeit mit dem Baustein „Schülerselbsteinschätzung" beinhaltete das Kennenlernen von Instrumenten der Selbsteinschätzung, Auswahl und Überprüfung einzelner Instrumente und die Planung der Erprobung eines Instruments auf Jahrgangs- oder Fachebene (letzteres in der Transferphase).

Ein Beispiel für eine detailliertere Planung (Chemie, 9. Jahrgang, Selbsteinschätzungsbogen für Präsentationen):

Aufgabe: arbeitsteilige Erstellung eines Lernplakats mit Vortrag zum Thema „Werkstoffe

1. gemeinsame Erarbeitung von Kriterien für einen guten Vortrag
2. Gruppenbildung, arbeitsteilige Bearbeitung des Materials, Erstellung eines Lernplakats, Präsentationsübung
3. neue Zusammenstellung der Gruppen mit je einem Experten pro Thema
4. rotierende Präsentation der Themen durch die jeweiligen Experten
5. Selbsteinschätzung des Vortrags durch den Schüler (Selbsteinschätzungsbogen)
6. nur exemplarisch für eine Gruppe: Besprechung des Selbsteinschätzungsbogens mit Tipps für die nächste Präsentation

In der Transferphase dieses Bausteins waren die Ergebnisse immer die Überlegungen für die Erprobung eines Instruments, die sich lediglich dadurch unterschieden, wie detailliert die Planung gemacht wurde bzw. angesichts der zur Verfügung stehenden Zeit gemacht werden konnte.

Für die Planungsarbeit wurden den Teilnehmenden eine Zeitlang der Aktionsplan (mit den Fragen „Was?", „Wer?", „Bis wann?") zur Verfügung gestellt. Später wurde der Aktionsplan durch eine Liste von Fragen ersetzt:

1. In welchem Fach / in welchem Jahrgang erproben wir das Instrument?
2. Was müssen wir vor und während der Erprobung beachten?
3. Welche begleitenden Maßnahmen sind jeweils nötig?
4. Welche Widerstände / Probleme könnten sich ergeben?
5. Wie könnten sie überwunden werden?
6. Wann und Wie evaluieren wir?

Zur Verdeutlichung der Ergebnisse seien hier einige Beispiele genannt:

- Tutoren (Klassenlehrer an Gesamtschulen) eines Jahrgangs nahmen sich die Einführung eines Lerntagebuchs vor
- eine Fachgruppe Mathematik: vor der Einführung einer Unterrichtsreihe Inhalte und Anforderungen für die Schüler transparent machen und Einführung eines Lernbegleitbogens mit der Möglichkeit der Selbsteinschätzung durch die Schüler
- in einem 10. Jahrgang: Einführung von individueller Förderung für Schüler, die einen höheren Abschluss als prognostiziert anstreben

---

Ein weiteres Beispiel für eine detaillierte Planung entlang der vorgegebenen Fragenliste (s.o.); Einsatz des Verfahrens Pair-Work – Pair Check

- Frage 1: Naturwissenschaften / Biologie (in allen Jahrgängen möglich)
- Fragen 2 und 3:
  – Transparenz der Methode für die Schüler
  – Methodenübungsstunde
  – Wichtiges zur Paarbildung bedenken (Wahl, Los, Helfer usw.)
- Fragen 4 und 5:
  – Widerstand, Ablehnung von Paaren
  – Arbeitsunwillige spekulieren auf Hilfe
- Frage 6:
  – Beobachtung der Lehrer
  – Selbstkontrollbögen für die Schüler
  – eigenen Fragebogen zur Methode entwickeln

Am Ende jeder Fortbildung stand eine Vielzahl solcher Ergebnisse – mal konkret wie oben, mal allgemeiner formuliert.

Für die weitere Arbeit gibt es eine Reihe von Aspekten, deren Beachtung den Boden bereitet für Veränderungen.

Für die Kolleginnen und Kollegen in den Fachgruppen, Jahrgängen, Bildungsgängen ist zeitlicher Raum nötig, um ihr Vorhaben in kleinen Schritten zu verfolgen, Zeit zum Ausprobieren und zum Austauschen über ihre Erfahrungen. Darüber hinaus werden in vielen Fällen neue Anknüpfungspunkte sichtbar, die bei der Fortbildung gar nicht bewusst waren und über die gesprochen werden muss.

Die Schulleitung spielt bei der Unterstützung dieses Prozesses eine wichtige Rolle. Sie kann einerseits – im Rahmen ihrer Möglichkeiten – Freiräume zur Verfügung stellen. Andererseits sollte sie dafür sorgen, dass die vielfältigen Vorhaben aus der Fortbildung in die Strategie der Schule integriert werden und die Zusammenhänge – das „Ganze" regelmäßig mit dem Kollegium thematisiert wird. Nicht zuletzt ist es wichtig für die Auswertung der Vorhaben nach ca. 2 bis 3 Monaten einen Termin zu setzen, an dem darüber ein Austausch erfolgt.

Inwieweit die einzelnen Vorhaben nach der Fortbildung umgesetzt wurden, ob es zu „Synergieeffekten" mit Vorhaben in anderen Fachgruppen bzw. Jahrgängen gekommen ist und ob sich weitere Folgen ergeben haben ist bislang noch nicht abschließend ausgewertet worden. Mit einer systematischen Befragung der Schulen, an denen EU-MAIL Fortbildungen stattgefunden haben, ist erst im Frühsommer begonnen worden. Aussagekräftige Ergebnisse liegen noch nicht vor.

Ergebnisse der Evaluation der Fortbildungen

Bei den Überlegungen über die Evaluation der Fortbildungen stand im Vordergrund, dass sie den Moderatoren eine Rückmeldung geben sollte über die eingesetzten Materialien und Verfahren wie auch über ihre Arbeit. Die Evaluationsergebnisse sollten darüber hinaus Anregungen für möglich Veränderungen im weiteren Einsatz liefern.

Hierzu wurden folgende sieben Aussagen entwickelt:

1. Ich konnte meine Kompetenzen in diesem Seminar erweitern
2. Das Gelernte kann ich in meinem Unterricht verwenden.
3. Die Anknüpfung an die Schulpraxis ist gelungen.
4. Die in der Fortbildung eingesetzten Methoden und Verfahren sind sinnvoll.
5. Die in der Fortbildung eingesetzten Materialien sind hilfreich für mich.
6. Die Ideen dieser Fortbildung sind geeignet in meiner Schule Akzeptanz zu finden.
7. Die behandelten Inhalte entsprachen meinen Interessen.

Bei der Evaluation wurden die Teilnehmenden gebeten zu den Aussagen sowohl quantitativ Stellung zu nehmen (Zustimmung von 4 bis zu Ablehnung 1) als sie auch jeweils – qualitativ – mit Beispielen zu kommentieren. Abschließend wurden die Teilnehmenden gebeten zusätzliche Bemerkungen niederzuschreiben mit den Vorgaben „Mir war besonders wichtig / als hilfreich habe ich empfunden" und „Gefehlt hat mir / gewünscht hätte ich mir"

Die qualitativen Aussagen sind als Konkretisierung der quantitativen Rückmeldung für die Moderation gedacht und waren nicht für weitere Auswertungen vorgesehen. Mit den quantitativen Ergebnissen kann dagegen ein Gesamtbild für alle bisher durchgeführten Fortbildungen erstellt werden.

Dabei ist zu berücksichtigen, dass nicht alle Teilnehmenden der jeweiligen Fortbildungen den Evaluationsbogen ausgefüllt haben sondern lediglich im Durchschnitt 85 %. Das hängt damit zusammen, dass es bei allen Fortbildungen einen Anteil von Kollegen gab, die am Nachmittag wegen anderer Termine oder wegen Teilzeit nicht mehr teilgenommen haben. Es ist allerdings auch davon auszugehen, dass es auch einen Anteil von Kollegen gab, denen der Aufwand zu hoch war (ca. 10 Minuten) oder die den Bogen nicht ausfüllen wollten, weil sie mit der Fortbildung unzufrieden waren.

Die Ergebnisse der Auswertungen aller evaluierten Fortbildungen ergibt folgendes Bild:

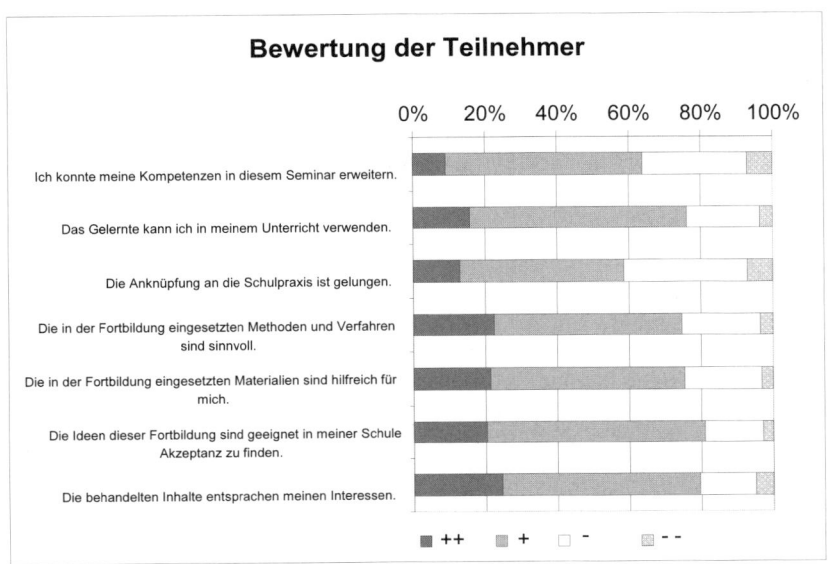

Grafik mit Gesamtergebnissen der EVA

Die Prozentanteile bei den einzelnen Fortbildungen variieren, jedoch in keinem Fall um mehr als 10 Prozentpunkte.

An dem Gesamtbild scheint uns besonders wichtig, dass zwei der Fragen einen erhöhten Anteil von negativen Bewertungen aufweisen: auf die Frage (1) nach dem persönlichen Lerngewinn verneinten 36 % der Teilnehmenden (etwas) dazu gelernt zu haben. Die Frage (3), ob die Fortbildungsarbeit erfolgreich an der Schulpraxis angeknüpft hat, verneinen 41 %.

Aus den Fortbildungen selbst und aus den qualitativen Ergebnissen der Evaluation können wir sagen, dass vieles von den Forschungsergebnissen, den Beispielen aus den nordischen Ländern und den Selbsteinschätzungsinstrumenten bekannt war. Diese Aspekte im Zusammenhang und in Bezug auf die eigene Schulpraxis zu diskutieren, löste jedoch einigen Widerstand aus, den wir erwartet hatten. Wird dieser Widerstand während der Fortbildung beibehalten, kommt es zu keiner Lernerfahrung.

Für die negativen Ergebnisse zur Frage 3 liegen unserer Meinung nach die Gründe in der geringen Bereitschaft, die Probleme des Schulalltags grundsätzlich unter Einbeziehung neuerer wissenschaftlicher Ergebnisse und Erfahrungen aus der Praxis anderer Länder bzw. anderer Schulen zu diskutieren. Stattdessen werden von Fortbildungen konkrete Rezepte für die Praxis erwartet.

Die Teilnehmenden unterschieden für sich in ihren Rückmeldungen auch zwischen dem 1. Teil der Fortbildung (Theorie, Grundsätzliches) und dem 2. (Selbsteinschätzungsinstrumente = Praxis). So kommt es zu dem Widerspruch, der zwischen den Ergebnissen zur Frage 1 und 3 einerseits und den Fragen 2 (im Unterricht verwendbar), und 4 (hilfreiche Materialien).

Nicht aus den Augen verloren werden darf, dass für etwa 20 % der Teilnehmenden die Inhalte der Fortbildung nicht von Interesse waren.

Ausblick

Die Diskussion um ein neues und vertieftes Verständnis der politischen Zielvorgabe nach Realisierung „Individueller Förderung" in unseren Schulen ist in Gang gekommen, viele Schulen haben sich auf den Weg gemacht.

Wegen erhöhter Nachfrage nach Fortbildungen zu den EU-MAIL Bausteinen – auch aus anderen Bundesländern, wurden mit Unterstützung der Gewerkschaft Erziehung und Wissenschaften (Hauptvorstand) im letzten Jahr in bundesweit rund 70 Moderatoren zu den Bausteinen fortgebildet. Es gilt nun diese Moderatoren zu begleiten, um die Vielfalt an Erfahrungen und Kompetenzen für die Weiterentwicklung der Bausteine zu nutzen.

Aus den Rückmeldungen zu den Fortbildungen ist deutlich geworden, dass die Umsetzung der EU-MAIL Ergebnisse in den Unterrichtsfächern von großer Wichtigkeit ist. Für letzteres bestehen insofern günstige Bedingungen als in den Fachdidaktiken und Lehrplänen der Hauptfächer in den vergangenen Jahren Entwicklungen in Gang gekommen sind, die individualisierendes Lernen unterstützen.

Hierzu müssen Konzepte für fachliche Fortbildungen entwickelt werden, die die Fachkollegen bei der Entwicklung individualisierten Lernens in ihren Fächern unterstützen. Die Arbeit hierzu hat in Zusammenarbeit mit Fachmoderatoren begonnen.

Literatur

Kranz-Dürr, Marlies: Schulentwicklungsarbeit: regelscheu, vergesslich, widerständig, in Pädagogik 3/2006, S. 12

Reh, Sabine: Warum fällt es Lehrerinnen und Lehrern so schwer, mit Heterogenität umzugehen? Historische und empirische Deutungen. In: Die Deutsche Schule 97 (2005) H2, S. 76-86.

Denkpause

blau

Selbst-
ständiges
Lernen ist
wünschenswert
⇒ weitgehende
Übereinstimmung

Jetzt

?

Ausloten
von Spielräumen
im Hinblick
auf den eigenen
Unterricht
und das
System...

oder

Unser
System
setzt aber
gewisse
Grenzen

nie ?

Nachwort

Erfolgreiche Bildungsarbeit erfordert eine hohe Professionalität der Lehrenden.

Fortbildungsbedarf besteht dabei nicht nur im jeweiligen Fach und im Bereich der Methodenkompetenz. Von grundlegender Bedeutung erscheint den Autorinnen und Autoren die Auseinandersetzung mit neueren Erkenntnissen der Lehr- und Lernforschung, der Gehirnforschung und die Klärung eigener pädagogischer Zielvorstellungen und Haltungen. Letzteres gilt sowohl für die einzelne Lehrerpersönlichkeit als auch für die einzelne Schule.

Im Alltagsgeschäft kommen solche Klärungsprozesse oft zu kurz.

Individualisierung bedeutet für uns viel mehr als das methodisch geschickte Lavieren mit schnellen Methodenwechseln und viel mehr als ein zum sofortigen Gebrauch vorbereitetes Instrumentarium an Lern- und Unterrichtstechniken, das wie ein Rezept funktioniert. Wer dies in den nordischen Ländern sucht, wird nicht fündig werden.

Wir sehen die Entwicklung einer individualisierenden Lernkultur vielmehr als einen komplexen Prozess, in dem strukturelle Vorgaben, pädagogische Leitlinien, individuelle Stärken bei Lehrerinnen und Lehrern wie Schülerinnen und Schülern sowie auf die bestmögliche Förderung des einzelnen Kindes und Jugendlichen fokussierte Entwicklungsziele auf der Ebene der Schule und im Klassenraum ineinandergreifen.

Es ist müßig zu diskutieren, ob sich wesentliche Verbesserungen der Bildungsergebnisse durch eine Entwicklung der Unterrichtskultur oder durch veränderte Schulstrukturen erzielen lassen. Die Systemebene, die Ebene der Einzelschule und die individuelle Lehrerebene sind eng verwoben und greifen ineinander. Ein Bildungssystem, in dem Lebenschancen oft bereits im Alter von 9 Jahren vergeben werden, steht im Widerspruch zu einer Lernphilosophie, die die Unterschiedlichkeit der Lernenden positiv wahrnimmt, an den Stärken anknüpft, um lebenslange Bildungsmöglichkeiten weiß und diese zu Chancen in einer Bildungsbiografie macht, die so lange wie möglich offen bleibt.

Eine solche am Individuum orientierte Lernkultur, die einem Bildungsgedanken folgt, in dem Respekt und Anspruch, individuelle Förderung und Herausforderung, lebenslanges Lernen und persönliche Entwicklung zusam-

men gedacht werden, wird in einer selektiven Gesamtstruktur immer Reibungsverluste erleiden, an Glaubwürdigkeit verlieren und Lehrerinnen und
Lehrer verunsichern. Andererseits: Eine Veränderung der Struktur allein wird
ohne eine Veränderung der grundlegenden Haltungen der Lehrenden nicht im
Selbstlauf zu einer Lernkultur führen, die die Selbstständigkeit der Lerner
wirklich respektiert und fördert.

Deshalb ist es uns ein besonderes Anliegen, an erster Stelle an die Kreativität, die berufliche Erfahrung, Professionalität und das Selbstvertrauen der
Lehrenden zu appellieren. Der Blick über Grenzen zeigt Handlungsspielräume auf, die individuell, vor allem aber im Team in der eigenen Schule genutzt werden können.

Der Weg zu einer individualisierenden Lernkultur kann dabei zu einer be-
reichernden neuen Rollenerfahrung und veränderten beruflichen Praxis führen.

Individualisierung eröffnet vielfältige Ansatzpunkte und Handlungsfelder
im Bereich der Schulentwicklung, angefangen von der Veränderung des
Stundenrasters bis zu einer neuen Aufgabenteilung zwischen Elternhaus und
Schule. Erfahrungen mit Schulentwicklungsprozessen und Ergebnisse aus der
Schulentwicklungsforschung zeigen, dass es dazu auch einer Schulleitung
bedarf, die mit klaren Zielvorstellungen und mit Nachhaltigkeit solche Ver-
änderungsprozesse begleitet und immer wieder die praktische Wirksamkeit
von eingeführten Prinzipien und Verfahren evaluiert.

Dabei ist eine kontinuierliche Unterstützung der Schulen durch eine Öffentlichkeit erforderlich, die sich des Wertes der nachfolgenden Generationen
für die eigene Zukunft bewusst ist.

Aus den Projektergebnissen lassen sich nämlich nach vier Jahrzehnten
einer auf Integration und individuelle Förderung setzenden Bildungspolitik in
den nordischen Ländern durchaus auch wichtige Forderungen an die Politik
hierzulande ableiten. Diese hier detailliert aufzuführen, sprengt den Rahmen
unserer Arbeit, deshalb seien hier nur die zentralen Arbeitsfelder knapp beleuchtet:

- Veränderung der Schulstruktur in Richtung einer Schule für alle, denn
  ohne diese bleibt der Individualisierung ein sehr begrenzte Spielraum.
- Hochwertige Ausbildung des Lehrpersonals, konsequente öffentliche Unterstützung und Weiterqualifizierung der Lehrerinnen und Lehrer, denn
  die professionelle Exzellenz bildet eine der wesentlichen Grundlagen
  beispielsweise des finnischen Bildungserfolgs.
- Echte Gestaltungsspielräume für die Schulen, dies hat in Schweden zu
  wesentlichen Entwicklungen geführt insbesondere in Verbindung mit
- wirklicher Verantwortung, finanziellen Ressourcen und Spielräumen bei
  der Personalauswahl und -führung für die Schulleitungen.
- Realistische Bildungsziele zur Verbesserung der Bildungschancen aller
  Kinder und Jugendlichen und der Entkoppelung von Bildungserfolg und
  sozialer Herkunft.

- Öffentliche Rechenschaftslegung über die Zielerreichung verbunden mit konsequenter Unterstützung von Schulen, die die Ziele nicht erreichen, denn das zweite strukturelle Merkmal des finnischen Erfolges ist das über ganz Finnland sehr gleichmäßige Niveau aller Schulen.

Besonders wichtig erscheint es uns dabei, marktwirtschaftliche Denk- und Handlungsschemata, die auf Wettbewerb und Ranking setzen, im Bildungsbereich zu überwinden. Statt des Messens und Wiegens leicht messbarer und deshalb oberflächlicher und schnell vergänglicher Kenntnisse kann im Sinne einer tiefgreifenden und nachhaltigen Bildungsarbeit nur eine schulübergreifende vertrauensvolle Zusammenarbeit der Experten in den Schulen zu Maßnahmen führen, die geeignet sind, soziale Disparitäten abzubauen und die kreativen Potentiale freizusetzen, die die nachfolgende Generation für die Bewältigung der Zukunftsprobleme braucht.

Katrin Höhmann, Rainer Kopp, Heidemarie Schäfers

Anhang

Die Autorinnen und Autoren

Dr. **Klaus Bert Becker**, 1984-1997 Leiter der Gesamtschule Else-Lasker-Schüler in Wuppertal, seit 1997 Leiter des Studienseminars für das Lehramt an Gymnasium und Gesamtschule Düsseldorf, seit 2007 dort Leiter des Studienseminars für alle Lehrämter; acht Jahre lang Lehrauftrag für Schulpädagogik an der Bergischen Universität Wuppertal; Veröffentlichungen zur Lehrerbildung und zur Schulpädagogik; Herausgeber von „Kontext Deutsch", Schroedel-Verlag; Mitarbeit am EU-MAIL Projekt

Prof. Dr. **Katrin Höhmann**, Diplompädagogin und Lehrerin für Deutsch und Kunst an Gymnasien; 1997-2002 stellv. Schulleiterin an der Laborschule Bielefeld; 2002-2007: Abordnung an das Institut für Schulentwicklungsforschung (IFS) Uni Dortmund, Forschungsbereiche: „Ganztagsschule" sowie „Umgang mit Heterogenität"; Mitarbeit am EU-MAIL Projekt; seit 2005 Mitglied im Expertengremium des Deutschen Schulpreises; ab Oktober 2007 PH Ludwigsburg: Professorin für Schulpädagogik

Heide Koehler, Schulleiterin der Gesamtschule Barmen in Wuppertal 1995 – 2004, Teilnehmerin an dem Projekt EU-MAIL, seit 2004 Moderatorin und Fortbildnerin in der Verbreitung und Umsetzung der EU-MAIL-Erfahrungen; Mitarbeiterin beim *Forum Eltern und Schule* und bei *Austausch und Begegnung*; Qualifizierung für Schulleitungsaufgaben im Auftrag der GEW/NRW

Rainer Kopp, Dipl. Sozialwissenschaftler mit Zusatzqualifikation in der Erwachsenenbildung, seit 1981 Mitarbeiter beim *Forum Eltern und Schule* (Weiterbildungseinrichtung der GGG NRW), Koordinator des EU-MAIL Projekts, Arbeitsschwerpunkte: Lernen in der schulischen und außerschulischen Bildung, Zukunftswerkstatt und beteiligungsorientierte Verfahren, Teamentwicklung und Schulentwicklungsbegleitung

Prof. Dr. Anne Ratzki, Lehrerin für Deutsch und Englisch an Gymnasien und Gesamtschule, 1975-1995 Schulleiterin der Gesamtschule Köln-Holweide, 1995-1999 Schulaufsicht für Gesamtschulen bei der Bezirksregierung Köln; seit 2005 Honorarprofessorin an der Universität Paderborn; Vorsitzende des Instituts zur Förderung der Teamarbeit e.V. Teilnahme am EU-MAIL-Projekt. Arbeitsschwerpunkte: Internationale Schulentwicklung, Individuelles Lernen in heterogenen Schülergruppen, Integrationspädagogik, Teamarbeit

Heidemarie Schäfers, 1988-1997 Schulleiterin der Gesamtschule Wuppertal-Langerfeld, seit 1997: Schulfachliche Dezernentin im Dezernat Gesamtschule bei der Bezirksregierung Düsseldorf. Mitarbeit am EU-MAIL-Projekt und der Entwicklung von Fortbildungsmodulen zur Individualisierung und Schulentwicklung.

Dr. **Brigitte Schumann**, 16 Jahre Lehrerin am Gymnasium, 10 Jahre Bildungspolitikerin im Landtag von NRW, Autorin der Dissertation: „Ich schäme mich ja so!" Die Sonderschule für Lernbehinderte als „Schonraumfalle", derzeitig tätig als Bildungsjournalistin

Kontakt zu den AutorInnen:
rainer.kopp.fesch@t-online.de

Partnerinstitutionen des EU-MAIL Projekts

Das Projekt „EUropean Mixed-Ability and Individualised Learning – EU-MAIL" wurde mit der Förderung durch die Europäische Union unter Comenius 2.1 von 2003 bis 2006 durchgeführt. Die Partner des Projekts waren:

Finnland:
➤ Universität von Jyväskylä, Fakultät für Lehreraus- und -fortbildung; Jorma Ojala, www.jyu.fi

Großbritannien:
➤ The Odby Beauchamp College
   Maureen Cruickshank, www.beauchamp.leics.sch.uk
➤ Tameside Education Services (Amt für Schule und Kultur) und die Longdendale High School
   Ian Smith, www.tameside.gov.uk

Norwegen:
➤ Hochschule Østfold, Halden, Abteilung für Lehreraus- und -fortbildung
   Steinar Wennevold und Ragnhild Andresen, www.hiof.no
➤ Gesamtschule Risum, Halden
   Marianne Stokke

Schweden:
➤ Hochschule Borås, Zentrum für Schulentwicklung
   Jörgen Dimenäs und Hans Johansson, www.hb.se
➤ SchoolVision International
   Sture Norlin, www.schoolvision.se

Deutschland:
➤ Gemeinnützige Gesellschaft Gesamtschule e.V. (GGG) und Forum Eltern und Schule (koordinierende Einrichtung)
   Rainer Kopp, www.ggg-nrw.de und www.weiterbildung-fuer-schulen.de
   Projektmitarbeit:
   Willi Breuer, Michael Frowein, Werner Kerski, Heide Koehler, Anne Ratzki, Brigitte Schumann

➤ Bezirksregierung Düsseldorf, Dez. 44 (Gesamtschule)
  Heidemarie Schäfers, www.brd.nrw.de
➤ Studienseminar Sekundarstufe II Düsseldorf
  Klaus Bert Becker
➤ Studienseminar Essen
  Sibylle Serong
➤ Zentrum für Fernstudienentwicklung an der FernUniversität Hagen
  Klaus Eubel und Friedrich-Wilhelm Geiersbach
➤ Institut für Schulentwicklungsforschung (IFS) an der Universität Dortmund
  Katrin Höhmann, www.ifs.uni-dortmund.de

Bildquellennachweis

Ernst Herb, Kassel: Umschlagfoto und Fotos auf den Seiten 65, 81, 118, 143, 145, 166, 176, 188, 195, 213

FernUniversität Hagen, FilmDokumentation England, EU-MAIL Projekt: S. 99

Forum Eltern und Schule, Dortmund: S. 253

Nationalgalerie, Staatliche Museen zu Berlin: S. 43 (Ferdinand Georg Waldmüller, Nach der Schule, 1841)

Sofia Norlin, SchoolVision International: S. 130

SchoolVision International: S. 145

FachZeitschriften im Verlag Barbara Budrich

BIOS
Zeitschrift für Biographieforschung, Oral History
und Lebensverlaufsanalysen

BIOS erscheint halbjährlich mit einem Jahresumfang von rund 320 Seiten.
BIOS ist seit 1987 *die* wissenschaftliche Zeitschrift für Biographieforschung,
Oral History Studien und – seit 2001 – auch für Lebensverlaufsanalysen. In ihr
arbeiten über Disziplin- und Landesgrenzen hinweg Fachleute u.a. aus der
Soziologie, der Geschichtswissenschaft, der Pädagogik, der Volkskunde, der
Germanistik.

dms – der moderne staat
Zeitschrift für Public Policy, Recht und Management

dms erscheint halbjährlich mit insgesamt rd. 480 Seiten.
Die neue Zeitschrift ist interdisziplinär angelegt und beschäftigt sich mit dem
seit drei Jahrzehnten international zu beobachtenden massiven Wandel der
Erfüllung öffentlicher Aufgaben nach Inhalt, Struktur und Organisation, Pro-
zessen und Ergebnissen. Dieser Wandel fordert alle Fachwissenschaften heraus, bei Erhaltung der jeweiligen disziplinären Kompetenz nach integrierbaren
Untersuchungen und Erklärungen zu suchen.

Diskurs Kindheits- und Jugendforschung

„Diskurs Kindheits- und Jugendforschung" widmet sich dem Gegenstandsfeld
der Kindheits- und Jugendforschung unter der integrativen Fragestellung von
Entwicklung und Lebenslauf; er arbeitet fächerübergreifend und international
mit deutschen und internationalen AutorInnen aus den einschlägigen Diszipli-
nen wie z.B. der Psychologie, Soziologie, Erziehungswissenschaft, der Ethno-
logie, Verhaltensforschung, Psychiatrie und der Neurobiologie.

Weitere Informationen unter www.budrich-verlag.de

FachZeitschriften im Verlag Barbara Budrich

Erziehungswissenschaft
Mitteilungsblatt der Deutschen Gesellschaft
für Erziehungswissenschaft

Erziehungswissenschaft ist das offizielle Mitteilungsblatt der Deutschen Gesellschaft für Erziehungswissenschaft. Die Zeitschrift trägt den Informationsaustausch innerhalb der Gesellschaft und fördert die Diskussion über die Entwicklung des Faches.

femina politica
Zeitschrift für feministische Politik-Wissenschaft

femina politica ist die einzige Zeitschrift für feministische Politik-Wissenschaft im deutschsprachigen Raum. Sie wendet sich an politisch und politikwissenschaftlich Arbeitende, die den Gender-Aspekt bei ihrer Arbeit berücksichtigen. *femina politica* analysiert und kommentiert tagespolitische und politikwissenschaftliche Themen aus feministischer Perspektive, berichtet über Forschungsergebnisse, Projekte, Tagungen und einschlägige Neuerscheinungen.

Gesellschaft. Wirtschaft. Politik (GWP)
Sozialwissenschaften für politische Bildung

GWP ist die älteste Fachzeitschrift in der Bundesrepublik für Studium und Praxis des sozialwissenschaftlichen Unterrichts. Als sozialwissenschaftliches Magazin ist sie der Aktualität wie dem Grundsätzlichen verpflichtet, der sorgfältigen Fundierung wie der lebendig wechselnden Stilistik.
GWP finden Sie im Interent unter www.gwp-pb.de

Politics, Culture and Socialization

Politics, Culture and Socialization is a new quarterly, comprising some 480 pages per year. The journal pulbishes new and significatn work in all areas of political socialization in order to achieve a better scientific understanding of the origins of political behavior and orientations of individuals and groups.

Weitere Informationen unter www.budrich-verlag.de

FachZeitschriften im Verlag Barbara Budrich

Spirale der Zeit – Spiral of Time
Frauengeschichte sichtbar machen –
Making Women's History visible

Die zweisprachige Zeitschrift erzählt anschaulich unsere Geschichte von ihren Anfängen bis zu unserer Gegenwart neu. Mit dieser umfassenderen Sicht begegnet die Zeitschrift der bildungspolitischen Herausforderung an eine geschlechtergerechte Vermittlung von Geschichte in Schulen und öffentlichen Einrichtungen als Voraussetzung für eine geschlechterdemokratische Politik. Die Spirale der Zeit – Spiral of Time erscheint zweimal jährlich, je Heft 64 Seiten (A4) mit vielen farbigen Abbildungen, deutsch und englisch.

ZQF – Zeitschrift für Qualitative Forschung
(zuvor: ZBBS – Zeitschrift für qualitative Bildungs-, Beratungs- und Sozialforschung)

Die ZBBS erscheint halbjährlich. Das Team der HerausgeberInnen setzt sich aus den Vorstandsmitgliedern des Magdeburger Zentrums für Bildungs-, Beratungs- und Sozialforschung zusammen und gewährleistet durch diese Konstellation die Repräsentanz der wichtigsten an der qualitativen Forschung beteiligten Fachdisziplinen.

Zeitschrift für Familienforschung
Journal for Family Research
Beträge zu Haushalt, Verwandtschaft und Lebenslauf

Die Zeitschrift für Familienforschung erscheint dreimal jährlich.
Die Zeitschrift für Familienforschung fördert interdisziplinäre Kommunikation und Diskussion. Dies geschieht durch die Veröffentlichung von Beiträgen zur Familien- und Haushaltsforschung aus den Fachdisziplinen: Familiensoziologie, Familiendemographie, Familienpsychologie, Familienpolitik, Haushaltswissenschaft, historische Familienforschung sowie aus Nachbargebieten.

Weitere Informationen unter www.budrich-verlag.de

Studien zur Bildungsgangforschung

Verlag Barbara Budrich • Barbara Budrich Publishers
Stauffenbergstr. 7. D-51379 Leverkusen Opladen
Tel +49 (0)2171.344.594 • Fax +49 (0)2171.344.693 • info@budrich-verlag.de
US-office: Uschi Golden • 28347 Ridgebrook • Farmington Hills, MI 48334 • USA •
ph +1.248.488.9153 • info@barbara-budrich.net • www.barbara-budrich.net

Weitere Bücher und Zeitschriften unter www.budrich-verlag.de

Pädagogische Fallanthropologie – die ersten Bände

Band 1
Andreas Gruschka
Präsentieren als neue Unter-
richtsform
Die pädagogische Eigenlogik einer
Methode. 2008. 120 S. Kt.
9,90 € (D), 10,20 € (A), 18,90 SFr
978-3-86649-158-8

Band 2
Hans Oswald
Helfen, Streiten, Spielen, Toben
Die Welt der Kinder einer Grundschul-
klasse. 2008.
100 Seiten. Kt.
9,90 €, 10,20 € (A), 18,00 SFr
978-3-86649-178-6

Band 3
Martin Heinrich
Schulprofilierung
Wie Wettbewerb eine Schule verändert
2008. Ca. 90 S. Kt. Ca. 9,90 € (D),
10,20 € (A), 18,00 SFr
978-86649-183-0

Band 4
Jens Rosch
Arbeitsschule als Denkschulung?
Eine Studie zur Aufgabenanalyse
Ca. 80 S. Kt. Ca. 9,90 € (D), 10,20 €
(A), 18,00 SFr
978-3-86649-185-4

Weitere Bände
in Vorbereitung.

Verlag Barbara Budrich • Barbara Budrich Publishers
Stauffenbergstr. 7. D-51379 Leverkusen Opladen
Tel +49 (0)2171.344.594 • Fax +49 (0)2171.344.693 • info@budrich-verlag.de
US-office: Uschi Golden • 28347 Ridgebrook • Farmington Hills, MI 48334 • USA •
ph +1.248.488.9153 • info@barbara-budrich.net • www.barbara-budrich.net

Weitere Bücher und Zeitschriften unter www.budrich-verlag.de